Objective-C – der Einstieg

Objective-C – der Einstieg

 ADDISON-WESLEY

An imprint of Pearson

München • Boston • San Francisco • Harlow, England
Don Mills, Ontario • Sydney • Mexico City
Madrid • Amsterdam

Bibliografische Information der Deutschen Nationalbibliothek

Die Deutsche Nationalbibliothek verzeichnet diese Publikation in der Deutschen Nationalbibliografie; detaillierte bibliografische Daten sind im Internet über http://dnb.dnb.de abrufbar.

10 9 8 7 6 5 4 3 2 1

14   13   12

ISBN 978-3-8273-3151-9

© 2012 by Addison-Wesley Verlag,
ein Imprint der Pearson Deutschland GmbH,
Martin-Kollar-Straße 10–12, D-81829 München/Germany
Alle Rechte vorbehalten
Übersetzung: Jürgen Dubau
Lektorat: Boris Karnikowski, bkarnikowski@pearson.de
Fachlektorat: Matthias Fricke, assense.com
Korrektorat: Marita Böhm, München
Covermotiv: Ellie Volckhausen
Covergestaltung: Marco Lindenbeck, mlindenbeck@webwo.de
Herstellung: Philipp Burkart, pburkart@pearson.de
Satz: mediaService, Siegen (www.mediaService.tv)
Druck und Verarbeitung: Drukarnia Dimograf

Printed in Republic of Poland

Inhaltsverzeichnis

Teil VI C für Fortgeschrittene

Danksagung

Es ist für mich eine große Ehre, mit solch erstaunlichen Menschen zusammenarbeiten zu dürfen. Sie haben alle eine Menge Kraft und Zeit investiert, um dieses Buch bestmöglich zu gestalten. Ich möchte diesen Moment nutzen, um mich bei ihnen zu bedanken.

- Mike Ward verfasste für dieses Buch mehrere Kapitel: *Ihre erste iOS-Anwendung*, *Ihre erste Cocoa-Anwendung* und *Blöcke*. Wäre ich ein netterer Chef, hätte ich seinen Namen aufs Titelblatt gesetzt.

- Die anderen Dozenten, die Objective-C unterrichten, lieferten uns einen endlosen Strom von Vorschlägen und Korrekturen. Zu nennen wären Scott Ritchie, Mark Fenoglio, Brian Hardy, Christian Keur und Alex Silverman.

- Meine unermüdliche Lektorin Susan Loper nahm sich meines inneren Monologes an, der sich an allem abarbeitete, was ein Programmierer wissen muss, und gestaltete daraus eine gut lesbare Einführung.

- Mehrere Fachlektoren halfen mir dabei, Mängel aufzudecken und zu beheben. Hier sind James Majors, Mark Dalrymple, Scott Steinman, Bart Hoffman, Bolot Kerimbaev und Nate Chandler zu nennen.

- Ellie Volckhausen gestaltete das Titelbild.

- Chris Loper von IntelligentEnglish.com gestaltete und produzierte die Versionen für EPUB und Kindle.

- Das hervorragende Team der Pearson Technology Group leitete uns geduldig durch die geschäftliche Seite der Buchveröffentlichung.

Teil I

Erste Schritte

1 Dieses Buch und Sie

Zuerst ein paar Worte über Sie: Sie wollen Anwendungen für iOS oder Mac OS X schreiben, haben bisher aber noch nicht viel programmiert (oder auch gar nicht). Ihre Freunde haben Ihnen von meinen anderen Büchern vorgeschwärmt (*iOS-Programmierung für iPhone und iPad: Der Big Nerd Ranch Guide* und *Cocoa: Programmierung für Mac OS X*), aber diese Bücher sind für erfahrene Programmierer geschrieben. Was sollen Sie nun machen? Lesen Sie dieses Buch!

Es gibt ähnliche Bücher, aber Sie sollten genau dieses lesen. Warum? Ich unterrichte schon sehr lange andere darin, wie man Anwendungen für iOS und den Mac schreibt, und habe herausgefunden, was Sie jeweils an diesem Punkt Ihrer Reise im Einzelnen wissen müssen. Ich habe hart daran gearbeitet, genau dieses Wissen herauszudestillieren und alles andere über Bord zu werfen. In diesem Buch werden Sie sehr viele hilfreiche Erkenntnisse finden und ziemlich wenig ausschmückende Schwafelei.

Mein Ansatz ist etwas ungewöhnlich. Anstatt Ihnen einfach beizubringen, wie Sie die Syntax von Objective-C zu verstehen haben, zeige ich Ihnen vielmehr, wie das Programmieren an sich funktioniert und wie erfahrene Programmierer darüber denken.

Aufgrund dieses Vorgehens präsentiere ich Ihnen bereits recht früh im Buch einige harte Nüsse. Sie sollten keine einfache Lektüre erwarten. Außerdem wird jedes Konzept bzw. jede Idee mit einem Programmierexperiment ausgeführt. Diese Kombination aus dem Erlernen von Konzepten und der sofortigen Umsetzung ist die beste Art, das Programmieren zu lernen.

1.1 C und Objective-C

Wenn Sie ein Programm starten, wird aus dem Dateisystem eine Datei in den Arbeitsspeicher (RAM) kopiert, und die darin enthaltenen Anweisungen werden von Ihrem Computer ausgeführt. Diese Anweisungen sind für Menschen völlig unverständlich. Also schreiben Menschen Computerprogramme in einer Programmiersprache. Die Programmiersprache, die sich auf der niedrigsten Ebene befindet, heißt *Assembler*. In Assembler beschreiben Sie jeden Schritt, den die CPU (Central Processing Unit, das „Gehirn" des Computers) durchführen muss. Dieser Code wird durch einen *Assembler* dann in *Maschinencode* (die „Muttersprache" des Computers) umgesetzt.

Die Assemblersprache ist unendlich mühsam und weitschweifig und von der CPU abhängig (weil das Gehirn Ihres gerade erworbenen iMac sich sehr von dem Ihres heiß geliebten, abgewetzten PowerBook unterscheiden kann). Anders gesagt: Wenn das Programm auf einer anderen Art Computer laufen soll, müssen Sie den gesamten Assemblercode umschreiben.

Damit Code leicht von einem Computertyp auf einen anderen übertragen werden kann, wurden „Sprachen höherer Ebene" entwickelt. Mit solchen höher entwickelten Sprachen können wir, statt eine bestimmte CPU zu berücksichtigen, die Anweisungen auf eine generelle Weise formulieren, und ein als *Compiler* bezeichnetes Programm transformiert diese dann in einen CPU-spezifischen Maschinencode. Eine diese Sprachen ist C. C-Programmierer schreiben Code in der Sprache C, und ein C-Compiler konvertiert diesen Code dann in Maschinensprache.

C wurde Anfang der 1970er-Jahre von AT&T entwickelt. Das Betriebssystem Unix, das die Basis für Mac OS X und Linux ist, wurde in C mit ein bisschen Assemblercode für Operationen auf ganz unterer Ebene geschrieben. Das Betriebssystem Windows wurde auch hauptsächlich in C geschrieben.

Die Programmiersprache Objective-C basiert auf C, ergänzt um den Support für die objektorientierte Programmierung. Objective-C ist die Programmiersprache, mit der Anwendungen für die Betriebssysteme iOS und Mac OS X von Apple geschrieben werden.

1.2 WIE DIESES BUCH AUFGEBAUT IST

In diesem Buch lernen Sie alles über die Programmiersprachen C und Objective-C, um Anwendungen für den Mac oder für iOS-Geräte entwickeln zu können. Warum zeige ich Ihnen zuerst C? Jeder effektive Objective-C-Programmierer muss sich bei C ziemlich gut auskennen. Außerdem haben viele der Ideen und Konzepte, die in Objective-C sehr kompliziert wirken, in C ganz einfache Wurzeln. Ich werde meine Ideen sehr oft anhand von C vorstellen und Ihnen dann zeigen, wie Sie die gleiche Idee in Objective-C meistern können.

Dieses Buch ist so gestaltet, dass man es neben einem Mac sitzend lesen sollte. In diesem Buch werden Konzepte erläutert, und Sie können praktische Experimente umsetzen, die diese Ideen veranschaulichen. Diese Experimente sollten Sie nicht als optional verstehen. Sie werden das Buch erst dann wirklich verstehen und nachvollziehen, wenn Sie sie ausführen. Am besten lernt man Programmieren, wenn man Code eintippt, Tippfehler macht, diese Tippfehler behebt und sich mit den Mustern der Sprache auch sozusagen handfest vertraut macht. Es reicht nicht für Sie und Ihre „Skills", den Code nur zu lesen und die Ideen theoretisch nachzuvollziehen.

Um noch weiterzuüben, gibt es am Ende eines jeden Kapitels *Aufgaben*. Diese Übungen sorgen dafür, dass Sie praktisch weiterarbeiten können und sich noch eingehender mit dem Gelernten auseinandersetzen, um damit vertraut zu werden. Ich rate Ihnen nachdrücklich dazu, so viele *Aufgaben* wie möglich auszuführen.

Manche Kapitel schließen mit Abschnitten, die die Überschrift *Wenn Sie noch mehr wissen wollen* tragen. Hier finden Sie weitere Erläuterungen und Hintergrundinformationen über die im jeweiligen Kapitel angesprochenen Themen. Deren Inhalte sind nicht absolut notwendig, um mit diesem Buch voranzukommen, aber ich hoffe, dass Sie sie interessant und nützlich finden.

Auf Big Nerd Ranch gibt es ein Forum, in dem die Leser dieses Buches diskutieren und über die Übungen darin sprechen. Sie finden das Forum unter *http://forums.bignerdranch.com/*.

Sie werden dieses Buch und das Programmieren insgesamt weitaus angenehmer finden, wenn Sie blind tippen können. Durch Blindschreiben sind Sie nicht nur schneller, sondern Sie können auf den Bildschirm bzw. das Buch schauen, anstatt auf die Tastatur linsen zu müssen. So stellen Sie viel leichter fest, ob Sie sich vertippt haben oder andere Fehler produzieren. Wenn Sie diese Fähigkeit meistern, lohnt sich das für Ihre gesamte berufliche Laufbahn.

1.3   WIE DAS LEBEN EINES PROGRAMMIERERS FUNKTIONIERT

Indem Sie dieses Buch aufgeschlagen haben, haben Sie sich dafür entschieden, Programmierer zu werden. Sie sollten darüber Bescheid wissen, auf was Sie sich eingelassen haben.

Das Leben eines Programmierers besteht vor allem aus einem niemals endenden Kampf. Probleme in einer sich ständig verändernden technischen Umgebung zu lösen bedeutet für Programmierer, immer neue Dinge zu lernen. In diesem Fall ist die Formulierung „neue Dinge lernen" ein Euphemismus für „gegen die eigene Unkenntnis ankämpfen". Auch wenn ein Programmierer mit einer ihm vertrauten Technologie arbeitet, ist die von uns erstellte Software manchmal derart komplex, dass es manchmal schon einen ganzen Tag dauern kann, bis man überhaupt begriffen hat, was im Programmablauf falsch läuft.

Wenn Sie Code schreiben, dann werden Sie sich abrackern. Die meisten Programmierprofis lernen, wie man sich stunden- und tagelang abrackert, ohne (zu sehr) frustriert zu sein. Dies ist eine weitere Fähigkeit, die Ihnen sehr dienlich sein wird. Wenn Sie sich für das Leben von Programmierern und moderne Softwareprojekte interessieren, dann kann ich Ihnen Scott Rosenbergs Buch *Dreaming in Code* wärmstens empfehlen.

Nun steigen wir endlich ein, und Sie können Ihr erstes Programm schreiben.

Das erste Programm

Nun wissen Sie, wie dieses Buch strukturiert ist, und es wird Zeit, dass Sie erfahren, wie das Programmieren für den Mac bzw. das iPhone oder iPad funktioniert. Dafür machen Sie Folgendes:

> Installieren Sie die Developer Tools von Apple.
> Erstellen Sie mit diesen Tools ein einfaches Projekt.
> Erfahren Sie, wie Sie diese Tools einsetzen, damit das Projekt auch wirklich funktioniert.

Am Ende dieses Kapitels haben Sie dann erfolgreich Ihr erstes Programm für den Mac geschrieben.

2.1 DIE INSTALLATION DER DEVELOPER TOOLS VON APPLE

Um Anwendungen für Mac OS X (den Macintosh) oder iOS (iPhone und iPad) zu schreiben, arbeiten Sie mit den Developer Tools von Apple. Diese können Sie bei *http://developer.apple.com/* herunterladen oder sich im Mac App Store besorgen.

Bis einschließlich der Xcode-Version 4.2 finden Sie nach der Installation der Tools den Ordner /Developer auf der root-Ebene Ihrer Festplatte, ab Version 4.3 liegen die meisten Programme im Ordner Xcode.app. In diesem Ordner ist alles enthalten, was Sie zum Entwickeln von Anwendungen für Desktop-Computer mit Mac OS X und mobile Geräte mit iOS benötigen.

In diesem Buch werden wir praktisch nur mit der XCODE-Anwendung arbeiten, die sich im Ordner /Developer/Applications befindet. (Somit ist es eine gute Idee, das XCODE-Icon ins Dock zu ziehen, denn Sie werden es dauernd brauchen.)

2.2 DER EINSTIEG MIT XCODE

XCODE ist die integrierte Entwicklungsumgebung (*Integrated Development Environment*) von Apple. Das bedeutet, dass XCODE alles enthält, was Sie zum Schreiben, Erstellen und Starten neuer Anwendungen brauchen.

Noch ein Hinweis zur Terminologie: Alles, was auf einem Computer ausführbar ist, bezeichnen wir als *Programm*. Manche Programme haben grafische Benutzeroberflächen; solche nennen wir *Anwendungen* oder *Applikationen*.

Bestimmte Programme weisen keine grafische Benutzeroberfläche auf und laufen tagelang im Hintergrund. Diese nennen wir Daemons. Das hört sich unheimlicher an, als es ist. Auf Ihrem Mac laufen jetzt wahrscheinlich gerade etwa 60 Daemons. Sie warten so lange, bis sie hilfreich einspringen können. Einer der Daemons, die auf Ihrem System laufen, heißt beispielsweise pboard. Wenn Sie etwas kopieren und einfügen, kümmert sich dieser Daemon um die von Ihnen kopierten Daten.

Bestimmte Programme weisen keine grafische Benutzeroberfläche auf und laufen kurze Zeit im Terminal. Diese nennen wir *Befehlszeilenprogramme (Command Line Tools)*. In diesem Buch werden Sie vor allem Tools mit Befehlszeilen schreiben, um sich auf die wesentlichen Aspekte des Programmierens zu konzentrieren, ohne sich durch das Erstellen und Managen einer Benutzeroberfläche ablenken zu lassen.

Nun werden wir mit **Xcode** ein einfaches Befehlszeilentool erstellen, damit Sie sehen, wie alles ineinandergreift.

Wenn Sie ein Programm schreiben, erstellen und bearbeiten Sie eine Gruppe von Dateien. **Xcode** organisiert und strukturiert diese Dateien in einem *Projekt*. Starten Sie **Xcode**. Aus dem Menü **File** wählen Sie **New** und dann **New Project**.

Um den Start zu vereinfachen, schlägt **Xcode** eine Reihe möglicher Projektvorlagen (*project templates*) vor. Sie entscheiden sich abhängig von der Art des zu schreibenden Programms für eine Vorlage. In der linken Spalte wählen Sie im Bereich **Mac OS X** den Punkt **Application**. Dann wählen Sie aus den rechts erscheinenden Wahlmöglichkeiten **Command Line Tool**.

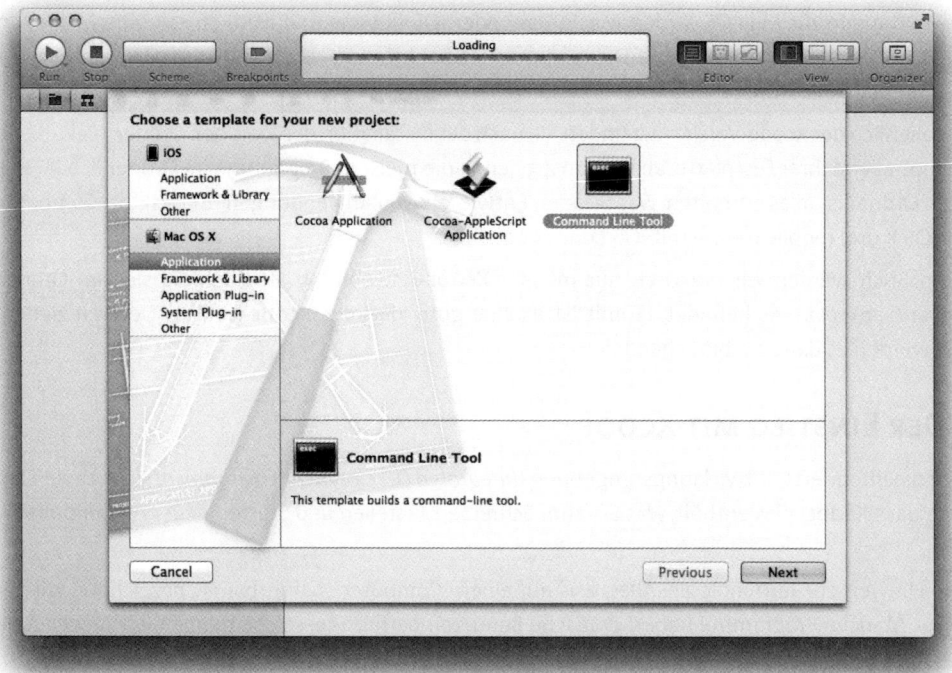

▶   *Abbildung 2.1: Die Wahl einer Vorlage*

Klicken Sie auf die Schaltfläche **Next**.

Geben Sie dem neuen Projekt den Namen **AGoodStart**. Die Firmenkennung (*company identifier*) ist für die Übungen in diesem Buch irrelevant, aber um fortfahren zu können, müssen Sie einen eingeben. Nehmen Sie **BigNerdRanch** oder einen beliebigen anderen Namen. Aus dem Pop-up-Menü wählen Sie **C**, weil Sie dieses Programm in C schreiben. Achten Sie zum Schluss darauf, dass die Checkbox **Use Automatic Reference Counting** aktiviert ist.

▶   *Abbildung 2.2: Optionen wählen*

Klicken Sie auf die Schaltfläche **Next**.

Nun wählen Sie den Ordner, in dem das Projektverzeichnis erstellt werden soll. Sie brauchen kein Repository für die Versionskontrolle und können von daher dieses Kästchen abhaken. Klicken Sie zum Schluss auf die Schaltfläche **Create**.

Sie werden eine solche Projektart auch in den nächsten Kapiteln erstellen. Dann werde ich jeweils einfach schreiben: „Erstellen Sie ein neues **C Command Line Tool** namens *Programmname*", damit Sie genau die gleiche Sequenz wie hier beschrieben durchlaufen.

(Warum C? Erinnern Sie sich daran, dass Objective-C auf der Programmiersprache C aufbaut. Sie müssen die Bestandteile von C verstehen, bevor wir bei Objective-C in die Details einsteigen können.)

2.3   WO BEGINNE ICH MIT DEM SCHREIBEN DES CODES?

Nachdem Sie das Projekt erstellt haben, sehen Sie ein Fenster, in dem gezeigt wird, wie **AGOODSTART** produziert wird.

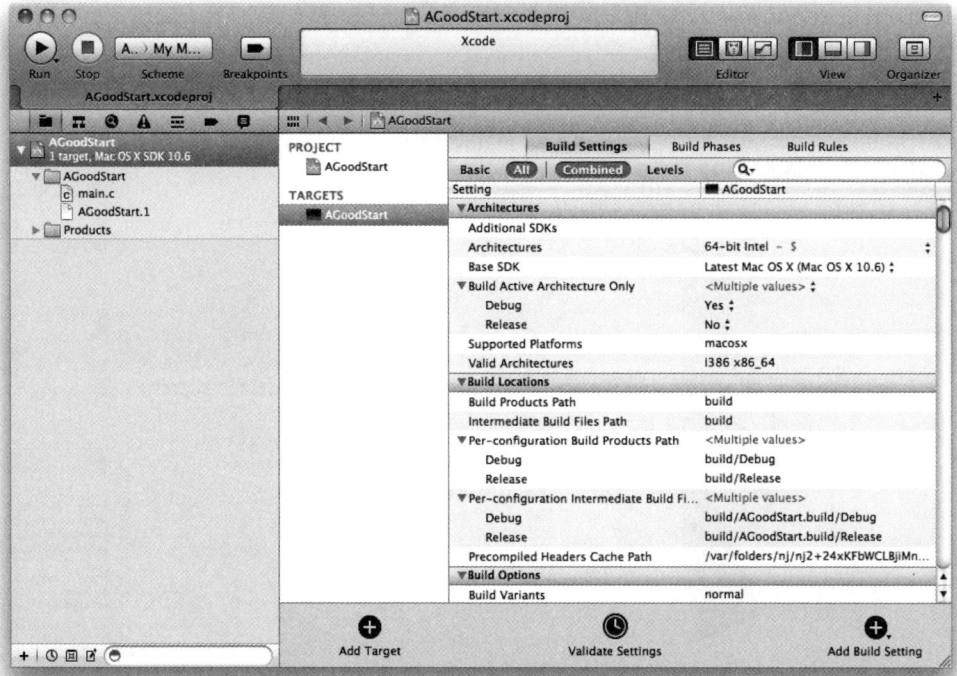

▶   *Abbildung 2.3: Erste Ansicht des Projekts* **AGOODSTART**

Das Fenster weist Details auf, z. B. unter welchen Mac OS X-Versionen Ihre Anwendung startet, die Konfiguration, wie Ihr Code kompiliert wird, und alle Regionaleinstellungen (*localizations*), die für Ihr Projekt gelten. Aber diese Details wollen wir vorerst beiseitelassen und einen einfachen Ausgangspunkt finden.

Im Bereich oben links suchen Sie eine Datei namens main.c und klicken darauf. (Wenn Sie main.c nicht sehen, dann klicken Sie auf das Dreieck neben dem Ordner namens **AGOODSTART**, damit dessen Inhalt ausklappt.)

Beachten Sie, dass die ursprüngliche Ansicht mit den Details der Produktion sich verändert, um den Inhalt von main.c zu zeigen. Die Datei main.c enthält eine Funktion namens main.

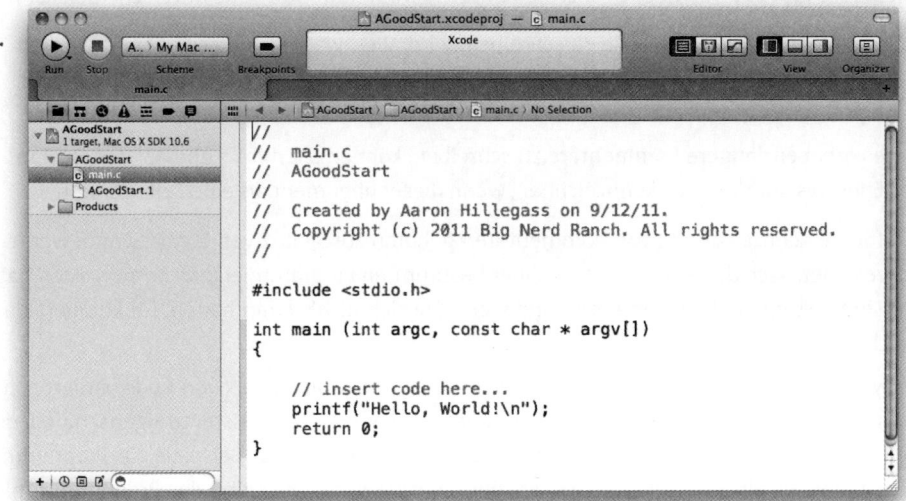

▶ *Abbildung 2.4: Suchen Sie* main.c *in der Gruppe* **AGoodStart**.

Eine *Funktion* ist eine Liste von Anweisungen, die der Computer ausführen soll. Jede Funktion hat einen Namen. In einem C- oder Objective-C-Programm ist main die Funktion, die beim ersten Start eines Programms aufgerufen wird.

```
#include <stdio.h>

int main (int argc, const char * argv[]) {

    // insert code here...
    printf("Hello, World!\n");
    return 0;
}
```

In dieser Funktion finden Sie die beiden Arten von Informationen, die Sie in Apple-Programmen schreiben: Code und Kommentare.

> Zum Code gehört die Gruppe der Anweisungen, die den Computer instruiert, etwas zu tun.

> Kommentare werden vom Computer ignoriert, aber wir Programmierer nutzen sie, um unseren Code zu dokumentieren. Je schwieriger das Programmierproblem ist, an dem Sie arbeiten, desto mehr helfen Kommentare zu dokumentieren, wie Sie das Problem gelöst haben. Das wird besonders dann relevant, wenn Sie sich nach einigen Monaten Ihre Arbeit noch einmal vornehmen und den Code anschauen, den Sie vergessen haben zu kommentieren. Dann geht Ihnen durch den Kopf: „Ich bin felsenfest überzeugt, dass dies eine brillante Lösung ist, aber ich habe absolut keine Ahnung mehr, wie sie funktioniert."

In C und Objective-C gibt es zwei Möglichkeiten, wie man Kommentare von Code unterscheiden kann:

> Wenn Sie zu Beginn einer Codezeile // schreiben, wird alles, was nach diesen Schrägstrichen kommt, bis zum Ende der Zeile als Kommentar betrachtet. Das sehen Sie an der Stelle, wo in dem Codeschnipsel „insert code here" steht.

> Wenn Sie vorhaben, längere Kommentare zu schreiben, können Sie mit /* und */ den Beginn und das Ende des Kommentars kennzeichnen, wenn dieser über mehr als eine Zeile verläuft.

Diese Regeln für die Kennzeichnung von Kommentaren gehören zur *Syntax* von C. Mit Syntax werden die Regeln bezeichnet, nach denen sich Code in einer bestimmten Programmiersprache zu richten hat. Diese Regeln sind außerordentlich spezifisch, und wenn Sie sich nicht daran halten, funktioniert das Programm nicht.

Zwar ist die Syntax hinsichtlich der Kommentare recht simpel, aber die Syntax von Code variiert sehr stark abhängig davon, was der Code macht und wie. Aber es gibt eine stets konsistente Eigenschaft: Jede *Programmanweisung* endet mit einem Semikolon (gleich kommen ein paar Beispiele für Programm-anweisungen). Wenn Sie ein Semikolon vergessen, gilt das als Syntaxfehler, und das Programm funk-tioniert nicht.

Zum Glück warnt **Xcode** Sie vor solchen Fehlern. Tatsächlich gehört es zu den ersten Herausforderungen, die Sie als Programmierer lösen müssen, die Hinweise zu interpretieren, die Sie von **Xcode** bekommen, wenn etwas verkehrt läuft, damit Sie dann die Fehler beheben können. Sie lernen einige Reaktionen von **Xcode** auf übliche Syntaxfehler kennen, wenn Sie sich durch dieses Buch arbeiten.

Nun nehmen wir die ersten Veränderungen in main.c vor. Zuerst schaffen wir etwas Platz. Suchen Sie die geschweiften Klammern ({ und }), die den Anfang und das Ende der Funktion main kennzeichnen. Dann löschen Sie alles, was dazwischen steht.

Nun aktualisieren Sie main.c, damit es wie der Code unten aussieht. Sie fügen einen Kommentar, zwei Codezeilen und einen weiteren Kommentar für die Funktion main ein. Für den Moment brauchen Sie nicht weiter zu verstehen, was Sie da gerade eintippen. Es geht hier nur darum, einen Einstieg zu finden. Ihnen bleibt noch ein ganzes Buch, um zu lernen, was das alles bedeutet.

```
#include <stdio.h>

int main (int argc, const char * argv[])
{
    // Den Romananfang ausgeben
    printf("It was the best of times.\n");
    printf("It was the worst of times.\n");
    /* Ist das wirklich gut?
       Vielleicht muss es noch umformuliert werden. */

    return 0;
}
```

(Beachten Sie, dass der Code, den Sie einzutippen haben, fett gedruckt ist. Wenn Code nicht fett ist, dann bedeutet das, er ist bereits geschrieben. Dieser Konvention werden wir im restlichen Buch folgen.)

Wenn Sie etwas tippen, merken Sie sicher, dass **XCODE** versucht, hilfreiche Vorschläge zu machen. Dieses praktische Feature nennt man *Codevervollständigung* (*code completion*). Hier sollten Sie es erst noch ignorieren und sich darauf konzentrieren, möglichst alles selbst einzutippen. Aber wenn Sie sich im Buch weiter vorgearbeitet haben, können Sie mit der Codevervollständigung spielen und schauen, wie Sie sich dabei helfen lassen können, Code praktischer und genauer zu schreiben. Sie sehen die verschiedenen Optionen für die Codevervollständigung in den Voreinstellungen von **XCODE**, die Sie über das **XCODE**-Menü erreichen.

Achten Sie außerdem auf die Schriftfarbe. **XCODE** nutzt verschiedene Schriftfarben, um Kommentare und unterschiedliche Bereiche des Codes zu kennzeichnen. (Kommentare sind z. B. grün.) Das ist ebenfalls sehr praktisch: Wenn Sie eine Weile mit **XCODE** gearbeitet haben, wird Ihnen instinktiv auffallen, wenn die Farben verkehrt aussehen. Oft ist das ein Hinweis auf einen Syntaxfehler in dem, was Sie geschrieben haben (z. B. ein vergessenes Semikolon). Und je eher Sie merken, dass Ihnen ein Syntaxfehler unterlaufen ist, desto einfacher ist es, ihn zu finden und zu beheben. Diese unterschiedlichen Farben sind nur eine Möglichkeit, wie **XCODE** Sie darüber informiert, dass Sie vielleicht etwas verkehrt gemacht haben.

2.4 Wie starte ich mein Programm?

Wenn der Inhalt der Datei `main.c` so aussieht wie das Listing oben, können Sie das Programm starten und schauen, was es macht. Dieser Vorgang hat zwei Phasen. Zuerst führt **XCODE** den *Build* Ihres Programms aus (es wird also erstellt) und dann den *Start*. Durch das Erstellen des Programms bereitet **XCODE** Ihren Code darauf vor, gestartet zu werden. Dazu gehört, die Syntax zu prüfen und nach anderen Fehlern zu suchen.

Schauen Sie sich noch einmal den linken Bereich des **XCODE**-Fensters an. Dies bezeichnet man als Navigationsbereich. Oben in diesem Bereich befinden sich verschiedene Schaltflächen. Sie sehen aktuell den *Projektnavigator*, der Ihnen die Dateien des Projekts zeigt. Das Icon des Projektnavigators ist ■.

Suchen Sie jetzt die Schaltfläche ■, um den Protokollnavigator aufzurufen. Über das *Protokoll* kommuniziert **XCODE** mit Ihnen, wenn Ihr Programm erstellt und gestartet wird.

Sie können das Log auch für eigene Zwecke nutzen. Zum Beispiel ist die Zeile in Ihrem Code, die wie folgt lautet:

```
printf("It was the best of times.\n");
```

eine Anweisung, die Wörter „It was the best of times." im Log darzustellen.

Weil Sie Ihr Programm noch nicht erstellt und gestartet haben, steht nichts im Protokollnavigator. Das beheben wir jetzt. In der oberen linken Ecke des Projektfensters suchen Sie nach der Schaltfläche, die verdächtig dem **PLAY**-Button in iTunes oder einem DVD-Player ähnelt. Wenn Sie den Cursor über diese Schaltfläche halten, sehen Sie einen Tooltipp mit **BUILD AND THEN RUN THE CURRENT SCHEME**. **XCODE** drückt damit aus: „Klicken Sie auf diese Schaltfläche, und ich erstelle und starte Ihr Programm."

Wenn alles gut geht, werden Sie mit Folgendem belohnt:

Falls nicht, bekommen Sie das hier zu sehen:

Was nun? Vergleichen Sie sorgfältig den Code in diesem Buch mit Ihrem Code. Achten Sie auf Tippfehler oder vergessene Semikolons. **Xcode** hebt die Zeilen hervor, die für problematisch gehalten werden. Nachdem Sie das Problem gefunden haben, klicken Sie wieder auf die Schaltfläche **Run**. Das wiederholen Sie gegebenenfalls so lange, bis Sie das Programm erfolgreich erstellt haben (man spricht von einem *Build* des Programms).

Lassen Sie sich nicht entmutigen, wenn mit diesem Code nicht auf Anhieb erfolgreiche Builds erstellt werden. Wenn Sie Fehler machen und dann ausmerzen, hilft Ihnen das zu verstehen, was Sie machen. Tatsächlich ist das sogar eher besser, als wenn Sie gleich zu Anfang Glück haben und alles richtig machen.

Wenn Sie erfolgreich einen Build erstellt haben, suchen Sie im Protokollnavigator das Item **Debug AGoodStart**. Klicken Sie darauf, um das Log des letzten Programmdurchlaufs anzuzeigen.

Das Log kann recht umfangreich sein. Der wichtige Teil ist das Zitat von Dickens am Ende. Das ist Ihr Code, der ausgeführt wird!

```
GNU gdb 6.3.50-20050815 (Apple version gdb-1705) (Tue Jul  5 07:36:45 UTC 2011)
Copyright 2004 Free Software Foundation, Inc.
GDB is free software, covered by the GNU General Public License, and you are
welcome to change it and/or distribute copies of it under certain conditions.
Type "show copying" to see the conditions.
There is absolutely no warranty for GDB.  Type "show warranty" for details.
This GDB was configured as "x86_64-apple-darwin".tty /dev/ttys001
[Switching to process 2723 thread 0x0]
It was the best of times.
It was the worst of times.
```

(Während ich dies schreibe, arbeitet Apple an einem neuen Debugger namens LLDB. Der wird später einmal den aktuellen Debugger GDB ersetzen. Wenn Sie nicht mehr all die Informationen über GDB sehen, bedeutet das, dass nun LLDB der Standarddebugger von **Xcode** ist. Die Zukunft muss ein grandioser Ort sein – ich beneide Sie sehr.)

2.5   WAS IST ALSO EIN PROGRAMM?

Nachdem Sie nun das Programm erstellt und gestartet haben, werfen wir mal einen Blick hinein. Ein Programm ist eine Sammlung von Funktionen. Eine Funktion ist eine Liste von Operationen, die der Prozessor abarbeitet. Jede Funktion trägt einen Namen, und jene, die Sie gerade geschrieben haben, heißt main. Da gibt es auch noch eine weitere Funktion namens printf. Diese Funktion haben Sie nicht selbst geschrieben, aber benutzt. (Wir werden in Kapitel 5 herausfinden, woher printf stammt.)

Für einen Programmierer ähnelt das Schreiben einer Funktion dem Verfassen eines Rezepts: „Rühren Sie einen Viertelliter Wasser langsam, bis es kocht. Dann mischen Sie eine Tasse Mehl unter. Noch heiß servieren."

Mitte der 1970er-Jahre brachte Betty Crocker ein Kästchen mit einer Reihe von Rezeptkarten auf den Markt. Eine Rezeptkarte ist die ideale Metapher für eine Funktion. Wie bei einer Funktion besitzt jede Karte einen Namen und eine Reihe von Anweisungen. Der Unterschied besteht darin, dass Sie ein Rezept ausführen und der Computer eine Funktion.

Programmausführung

Baked Chicken

In a shallow dish whisk together milk, egg, oil, salt and pepper.

Set rack about 6 inches from heat and preheat broiler.

Dip chicken in milk mixture, coat with bread crumbs, put in in a foil like broiler pan

Broil chicken until cooked through, about 7 minutes on each side.

▶   *Abbildung 3.5: Eine Rezeptkarte namens* **BAKED CHICKEN**

Die Kochanleitung hat Betty Crocker auf Englisch verfasst. Im ersten Teil dieses Buches werden Sie Ihre Funktionen in der Programmiersprache C schreiben. Allerdings erwartet der Prozessor eines Computers, dass seine Anweisungen in Maschinensprache erfolgen. Wie kriegen wir das hin?

Wenn Sie ein Programm in C schreiben (was für Sie relativ angenehm ist), konvertiert der *Compiler* die Funktionen Ihres Programms in Maschinensprache (was für den Prozessor angenehm und effizient ist). Der Compiler ist ebenfalls ein Programm, das von **XCODE** gestartet wird, wenn Sie auf **RUN** klicken. Ein Programm zu kompilieren ist das Gleiche wie das Erstellen eines Programms, und diese Begriffe benutzen wir austauschbar.

Wenn Sie ein Programm starten, werden die kompilierten Funktionen von der Festplatte in den Arbeitsspeicher kopiert, und die Funktion namens main wird vom Prozessor ausgeführt. Diese Funktion ruft normalerweise die anderen Funktionen auf. Hier hat z. B. main die Funktion printf aufgerufen. (Über die Interaktion von Funktionen erfahren Sie in Kapitel 5 mehr.)

2.6 NICHT AUFHÖREN

An diesem Punkt haben Sie wahrscheinlich schon verschiedene Frusterlebnisse gehabt: Installationsprobleme, Tippfehler und eine Menge neu gelernter Vokabeln. Und vielleicht war nichts von dem, was Sie bisher gemacht haben, für Sie irgendwie sinnvoll. Das ist völlig normal.

Während ich dies schreibe, ist mein Sohn Otto sechs Jahre alt. Mehrmals täglich ist er verwirrt und verblüfft. Er hat dauernd damit zu tun, Wissen aufzunehmen, das nicht in sein vorhandenes geistiges Raster passt. Verwirrung tritt derart regelmäßig ein, dass er sich eigentlich nicht mehr darum kümmert. Nie unterbricht er etwas, um sich zu fragen: „Warum ist das so verwirrend? Soll ich dieses Buch einfach wegwerfen?"

Wenn wir älter werden, geraten wir weitaus seltener in Verwirrung – nicht weil wir alles wissen, sondern weil wir dazu neigen, Dingen aus dem Weg zu gehen, die uns verwirren. Es ist zum Beispiel recht angenehm, ein Buch über Geschichte zu lesen, weil wir daraus viele wertvolle Wissensstücke mitnehmen, die wir in unser vorhandenes geistiges Gerüst einklinken können. Das ist leichtes Lernen.

Aber wenn man sich eine neue Sprache vornimmt, ist das ein Beispiel für schwieriges Lernen. Ihnen ist klar, dass es Millionen Menschen gibt, die problemlos mit dieser Sprache arbeiten, aber für Ihre Zunge fühlt sie sich unglaublich fremdartig und sperrig an. Und wenn man Sie in dieser Sprache anspricht, sind Sie oft verblüfft.

Ebenso ist es ein schwieriges Lernen, wenn man sich beibringen will, wie ein Computer programmiert wird. Sie werden immer wieder mal ziemlich baff sein – vor allem zu Beginn. Das ist völlig in Ordnung. Tatsächlich ist das auch irgendwie cool. Es ist, als wäre man wieder sechs Jahre alt.

Bleiben Sie mit diesem Buch bei der Stange: Ich verspreche Ihnen, dass die Verwirrung verschwindet, bevor Sie auf der letzten Seite angelangt sind.

Teil II

So funktioniert Programmierung

In den nächsten Kapiteln werden Sie viele Programme erstellen, die nützliche Konzepte demonstrieren. Diese Befehlszeilenprogramme sind nichts, mit dem Sie vor Ihren Freunden angeben können, aber es sollte Ihnen einen kleinen Kick geben, wenn Sie sie gemeistert haben, sodass sie starten: Sie vollziehen den Schritt vom Computernutzer zum Computerprogrammierer.

Ihre Programme in diesen ersten Kapiteln werden Sie in C schreiben. Beachten Sie, dass diese Kapitel nicht dazu gedacht sind, diese Sprache detailliert auszuführen. Ganz im Gegenteil: Aus jahrelanger Unterrichtsarbeit hat sich diese wesentliche Auswahl dessen ergeben, was alle Neulinge über Programmierung im Allgemeinen und über C im Besonderen wissen müssen, bevor sie das Programmieren in Objective-C angehen.

3 Variablen und Typen

Greifen wir noch einmal die Metapher mit dem Rezept aus dem letzten Kapitel auf: Köche arbeiten manchmal mit einer kleinen Tafel in der Küche, um Daten zu speichern. Wenn ein Koch z. B. einen Truthahn auspackt, sieht er ein Etikett, auf dem „14.2 pounds" steht. Bevor er die Verpackung wegwirft, notiert er sich auf der Tafel „Gewicht = 14,2". Dann berechnet er die Garzeit, kurz bevor er das Geflügel in den Ofen steckt (15 Minuten + 15 Minuten pro Pfund), indem er das auf der Tafel notierte Gewicht hinzuzieht.

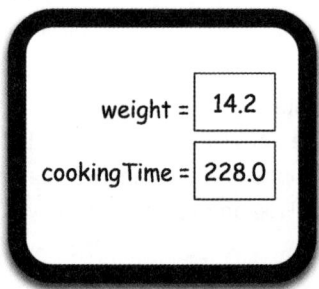

▶ *Abbildung 3.1: Mit einer Tafel die Übersicht bei Daten behalten*

Während der Ausführung muss ein Programm oft Daten speichern, die später genutzt werden sollen. Eine Stelle, wo eine bestimmte Art Daten abgelegt wird, nennt man *Variable*. Jede Variable hat einen Namen (wie cookingTime) und einen Typ (z. B. eine Zahl). Außerdem wird die Variable bei Ausführung des Programms einen Wert bekommen (z. B. 228.0). Bitte beachten Sie, dass nicht wie im Deutschen das Komma das Dezimalzeichen ist, sondern der Punkt!

3.1 TYPEN

In einem Programm erstellen Sie eine neue Variable, indem Sie deren Typ und Namen *deklarieren*. Hier folgt das Beispiel für die Deklaration einer Variablen:

```
float weight;
```

Der Typ dieser Variablen ist float und ihr Name weight. An diesem Punkt hat die Variable keinen Wert.

In C müssen Sie aus zwei Gründen den Typ jeder Variablen deklarieren:

> Durch Angabe des Typs kann der Compiler Ihre Arbeit prüfen und weist Sie auf mögliche Fehler oder Probleme hin. Nehmen wir beispielsweise an, dass Sie eine Variable mit einem Typ haben, der Text enthält. Wenn Sie nach deren Logarithmus fragen, weist Sie der Compiler etwa darauf hin: „Es ist sinnlos, den Logarithmus dieser Variablen abzufragen."

> Aus dem Typ kann der Compiler entnehmen, wie viel Platz im Arbeitsspeicher (wie viele Bytes) er für diese Variable reservieren muss.

Hier folgt eine Übersicht über häufig verwendete Typen. In späteren Kapiteln werden wir uns eingehender mit jedem Typ beschäftigen.

> `short`, `int`, `long`

> Diese drei Typen sind ganze Zahlen und benötigen kein Dezimalkomma. `short` benötigt normalerweise weniger Bytes Speicherplatz als `long`, und `int` liegt dazwischen. Somit können Sie in `long` eine weitaus größere Zahl speichern als in `short`.

> `float`, `double`

> Ein `float` ist eine Gleitkommazahl, also eine Zahl, die ein Dezimalkomma haben kann. Im Speicher wird `float` als Mantisse und als Exponent gespeichert. Die Zahl 346,2 wird beispielsweise als $3{,}462 \times 10^2$ repräsentiert. Ein `double` ist eine 64-Bit-Gleitkommazahl (*double precision*), die üblicherweise mehr Bits aufweist, um eine längere Mantisse und größere Exponenten aufzunehmen.

> `char`

> Ein `char` ist eine 1-Byte-Integerzahl, die normalerweise als Zeichen behandelt wird, z. B. der Buchstabe `'a'`.

> Zeiger

> Zeiger enthalten eine Speicheradresse. Sie werden mit dem Sternchen (*Asterisk*) deklariert. Eine als `int *` deklarierte Variable kann z. B. eine Speicheradresse enthalten, in der ein `int` gespeichert wird. Darin ist nicht der eigentliche Wert der Zahl enthalten, aber wenn Sie die Adresse des `int` kennen, können Sie ganz einfach an seinen Wert kommen. Zeiger sind sehr hilfreich, und später werden wir uns eingehender damit beschäftigen. Sehr eingehend!

> `struct`

> Ein `struct` (steht für Struktur) ist ein Typ, der sich aus anderen Typen zusammensetzt. Sie können auch neue `struct`-Definitionen erstellen. Stellen Sie sich z. B. vor, Sie brauchen einen Typ namens `GeoLocation`, der die beiden Gleitkommazahlen für `latitude` und `longitude` enthält. Für diesen Fall würden Sie einen `struct`-Typ definieren.

Mit diesen Typen arbeitet ein C-Programmierer täglich. Es ist recht erstaunlich, welche komplexen Ideen man anhand dieser fünf einfachen Konzepte abbilden kann.

3.2 Ein Programm mit Variablen

Wieder zurück in **Xcode** werden Sie ein weiteres Projekt erstellen. Schließen Sie zuerst das Projekt **AGoodStart**, damit Sie nicht aus Versehen neuen Code in das alte Projekt eintippen.

Nun erstellen Sie ein neues Projekt (**File → New → New Project**). Dieses Projekt wird ein **C Command Line Tool** namens **Turkey**.

Im Projektnavigator wechseln Sie zur Datei main.c dieses Projekts und öffnen sie. Bearbeiten Sie main.c, sodass der folgende Code darin steht:

```
#include <stdio.h>

int main (int argc, const char * argv[])
{
    // Deklariert Variable als Typ float und nennt sie 'weight'
    float weight;

    // Zahl in Variable eingeben
    weight = 14.2;

    // Für Benutzer loggen
    printf("The turkey weighs %f.\n", weight);

    // Weitere Variable als Typ float deklarieren
    float cookingTime;

    // Garzeit berechnen und in Variable speichern
    // In diesem Fall steht '*' für 'multipliziert mit'
    cookingTime = 15.0 + 15.0 * weight;

    // Für Benutzer loggen
    printf("Cook it for %f minutes.\n", cookingTime);

    // Funktion beenden und Erfolgsmeldung ausgeben

    return 0;
}
```

Erstellen Sie das Programm und starten Sie es. Sie können entweder oben links im **Xcode**-Fenster auf **Run** klicken oder das Tastenkürzel ⌘cmd⌘-⌂R⌂ nehmen. Klicken Sie dann auf die Schaltfläche 🗨, um zum Protokollnavigator zu gelangen. Wählen Sie das Item oben mit der Bezeichnung **Debug Turkey**, um den Output zu sehen. Der sollte wie folgt aussehen:

```
The turkey weighs 14.200000.
Cook it for 228.000000 minutes.
```

Nun klicken Sie auf die Schaltfläche ▉, um zum Projektnavigator zurückzukehren. Dann wählen Sie main.c, damit Sie den Code wieder sehen können. Gehen wir noch einmal durch, was Sie gemacht haben.

In der Programmzeile mit

```
float weight;
```

sagen wir, dass „die Variable weight als Typ float deklariert wird".

In der nächsten Zeile bekommt diese Variable einen Wert:

```
weight = 14.2;
```

Sie kopieren Daten in diese Variable. Wir sagen, dass „dieser Variablen der Wert 14.2 zugewiesen wird".

In modernem C können Sie in einer Zeile eine Variable deklarieren und gleich einen Anfangswert zuweisen:

```
float weight = 14.2;
```

Hier ist eine weitere Zuweisung:

```
cookingTime = 15.0 + 15.0 * weight;
```

Alles, was rechts vom = steht, ist ein *Ausdruck* (*expression*). Ein Ausdruck ist etwas, was ausgewertet wird und zu einem bestimmten Wert führt. Tatsächlich hat jede Zuweisung rechts vom = einen Ausdruck.

In dieser Zeile

```
weight = 14.2;
```

lautet der Ausdruck z. B. einfach 14.2.

Variablen sind die Bausteine aller Programme. Dies ist nur eine Einführung in die Welt der Variablen. Sie werden im weiteren Verlauf des Buches mehr darüber erfahren, wie Variablen funktionieren und wie man mit ihnen arbeitet.

3.3 AUFGABE

Erstellen Sie ein neues **C COMMAND LINE TOOL** namens **TwoFloats**. In dessen Funktion main() deklarieren Sie zwei Variablen des Typs float und weisen jeder eine Dezimalzahl mit Komma zu, z. B. 3,14 oder 42,0. Deklarieren Sie eine andere Variable des Typs double und weisen Sie ihr die Summe der beiden floats zu. Geben Sie das Ergebnis mit printf() aus. Schauen Sie sich ggf. den Code in diesem Kapitel noch einmal an, wenn Sie die Syntax prüfen müssen.

4 if/else

Ein wichtiges Konzept beim Programmieren ist, situationsabhängig verschiedene Aktionen auszuführen. Sind alle Felder im Rechnungsformular ausgefüllt? Falls ja, soll die Schaltfläche **SENDEN** aktiv werden. Hat der Spieler noch Leben übrig? Ist das der Fall, soll das Spiel fortgesetzt werden. Falls nicht, soll das Bild des Sargs gezeigt und die traurige Musik abgespielt werden.

Diese Art Verhalten wird anhand von if and else implementiert. Deren Syntax ist wie folgt:

```
if (Bedingung) {
    // Diesen Code ausführen, wenn die Bedingung wahr ist
} else {
    // Diesen Code ausführen, wenn die Bedingung falsch ist
}
```

In diesem Kapitel werden Sie kein Projekt erstellen. Stattdessen sollten Sie die Codebeispiele sorgfältig durchdenken und das berücksichtigen, was Sie in den letzten beiden Kapiteln gelernt haben.

Hier folgt ein Codebeispiel für if und else:

```
float truckWeight = 34563.8;

// Liegt das Gewicht unter dem Limit?
if (truckWeight < 40000.0) {
    printf("It is a light truck\n");
} else {
    printf("It is a heavy truck\n");
}
```

Wenn es keine else-Klausel gibt, können Sie den Teil weglassen:

```
float truckWeight = 34563.8;

// Liegt das Gewicht unter dem Limit?
if (truckWeight < 40000.0) {
    printf("It is a light truck\n");
}
```

Der Bedingungsausdruck ist entweder wahr oder falsch. In C hat man festgelegt, dass 0 für falsch steht, und alles, was nicht null ist, wird dann als wahr betrachtet.

Im obigen Beispiel akzeptiert der <-Operator eine Zahl auf jeder Seite. Wenn die Zahl auf der linken Seite kleiner ist als die auf der rechten, wird der Ausdruck zu 1 ausgewertet (ein sehr üblicher Weg, um etwas als wahr auszudrücken). Wenn die Zahl auf der linken Seite größer oder gleich der Zahl rechts ist, dann ergibt der Ausdruck 0 (der einzige Weg, um etwas als falsch auszudrücken).

Operatoren erscheinen oft in bedingten Ausdrücken. *Tabelle 4.1: Vergleichsoperatoren* zeigt häufig verwendete Operatoren für den Vergleich von Zahlen (und anderen Typen, die der Computer als Zahlen auswertet):

<	Ist die Zahl auf der linken Seite kleiner als die auf der rechten?
>	Ist die Zahl auf der linken Seite größer als die auf der rechten?
<=	Ist die Zahl auf der linken Seite kleiner oder gleich der auf der rechten?
>=	Ist die Zahl auf der linken Seite größer oder gleich der auf der rechten?
==	Sind beide gleich?
!=	Sind beide nicht gleich?

Tabelle 4.1: Vergleichsoperatoren

Der Operator == verdient noch eine weitere Anmerkung: Beim Programmieren wird mit diesem Operator auf Gleichheit geprüft. Mit einem einzelnen = wird *ein Wert zugewiesen*. Sehr viele Bugs stammen daher, dass Programmierer dort ein = geschrieben haben, wo eigentlich ein == gemeint war. Somit sollten Sie am besten damit aufhören, = als „Gleichheitszeichen" zu betrachten. Ab jetzt sollten Sie davon als „Zuweisungsoperator„ sprechen.

Einige bedingte Ausdrücke erfordern logische Operatoren. Wie wäre es z. B., wenn Sie wissen wollen, ob sich eine Zahl in einem bestimmten Bereich befindet, also etwa größer als null ist oder kleiner als 40.000? Um einen Bereich festzulegen, nutzen Sie den logischen AND-Operator (&&):

```
if ((truckWeight > 0.0) && (truckWeight < 40000.0)) {
    printf("Truck weight is within legal range.\n");
}
```

Tabelle 4.2: Logische Operatoren zeigt die drei logischen Operatoren:

&&	Logisches AND – wahr, wenn und nur wenn beides wahr ist
||	Logisches OR – falsch, wenn und nur wenn beides falsch ist
!	Logisches NOT – wahr wird falsch, falsch wird wahr

Tabelle 4.2: Logische Operatoren

(Falls Sie in einer anderen Sprache bewandert sind, sollten Sie hier beachten, dass es bei Objective-C kein logisches exklusives OR gibt und wir dies somit hier auch nicht erläutern.)

Der logische NOT-Operator (!) negiert den Ausdruck, der rechts von ihm in Klammern steht.

```
// Ist das Gewicht nicht im erlaubten Bereich?
if (!((truckWeight > 0.0) && (truckWeight < 40000.0))) {
    printf("Truck weight is not within legal range.\n");
}
```

4.1 BOOLESCHE VARIABLEN

Wie Sie sehen, können Ausdrücke recht lang und komplex werden. Manchmal ist es hilfreich, den Wert des Ausdrucks in eine praktische und gut benannte Variable zu legen.

```
BOOL isNotLegal = !((truckWeight > 0.0) && (truckWeight <  40000.0));
if (isNotLegal) {
    printf("Truck weight is not within legal range.\n");
}
```

Eine Variable, die wahr oder falsch sein kann, bezeichnet man als *boolesche* Variable. Historisch gesehen haben C-Programmierer für boolesche Werte stets ein int benutzt. Objective-C-Programmierer nehmen üblicherweise dafür den Datentyp BOOL, und das machen wir hier auch. (BOOL ist einfach ein anderer Name für einen Integertyp.) Um BOOL in einer C-Funktion zu verwenden, müssen Sie den passenden Header einfügen:

```
#include <objc/objc.h>
```

Anmerkung zur Syntax: Wenn der auf den bedingten Ausdruck folgende Code nur aus einer Anweisung besteht, sind die geschweiften Klammern optional. Also entspricht der folgende Code dem vorigen Beispiel.

```
BOOL isNotLegal = !((truckWeight > 0.0) && (truckWeight <  40000.0));
if (isNotLegal)
    printf("Truck weight is not within legal range.\n");
```

Wenn der Code aus mehr als einer Anweisung besteht, sind die geschweiften Klammern allerdings notwendig.

```
BOOL isNotLegal = !((truckWeight > 0.0) && (truckWeight <  40000.0));
if (isNotLegal) {
    printf("Truck weight is not within legal range.\n");
    printf("Impound truck.\n");
}
```

Warum? Stellen Sie sich mal vor, Sie entfernen die geschweiften Klammern.

```
BOOL isNotLegal = !((truckWeight > 0.0) && (truckWeight <  40000.0));
if (isNotLegal)
    printf("Truck weight is not within legal range.\n");
    printf("Impound truck.\n");
```

Mit einem solchen Code machen Sie sich bei den Truckern sehr unbeliebt. In diesem Fall wird jeder Truck beschlagnahmt – egal wie viel er wiegt. Wenn der Compiler nach der Bedingung keine geschweifte Klammer findet, wird nur die nächste Anweisung als zum if-Konstrukt gehörig betrachtet. Somit wird die zweite Anweisung immer ausgeführt. (Warum ist die zweite Anweisung eingerückt? Für die menschlichen Leser des Codes ist die Einrückung sehr hilfreich, dem Compiler ist sie egal.)

4.2   ELSE IF

Was machen Sie, wenn es mehr als zwei Möglichkeiten gibt? Sie können sie anhand von else if der Reihe nach prüfen. Stellen wir uns einmal vor, dass ein Truck zu einer von drei Gewichtskategorien gehört: schwebend, leicht und schwer.

```
if (truckWeight <= 0) {
    printf("A floating truck\n");
} else if (truckWeight < 40000.0) {
    printf("A light truck\n");
} else {
    printf("A heavy truck\n");
}
```

Sie können beliebig viele else if-Klauseln nutzen. Alle werden in der Reihenfolge geprüft, in der sie erscheinen, bis eine dann als wahr ausgewertet wird. Die Formulierung „in der Reihenfolge, in der sie erscheinen" ist wichtig. Achten Sie darauf, dass Sie die Bedingungen richtig ordnen, damit Sie keine falschen Positive bekommen. Wenn Sie im obigen Beispiel etwa die beiden ersten Tests austauschen, dann werden Sie nie einen schwebenden Truck finden, weil diese Art Trucks auch leichte Trucks sind. Die finale else-Klausel ist optional, aber praktisch, wenn Sie alles abdecken wollen, was die bisher genannten Bedingungen nicht erfüllt.

4.3   WENN SIE NOCH MEHR WISSEN WOLLEN: BEDINGUNGSOPERATOREN (TERNÄRE OPERATOREN)

Es ist nicht unüblich, dass man den Wert einer Instanzvariablen mit if und else setzt. Sie könnten z. B. auf folgenden Code treffen:

```
int minutesPerPound;
if (isBoneless)
    minutesPerPound = 15;
else
    minutesPerPound = 20;
```

Sobald Sie es mit einem Szenario zu tun haben, wo einer Variablen ein Wert basierend auf einer Bedingung zugewiesen wird, haben Sie einen Kandidaten für den *Bedingungsoperator*, der ? lautet. (Manchmal wird er auch *ternärer Operator* genannt.)

```
int minutesPerPound = isBoneless ? 15 : 20;
```

Diese eine Zeile entspricht dem obigen Beispiel. Anstatt if und else zu schreiben, formulieren Sie es als Zuweisung. Der Teil vor dem ? ist die Bedingung. Die Werte nach dem ? sind die Alternativen dafür, wenn bei der Bedingung wahr oder falsch festgestellt wird.

Wenn diese Notation Ihnen komisch vorkommt, können Sie auch ruhig stattdessen bei if und else bleiben – daran ist nichts verkehrt. Ich gehe stark davon aus, dass Sie im Laufe der Zeit den ternären Operator als kurze und bündige Schreibweise für eine bedingte Wertezuweisung akzeptieren werden. Wichtiger noch – Sie werden es auch bei anderen Programmierern sehen, und dann ist es sehr angenehm zu verstehen, was Sie da sehen!

4.4 Aufgabe

Schauen Sie sich das folgende Code-Snippet an:

```
int i = 20;
int j = 25;

int k = ( i > j ) ? 10 : 5;

if ( 5 < j - k ) { // Erster Ausdruck
    printf("The first expression is true.");
} else if ( j > i ) { // Zweiter Ausdruck
    printf("The second expression is true.");
} else {
    printf("Neither expression is true.");
}
```

Was wird auf der Konsole ausgegeben?

Funktionen

In Kapitel 3 habe ich das Konzept der Variablen vorgestellt: ein Name, der mit bestimmten Daten verbunden ist. Eine Funktion ist ein Name, der mit bestimmtem Code verknüpft ist. Sie können Informationen an eine Funktion übergeben. Sie können die Funktion Code ausführen lassen. Sie können bei einer Funktion auch dafür sorgen, dass Informationen an Sie zurückgegeben werden.

Funktionen sind für das Programmieren fundamental, und somit gibt es davon eine Menge in diesem Kapitel: drei neue Projekte, ein neues Tool und viele neue Konzepte und Ideen. Fangen wir mit einer Übung an, die demonstriert, wofür Funktionen gut sind.

5.1 WANN SOLLTE ICH MIT EINER FUNKTION ARBEITEN?

Nehmen wir an, Sie schreiben ein Programm, um Teilnehmern dafür zu danken, dass sie an einem Seminar auf der Big Nerd Ranch teilgenommen haben. Bevor Sie sich damit abmühen, die Teilnehmerliste aus einer Datenbank zu beschaffen oder gute Briefbogen der Big Nerd Ranch mit dem Ausdruck der Zertifikate zu verbraten, sollten Sie mit der Nachricht experimentieren, die auf die Zertifikate gedruckt werden soll.

Für dieses Experiment erstellen Sie ein neues Projekt: ein **C COMMAND LINE TOOL** namens **CLASS-CERTIFICATES**.

Ihre ersten Überlegungen, ein solches Programm zu schreiben, könnten wie folgt aussehen:

```
int main (int argc, const char * argv[])
{
    printf("Mark has done as much Cocoa Programming as I could fit into 5 days\n");
    printf("Bo has done as much Objective-C Programming as I could fit into 2 days\n");
    printf("Mike has done as much Python Programming as I could fit into 5 days\n");
    printf("Ted has done as much iOS Programming as I could fit into 5 days\n");

    return 0;
}
```

Kriegen Sie schon Kopfschmerzen, wenn Sie nur daran denken, all das einzutippen? Sind all diese Wiederholungen nicht nervig? Wenn Sie dies bejahen, haben Sie das Zeug zu einem hervorragenden Programmierer. Wenn Sie auf immer wiederkehrende Arbeit treffen, die sich von der Art her sehr ähnelt (in diesem Fall die Wörter in der printf-Anweisung), sollten Sie sich überlegen, dass man die gleiche Aufgabe besser mit einer Funktion erledigen kann.

5.2   WIE SCHREIBE UND NUTZE ICH FUNKTIONEN?

Da Sie nun erkannt haben, dass Sie eine Funktion brauchen, sollten Sie auch eine schreiben. Öffnen Sie main.c im Projekt **ClassCertificates** und fügen Sie vor der Funktion main eine neue Funktion ein. Geben Sie ihr den Namen congratulateStudent.

```
#include <stdio.h>

void congratulateStudent(char *student, char *course, int numDays)
{
    printf("%s has done as much %s Programming as I could fit into %d days.\n",
        student, course, numDays);
}
```

(Neugierig, was %s und %d bedeuten? Bitte noch etwas Geduld, das ist Thema des nächsten Kapitels.)

Nun bearbeiten Sie main, um diese neue Funktion nutzen zu können:

```
int main (int argc, const char * argv[])
{
    congratulateStudent("Mark", "Cocoa", 5);
    congratulateStudent("Boris", "Objective-C", 2);
    congratulateStudent("Mike", "Python", 5);
    congratulateStudent("Ted", "iOS", 5);

    return 0;
}
```

Kompilieren Sie das Programm und starten Sie es. Sie bekommen wahrscheinlich einen *Warnhinweis*: ein Ausrufezeichen in einem kleinen gelben Dreieck. Eine Warnung in **Xcode** verhindert nicht, dass Ihr Programm läuft, sondern soll nur Ihre Aufmerksamkeit auf ein mögliches Problem richten. Der Text der Warnung steht rechts neben dem Code. Diese Warnung lautet etwa wie folgt: No previous prototype for function 'congratulateStudent' (Bisher kein Prototyp für Funktion 'congratulateStudent'). Ignorieren Sie für den Augenblick diese Warnung, da wir uns am Ende dieses Abschnitts darum kümmern werden.

Suchen Sie den Output im Protokollnavigator. Da sollte genau das stehen, was Sie auch angezeigt bekämen, wenn Sie alles selbst eingetippt hätten.

```
Mark has done as much Cocoa Programming as I could fit into 5 days.
Bo has done as much Objective-C Programming as I could fit into 2 days.
Mike has done as much Python Programming as I could fit into 5 days.
Ted has done as much iOS Programming as I could fit into 5 days.
```

Gehen Sie gedanklich noch einmal durch, was Sie hier gemacht haben. Ihnen ist ein sich wiederholendes Muster aufgefallen. Sie haben die gemeinsamen Kennzeichen des Problems aufgegriffen (den sich wiederholenden Text) und sie in eine separate Funktion verschoben. So blieben nur noch die Unterschiede übrig (Teilnehmername, Seminarname, Anzahl Tage). Sie haben sich um diese Unterschiede gekümmert, indem Sie der Funktion drei *Parameter* hinzugefügt haben. Schauen wir uns noch einmal die Zeile an, in der Sie die Funktion benennen.

```
void congratulateStudent(char *student, char *course, int numDays)
```

Jeder Parameter besteht aus zwei Teilen: aus dem Datentyp, den das Argument repräsentiert, und dem Namen des Parameters. Parameter werden durch Komma getrennt und in Klammern rechts neben den Namen der Funktion gestellt.

Was soll das void links neben dem Funktionsnamen? Das ist die Art Information, die durch die Funktion zurückgegeben wird. Wenn Sie keine Information haben, die zurückgegeben werden soll, nehmen Sie das Schlüsselwort void. Weiter hinten in diesem Kapitel werden wir uns eingehender mit dem Zurückgeben beschäftigen.

Sie haben außerdem die neue Funktion in main verwendet bzw. *aufgerufen*. Als congratulateStudent aufgerufen wurde, haben Sie dieser Funktion Werte übergeben. Werte, die einer Funktion übergeben werden, nennt man *Argumente*. Der Wert dieses Arguments wird dann dem entsprechenden Parameternamen zugewiesen. Diesen Parameternamen kann man innerhalb der Funktion als Variable nutzen, die den übergebenen Wert enthält.

Schauen wir uns das nun genauer an. Im ersten Aufruf von congratulateStudent übergeben Sie drei Argumente: "Mark", "Cocoa", 5.

```
congratulateStudent("Mark", "Cocoa", 5);
```

Hier wollen wir uns nun auf das dritte Argument konzentrieren. Wenn 5 an congratulateStudent übergeben wird, wird es dem dritten Parameter numDays zugewiesen. Argumente und Parameter werden einander in der Reihenfolge zugeordnet, wie sie erscheinen. Sie müssen also vom gleichen Datentyp (oder sehr nahe verwandt) sein. Hier ist 5 ein Integerwert, und der Typ von numDays ist int. Gut.

Wenn congratulateStudent nun die Variable numDays innerhalb der Funktion verwendet, also *referenziert*, wird dessen Wert 5 betragen. Sie können sehen, dass numDays direkt vor dem Semikolon referenziert wird. Schließlich können Sie sich überzeugen, dass alles funktioniert hat, indem Sie sich die erste Zeile des Outputs anschauen, in der die Zahl der Tage korrekt dargestellt wird.

Schauen Sie sich noch einmal unseren ersten Vorschlag der Version für **ClassCertificates** mit all dem wiederholten Eintippen an. Was bringt es denn nun, stattdessen eine Funktion zu nehmen? Sich Tipparbeit zu ersparen? Nun, das stimmt, ist aber definitiv noch nicht alles. Es geht auch um Fehlerprüfung. Je weniger Sie tippen und je mehr der Computer die Verarbeitung der Zahlen übernehmen muss, desto weniger Tippfehler passieren. Wenn Sie sich außerdem bei einem Funktionsnamen vertippen, werden Sie von **Xcode** darauf hingewiesen, aber **Xcode** hat keine Ahnung, wenn Sie sich bei normalem Text vertippen.

Ein weiterer Vorteil der Funktionen ist die Wiederverwendbarkeit. Nachdem Sie diese praktische Funktion geschrieben haben, können Sie sie in einem anderen Programm erneut einsetzen. Änderungen werden so ebenfalls einfacher. Sie brauchen einfach nur die Dankesformulierung an einer Stelle anpassen, und dann wirkt sie sich überall aus.

Der finale Vorteil von Funktionen ist: Falls es einen „Bug" gibt, können Sie diese eine Funktion reparieren, und plötzlich wird alles, was davon aufgerufen wird, korrekt funktionieren. Wenn Sie Ihren Code in Funktionen aufteilen, wird er einfacher zu verstehen und zu pflegen.

Nun wenden wir uns der Warnung im Code zu. Es ist sehr üblich, eine Funktion an einer Stelle zu *deklarieren* und an einer anderen zu *definieren*. Die Deklaration einer Funktion warnt den Compiler nur vor, dass gleich eine Funktion mit einem bestimmten Namen kommt. Die auszuführenden Schritte beschreiben Sie in der Funktion, die definiert wird. In dieser Übung haben Sie tatsächlich die Funktion an der gleichen Stelle deklariert und definiert. Weil das unüblich ist, gibt **Xcode** eine Warnung aus, falls Ihre Funktion nicht vorab deklariert wurde.

Hier ist es okay, diese Warnung bei allen Projekten zu ignorieren, die Sie in diesem Buch erstellen. Oder Sie nehmen sich die Zeit, sie zu deaktivieren. Dafür wählen Sie das Ziel **ClassCertificates**, das Sie ganz oben im Projektnavigator finden. Im Editorbereich wählen Sie **All** auf dem Reiter **Build Settings**. Scrollen Sie durch die verschiedenen Build-Einstellungen und suchen Sie **Missing Function Prototypes**. Ändern Sie diese Einstellung auf **No**.

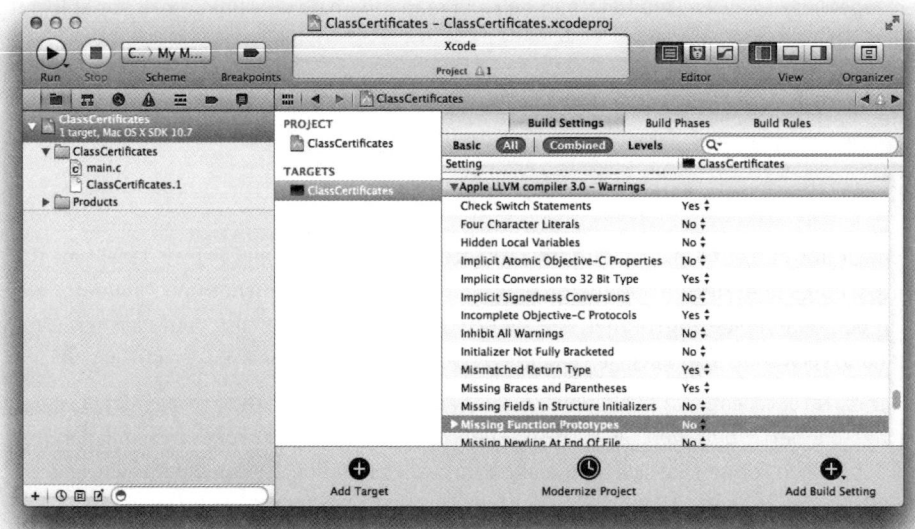

▶ *Abbildung 5.1: Deaktivieren der Warnung* **Missing Function Prototypes**

5.3   WIE FUNKTIONEN ZUSAMMENARBEITEN

Ein *Programm* ist eine Sammlung von Funktionen. Wenn man ein Programm startet, werden diese Funktionen von der Festplatte in den Arbeitsspeicher kopiert. Dann sucht der Prozessor die Funktion „main" und führt sie aus.

Erinnern Sie sich daran, dass eine Funktion wie eine Rezeptanweisung ist. Wenn ich die Karte „Baked Chicken" ausführen will, entdecke ich, dass die zweite Anweisung lautet: „Make Seasoned Bread Crumbs", was auf einer anderen Karte erläutert wird. Ein Programmierer würde es so ausdrücken: „Die Funktion *Baked Chicken* ruft die Funktion *Seasoned Bread Crumbs* auf."

Programmausführung

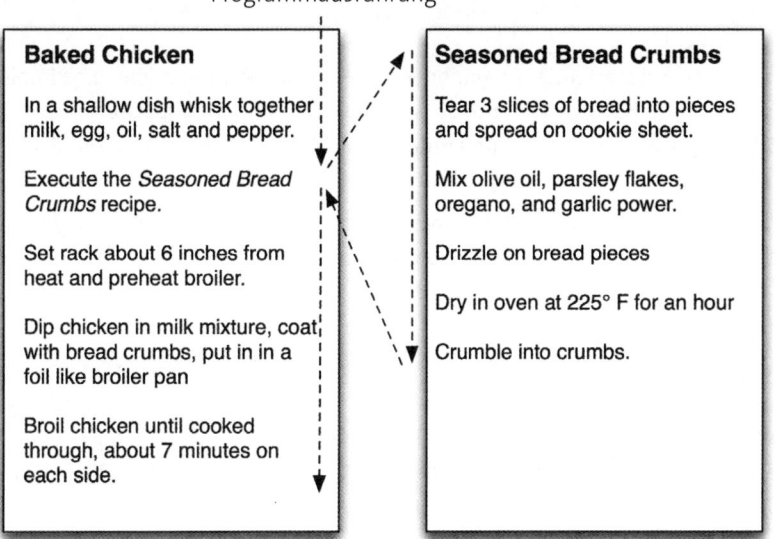

Baked Chicken

In a shallow dish whisk together milk, egg, oil, salt and pepper.

Execute the *Seasoned Bread Crumbs* recipe.

Set rack about 6 inches from heat and preheat broiler.

Dip chicken in milk mixture, coat with bread crumbs, put in in a foil like broiler pan

Broil chicken until cooked through, about 7 minutes on each side.

Seasoned Bread Crumbs

Tear 3 slices of bread into pieces and spread on cookie sheet.

Mix olive oil, parsley flakes, oregano, and garlic power.

Drizzle on bread pieces

Dry in oven at 225° F for an hour

Crumble into crumbs.

▶   *Abbildung 5.2: Rezeptkarten*

Entsprechend kann die Funktion main andere Funktionen aufrufen. Zum Beispiel hat Ihre main-Funktion in **ClassCertificates** die Funktion congratulateStudent aufgerufen, die wiederum dann printf aufruft.

Wenn Sie die gewürzten Brotkrumen vorbereiten, unterbrechen Sie die Ausführung der Karte „Baked Chicken". Wenn die Brotkrumen fertig sind, setzen Sie die Ausführung der Karte „Baked Chicken" wieder fort.

Entsprechend unterbricht die Funktion main die Ausführung und „blockiert", bis die von ihr aufgerufene Funktion mit ihrer Ausführung fertig ist. Um das sehen zu können, werden wir eine Funktion namens sleep aufrufen, die nichts anderes macht, als ein paar Sekunden zu warten. In der Funktion main fügen Sie den Aufruf von sleep ein.

```
int main (int argc, const char * argv[])
{
    congratulateStudent("Mark", "Cocoa", 5);
    sleep(2);
    congratulateStudent("Boris", "Objective-C", 2);
    sleep(2);
    congratulateStudent("Mike", "Python", 5);
    sleep(2);
    congratulateStudent("Ted", "iOS", 5);

    return 0;
}
```

Kompilieren Sie das Programm und starten Sie es. (Ignorieren Sie hier die Warnung über eine implizite Deklaration.) Sie sollten eine zweisekündliche Pause zwischen jeder Gratulation feststellen. Das liegt daran, dass die main-Funktion die weitere Ausführung unterbricht, bis die Funktion sleep mit der Ruhephase fertig ist.

Beachten Sie, dass Sie zum Aufrufen einer Funktion deren Namen verwenden und die dazugehörigen Argumente in Klammern schreiben. Wenn wir somit also über Funktionen sprechen, werden diese normalerweise mit leeren Klammern geschrieben. Von jetzt an werden wir also main() schreiben, wenn von der main-Funktion die Rede ist.

Ihr Computer wurde mit vielen eingebauten Funktionen geliefert. Tatsächlich ist das ein wenig irreführend – dies ist die Wahrheit: Bevor Mac OS X auf Ihrem Computer installiert wurde, war er nichts anderes als ein teures Warmluftgebläse. Zu den Dingen, die als Bestandteil von Mac OS X installiert wurden, gehören Dateien, die eine Sammlung von vorkompilierten Funktionen enthalten. Diese Sammlungen nennt man die *Standardbibliotheken*. sleep() und printf() sind in diesen Standardbibliotheken enthalten.

Ganz oben in main.c haben Sie die Datei stdio.h eingebunden. Diese Datei enthält eine Deklaration der Funktion printf() und lässt den Compiler prüfen, ob Sie sie korrekt verwenden. Die Funktion sleep() wird in stdlib.h deklariert. Binden Sie diese Datei ebenfalls ein, damit der Compiler sich nicht mehr beschwert, dass sleep() implizit deklariert ist:

```
#include <stdio.h>
#include <stdlib.h>

void congratulateStudent(char *student, char *course, int numDays)
{
    ...
```

Die Standardbibliothek dient zweierlei Aufgaben:

> Sie repräsentiert größere Codeblöcke, die Sie nicht erst selbst schreiben und pflegen müssen. Das befähigt Sie, größere und bessere Programme zu erstellen, als wenn Sie alles von Grund auf neu schreiben müssten.

> Außerdem gewährleisten sie, dass die meisten Programme vom Erscheinungsbild und der Handhabung ähnlich sind.

Programmierer verbringen eine Menge Zeit, die Standardbibliotheken jener Betriebssysteme zu studieren, an denen sie arbeiten. Jede Firma, die ein Betriebssystem erstellt, liefert dazu gleich auch eine Dokumentation für die dazugehörigen Standardbibliotheken aus. Sie erfahren in Kapitel 16, wie Sie die Dokumentation für iOS und Mac OS X durchsuchen.

5.4   LOKALE VARIABLEN, FRAMES UND DER STACK

Jede Funktion kann *lokale Variablen* enthalten. Dabei handelt es sich um Variablen, die in einer Funktion deklariert sind. Sie existieren nur während der Ausführung dieser Funktion, und man kann nur in dieser Funktion darauf zugreifen. Nehmen wir beispielsweise an, dass Sie eine Funktion schreiben, die berechnet, wie lange ein Truthahn gegart werden soll. Das könnte wie folgt aussehen:

```
void showCookTimeForTurkey(int pounds)
{
    int necessaryMinutes = 15 + 15 * pounds;
    printf("Cook for %d minutes.\n", necessaryMinutes);
}
```

necessaryMinutes ist eine lokale Variable. Sie entstand, als showCookTimeForTurkey() mit der Ausführung begann, und hört auf zu existieren, wenn diese Funktion zu Ende geführt wurde. Bei pounds, dem Parameter der Funktion, handelt es sich ebenfalls um eine lokale Variable. Ein Parameter ist eine lokale Variable, die mit dem Wert des entsprechenden Arguments initialisiert wurde.

Eine Funktion kann viele lokale Variablen enthalten, und alle werden im *Frame* dieser Funktion gespeichert. Stellen Sie sich den Frame wie eine Tafel vor, auf der Sie schnell etwas notieren können, während die Funktion läuft. Wenn die Funktion abgeschlossen wurde, wird die Tafel wieder abgewischt.

Stellen Sie sich vor, Sie wollen an dem *Baked Chicken*-Rezept arbeiten. In der Küche bekommt jedes Ihrer Rezepte seine eigene Tafel, und so bereiten Sie auch für dieses Rezept eines vor. Wenn Sie nun also das Rezept *Seasoned Bread Crumbs* aufrufen, brauchen Sie eine neue Tafel. Wo legen Sie diese hin? Direkt auf die Tafel für *Baked Chicken*. Immerhin haben Sie die Ausführung von *Baked Chicken* unterbrochen, um *Seasoned Bread Crumbs* zu machen. Sie brauchen das Frame *Baked Chicken* erst dann wieder, wenn das Rezept *Seasoned Bread Crumbs* vollendet ist und dessen Frame entsorgt wird. Sie verfügen nun über einen Stapel Frames (den sogenannten *Stack*).

▶ *Abbildung 5.3: Zwei Tafeln auf einem Stack*

Programmierer drücken das so aus: „Wenn eine Funktion aufgerufen wird, wird ihr Frame oben *auf dem Stack* erstellt. Wenn die Funktion beendet ist, wird ihr Frame vom Stack genommen und zerstört."

Schauen wir uns genauer an, wie der Stack funktioniert, indem wir showCookTimeForTurkey() in ein hypothetisches Programm einfügen:

```
void showCookTimeForTurkey(int pounds)
{
    int necessaryMinutes = 15 + 15 * pounds;
    printf("Cook for %d minutes.\n", necessaryMinutes);
}

int main(int argc, const char * argv[])
{
    int totalWeight = 10;
    int gibletsWeight = 1;
    int turkeyWeight = totalWeight - gibletsWeight;
    showCookTimeForTurkey(turkeyWeight);
    return 0;
}
```

Erinnern Sie sich daran, dass main() stets zuerst ausgeführt wird. main() ruft showCookTimeForTurkey() auf, das dann mit der Ausführung beginnt. Wie sieht dann der Stack dieses Programms aus, direkt nachdem pounds mit 15 multipliziert wurde?

showTurkeyCookTime()	pounds = 9 necessaryMinutes = 150
main()	totalWeight = 10 gibletsWeight = 1 turkeyWeight = 9

▶ *Abbildung 5.4: Zwei Frames auf dem Stack*

Beim Stack wird zuerst das weggenommen, was zuletzt eingefügt wurde. Man bezeichnet das auch als *last-in, first-out*. Das heißt, die Funktion showCookTimeForTurkey() wird zuerst ihren Frame vom Stack nehmen (man nennt das „poppen"), bevor main() seinen Frame vom Stack poppt.

Beachten Sie, dass pounds, der einzige Parameter von showCookTimeForTurkey(), Teil des Frames ist. Erinnern Sie sich, dass ein Parameter eine lokale Variable ist, die dem Wert des zugehörigen Arguments zugewiesen wird. Für dieses Beispiel wird die Variable turkeyWeight mit dem Wert 9 als Argument an showCookTimeForTurkey() übergeben. Dann wird dieser Wert dem Parameter pounds zugewiesen und in den Frame der Funktion kopiert.

5.5 REKURSION

Kann eine Funktion sich selbst aufrufen? Und ob! Das nennt man *Rekursion*. Es gibt einen berüchtigten Song namens „99 Bottles of Beer". Erstellen Sie ein neues **C COMMAND LINE TOOL** namens **BEERSONG**. Öffnen Sie main.c, fügen Sie eine Funktion ein, die den Text dieses Liedes ausgibt, und rufen Sie main() auf:

```
#include <stdio.h>

void singTheSong(int numberOfBottles)
{
    if (numberOfBottles == 0) {
        printf("There are simply no more bottles of beer on the wall.\n");
    } else {
        printf("%d bottles of beer on the wall. %d bottles of beer.\n",
                numberOfBottles, numberOfBottles);
        int oneFewer = numberOfBottles - 1;
        printf("Take one down, pass it around, %d bottles of beer on the wall.\n",
                oneFewer);
        singTheSong(oneFewer); // Diese Funktion ruft sich selbst auf!
        printf("Put a bottle in the recycling, %d empty bottles in the bin.\n",
                numberOfBottles);
    }
}

int main(int argc, const char * argv[])
{
    singTheSong(99);
    return 0;
}
```

Kompilieren Sie das Programm und starten Sie es. Der Output sieht wie folgt aus:

```
99 bottles of beer on the wall. 99 bottles of beer.
Take one down, pass it around, 98 bottles of beer on the wall.
98 bottles of beer on the wall. 98 bottles of beer.
Take one down, pass it around, 97 bottles of beer on the wall.
97 bottles of beer on the wall. 97 bottles of beer.
...
1 bottles of beer on the wall. 1 bottles of beer.
Take one down, pass it around, 0 bottles of beer on the wall.
There are simply no more bottles of beer on the wall.
Put a bottle in the recycling, 1 empty bottles in the bin.
Put a bottle in the recycling, 2 empty bottles in the bin.
...
Put a bottle in the recycling, 98 empty bottles in the bin.
Put a bottle in the recycling, 99 empty bottles in the bin.
```

Wie sieht der Stack aus, wenn die letzte Flasche aus dem Regal genommen wurde?

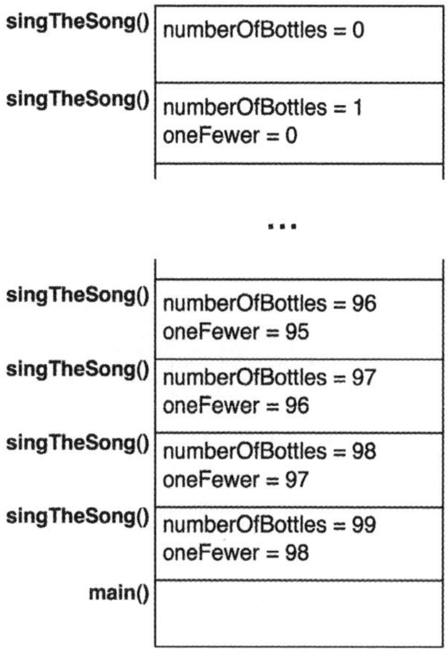

▶　*Abbildung 5.5: Frames im Stack einer rekursiven Funktion*

Erläuterungen über Frames und den Stack kommen in einem Programmierkurs für Anfänger normalerweise nicht vor, aber ich bin der Ansicht, dass diese Konzepte für beginnende Programmierer außergewöhnlich hilfreich sind. Erstens bekommt man ein konkreteres Verständnis für Antworten auf Fragen wie „Was geschieht mit meinen lokalen Variablen, wenn die Funktion mit der Ausführung fertig ist?" Zweitens hilft es, den *Debugger* zu verstehen. Der Debugger ist ein Programm, mit dem Sie besser verstehen, was Ihr Programm eigentlich macht, was umgekehrt auch sehr hilfreich ist, „Bugs" (also Fehler im Code) zu finden und zu beheben. Wenn Sie ein Programm in **Xcode** erstellen und starten, wird der Debugger an das Programm *angehängt*, damit Sie ihn verwenden können.

5.6   DIE FRAMES IM DEBUGGER UNTERSUCHEN

Sie können mit dem Debugger die Frames im Stack untersuchen. Dafür müssen Sie allerdings Ihr Programm mitten bei der Ausführung unterbrechen. Anderenfalls wird main() bis zum Schluss ausgeführt, und dann hat man keine Frames mehr, die man sich anschauen kann. Um bei unserem Programm BEER-SONG so viele Frames wie möglich zu sehen, soll die Ausführung in der Zeile gestoppt werden, die „There are simply no more bottles of beer on the wall" ausgibt.

Wie wird das gemacht? In main.c suchen Sie die Zeile.

```
printf("There are simply no more bottles of beer on the wall.\n");
```

Links neben dem Code befinden sich zwei schattierte Spalten. Klicken Sie auf die breite linke Spalte davon direkt auf Höhe dieser Codezeile.

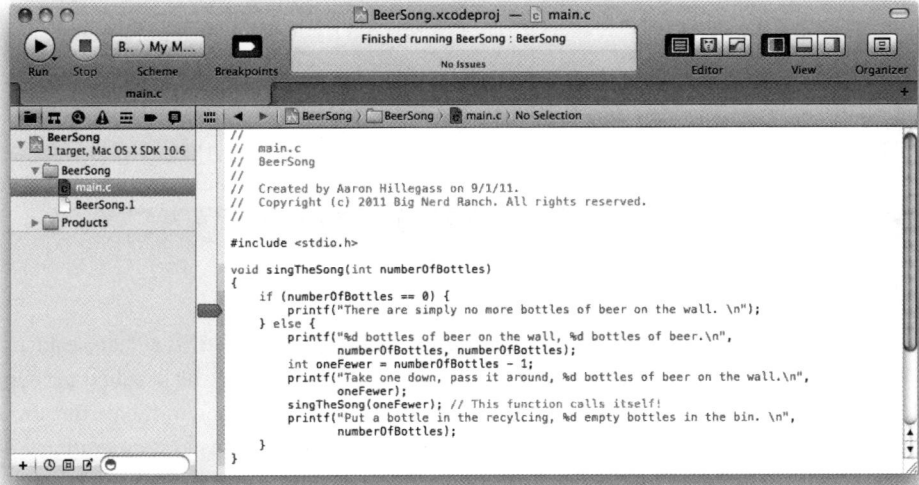

▶   *Abbildung 5.6: Einen Breakpoint setzen*

Der blaue Indikator zeigt, dass Sie einen *Breakpoint* gesetzt haben. Ein Breakpoint ist eine Stelle im Code, wo der Debugger die Ausführung des Programms pausieren soll. Starten Sie das Programm erneut. Es startet und stoppt dann direkt vor Ausführung der Zeile, in der Sie den Breakpoint gesetzt haben.

Damit haben Sie Ihr Programm temporär eingefroren und können es genauer untersuchen. Im Navigationsbereich klicken Sie auf das Icon ☰, um den *Debugnavigator* zu öffnen. Dieser Navigator zeigt alle Frames, die sich aktuell auf dem Stack befinden (auch *Stack Trace* genannt).

Im Stack Trace werden die Frames anhand des Namens ihrer Funktion identifiziert. Angenommen, Ihr Programm besteht fast ausschließlich aus einer rekursiven Funktion, diese Frames haben den gleichen Namen, und Sie müssen sie anhand des Werts von oneFewer unterscheiden, die an sie übergeben werden. Unten im Stack finden Sie natürlich den Frame für main().

Sie können einen Frame auswählen, um die Variablen in diesem Frame und den Quellcode für die Code-zeile, die aktuell ausgeführt wird, zu sehen. Wählen Sie den Frame für das erste Mal, dass singTheSong aufgerufen wird.

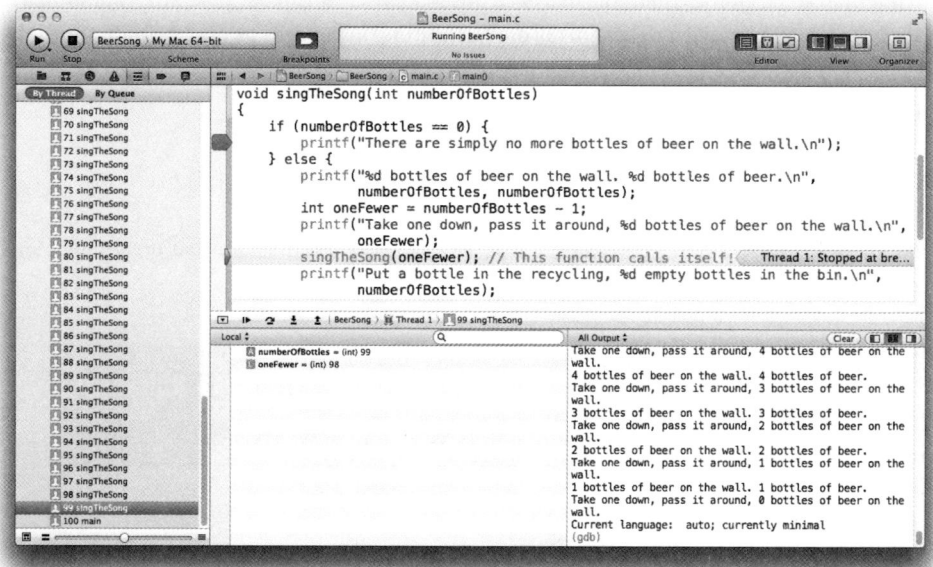

▶   *Abbildung 5.7: Frames im Stack einer rekursiven Funktion*

Sie sehen die Variablen dieses Frames und deren Wert unten links im Fenster. Rechts sehen Sie auch den Output in einem Bereich, der als *Konsole* bezeichnet wird. (Wenn Sie die Konsole nicht sehen, suchen Sie im rechten unteren Bildschirmbereich die Buttons ▭▭▭. Klicken Sie auf den mittleren Button, und die Konsole erscheint.) In der Konsole erkennen Sie die Wirkung des Breakpoints: Das Programm wurde unterbrochen, bevor es die Zeile erreicht, die den Song beendet.

Nun müssen wir den Breakpoint entfernen, damit das Programm normal läuft. Ziehen Sie einfach den blauen Indikator aus dem Bildschirm heraus. Oder klicken Sie auf das Icon ➡ oben im Navigatorbereich, um den *Breakpoint-Navigator* anzuzeigen, damit Sie alle Breakpoints in einem Projekt sehen. Von dort aus wählen Sie den Breakpoint und löschen ihn.

Um die Ausführung des Programms wieder aufzunehmen, klicken Sie auf den Button ▐▶ in der Debug-gerleiste zwischen Editor und Variablenansicht.

Hier haben wir uns nur kurz mit dem Debugger beschäftigt, um zu demonstrieren, wie Frames funk-tionieren. Doch es ist sehr hilfreich, mit dem Debugger Breakpoints zu setzen und die Frames im Stack eines Programms durchsuchen zu können, wenn sich Ihr Programm nicht wie gewünscht verhält und Sie sich eingehender anschauen wollen, was eigentlich passiert.

5.7 RETURN

Viele Funktionen geben einen Wert zurück, wenn die Ausführung abgeschlossen ist. Sie entnehmen den Datentyp, den eine Funktion zurückgeben wird, aus dem Typ, der dem Funktionsnamen vorangeht. (Falls eine Funktion nichts zurückgibt, ist der Rückgabetyp void.)

Erstellen Sie ein neues **C COMMAND LINE TOOL** namens **DEGREES**. In main.c fügen Sie vor main() eine Funktion ein, die die Temperatur von Celsius auf Fahrenheit umrechnet. Dann aktualisieren Sie main(), um die neue Funktion aufzurufen.

```
#include <stdio.h>

float fahrenheitFromCelsius(float cel)
{
    float fahr = cel * 1.8 + 32.0;
    printf("%f Celsius is %f Fahrenheit\n", cel, fahr);
    return fahr;
}

int main(int argc, const char * argv[])
{
    float freezeInC = 0;
    float freezeInF = fahrenheitFromCelsius(freezeInC);
    printf("Water freezes at %f degrees Fahrenheit\n", freezeInF);
    return 0;
}
```

Sehen Sie, wie wir den Rückgabewert von fahrenheitFromCelsius() genommen und ihn der Variablen freezeInF vom Typ float zugewiesen haben? Ganz schön clever, nicht wahr?

Die Ausführung einer Funktion stoppt, wenn sie zurückgegeben wird. Nehmen wir beispielsweise an, Sie haben folgende Funktion:

```
float average(float a, float b)
{
    return (a + b)/2.0;
    printf("The mean justifies the end\n");
}
```

Wenn Sie diese Funktion aufrufen, wird der Aufruf von printf() nie ausgeführt.

Eine naheliegende Frage wäre also: „Warum geben wir aus `main()` immer 0 zurück?" Wenn Sie 0 ans System zurückgeben, teilen Sie ihm mit: „Alles hat prima funktioniert." Wenn Sie das Programm beenden, weil etwas schiefgelaufen ist, geben Sie 1 zurück.

Das scheint dem zu widersprechen, wie 0 und 1 in `if`-Anweisungen funktionieren. Weil 1 für wahr und 0 für falsch steht, wirkt es naheliegend, dass man mit 1 Erfolg und mit 0 Misslingen ausdrückt. Also sollten Sie sich `main()` vorstellen, als werde ein Fehlerbericht zurückgegeben. In diesem Fall ist 0 eine gute Nachricht! Erfolg sind hier ausbleibende Fehler.

Um das klarer zu machen, nutzen einige Programmierer die Konstanten `EXIT_SUCCESS` und `EXIT_FAILURE`, die jeweils 0 bzw. 1 entsprechen. Diese Konstanten werden in der Headerdatei `stdlib.h` definiert:

```c
#include <stdio.h>
#include <stdlib.h>

float fahrenheitFromCelsius(float cel)
{
    float fahr = cel * 1.8 + 32.0;
    printf("%f Celsius is %f Fahrenheit\n", cel, fahr);
    return fahr;
}

int main(int argc, const char * argv[])
{
    float freezeInC = 0;
    float freezeInF = fahrenheitFromCelsius(freezeInC);
    printf("Water freezes at %f degrees Fahrenheit\n", freezeInF);
    return EXIT_SUCCESS;
}
```

In diesem Buch werden wir generell 0 anstatt `EXIT_SUCCESS` einsetzen.

5.8 GLOBALE UND STATISCHE VARIABLEN

In diesem Kapitel haben wir über lokale Variablen gesprochen, die nur während der Ausführung einer Funktion existieren. Es gibt auch Variablen, auf die man jederzeit von einer beliebigen Funktion aus zugreifen kann. Diese werden als *globale Variablen* bezeichnet. Damit eine Variable global wird, deklarieren Sie sie außerhalb einer bestimmten Funktion. Sie könnten z. B. eine Variable `lastTemperature` einfügen, die die Temperatur enthält, die aus Celsius umgerechnet wurde. Fügen Sie dem Programm eine globale Variable hinzu:

```c
#include <stdio.h>
#include <stdlib.h>

// Globale Variable deklarieren
float lastTemperature;

float fahrenheitFromCelsius(float cel)
{
    lastTemperature = cel;
    float fahr = cel * 1.8 + 32.0;
    printf("%f Celsius is %f Fahrenheit\n", cel, fahr);
    return fahr;
}
int main(int argc, const char * argv[])
{
    float freezeInC = 0;
    float freezeInF = fahrenheitFromCelsius(freezeInC);
    printf("Water freezes at %f degrees Fahrenheit\n", freezeInF);
    printf("The last temperature converted was %f\n", lastTemperature);
    return EXIT_SUCCESS;
}
```

Jedes komplexe Programm wird Dutzende Dateien mit den verschiedensten Funktionen enthalten. In all diesen Dateien stehen dem Code globale Variablen zur Verfügung. Manchmal wollen Sie, dass eine Variable zwischen verschiedenen Dateien weitergegeben wird. Aber wie Sie sich vorstellen können, kann es auch sehr verwirrend wirken, wenn man es mit einer Variablen zu tun hat, auf die man mit mehreren Funktionen zugreifen kann. Um das zu bewerkstelligen, gibt es *statische Variablen*. Eine statische Variable ist insofern wie eine globale, weil sie außerhalb einer Funktion deklariert wird. Doch auf eine statische Variable kann man nur von dem Code der Datei zugreifen, in der sie deklariert wurde. Also bekommen Sie den nicht standortbezogenen „Existiert außerhalb einer Funktion"-Vorteil und vermeiden gleichzeitig das „Du hast an meiner Variablen herumgefummelt!"-Problem.

Sie können eine globale Variable zu einer statischen machen, aber weil Sie nur eine Datei haben (main.c), wird das keine Auswirkungen haben.

```c
// Eine statische Variable deklarieren
static float lastTemperature;
```

Sowohl statische als auch globale Variablen können bei der Erstellung einen Anfangswert bekommen:

```
// lastTemperature mit 50 Grad initialisieren
static float lastTemperature = 50.0;
```

Wenn Sie keinen Anfangswert vergeben, werden die Variablen automatisch mit null initialisiert.

In diesem Kapitel haben Sie Funktionen kennengelernt. Wenn wir in Teil III zu Objective-C kommen, werden Sie den Begriff *Methode* hören – eine Methode ist einer Funktion sehr ähnlich.

5.9 AUFGABE

Die Innenwinkel eines Dreiecks müssen zusammen 180 Grad ergeben. Erstellen Sie ein neues **C COM-MAND LINE TOOL** namens **TRIANGLE**. Schreiben Sie in main.c eine Funktion, die die ersten beiden Winkel annimmt und den dritten zurückgibt. So wird sie aussehen, wenn Sie sie aufrufen:

```
#include <stdio.h>

// Fügen Sie die neue Funktion hier ein

int main(int argc, const char * argv[])
{
    float angleA = 30.0;
    float angleB = 60.0;
    float angleC = remainingAngle(angleA, angleB);
    printf("The third angle is %.2f\n", angleC);
    return 0;
}
```

Der Output sollte so lauten:

```
The third angle is 90.00
```

Zahlen

Wir haben Temperaturen sowie das Gewicht und die Garzeit eines Truthahns anhand von Zahlen gemessen und ausgegeben. Nun wollen wir uns genauer anschauen, wie Zahlen in der C-Programmierung funktionieren. Beim Computer gibt es zweierlei Arten Zahlen: Ganzzahlen (Integer) und Gleitkommazahlen. Beide haben Sie bereits benutzt. In diesem Kapitel unternehmen wir den Versuch, zu kodifizieren, was ein C-Programmierer über diese Zahlen wissen muss.

6.1 PRINTF()

Doch bevor wir uns an die Zahlen machen, schauen wir uns die bereits verwendete Funktion printf() noch einmal genauer an. printf() gibt einen *String* ins Protokoll aus. Ein String ist eine Folge von Zeichen. Im Grunde genommen handelt es sich um Text.

Öffnen Sie noch einmal das Projekt **CLASSCERTIFICATES**. Suchen Sie in main.c die Funktion congratulateStudent().

```
void congratulateStudent(char *student, char *course, int numDays)
{
    printf("%s has done as much %s Programming as I could fit into %d days.\n",
        student, course, numDays);
}
```

Was macht dieser Aufruf von printf()? Nun, Sie haben den Output gesehen und wissen also, *was* er macht. Nun wollen wir herausfinden, *wie*.

printf() ist eine Funktion, die einen String als Argument akzeptiert. Sie erstellen einen *literalen String* (im Gegensatz zu einem String, der in einer Variablen gespeichert wird), indem Sie Text in doppelte Anführungszeichen setzen.

Der von printf() als Argument akzeptierte String wird als *Format-String* bezeichnet, und dieser Format-String kann *Tokens* enthalten. Die drei Tokens in diesem String sind %s, %s und %d. Wenn das Programm gestartet wird, werden die Tokens mit den Werten der Variablen ersetzt, die auf den String folgen. In diesem Fall sind die Variablen student, course und numDays. Beachten Sie, dass sie im Output in der

Reihenfolge ihres Erscheinens ersetzt werden. Wenn Sie in der Liste der Variablen student und course vertauschen, kommt Folgendes dabei heraus:

```
Cocoa has done as much Mark Programming as I could fit into 5 days.
```

Allerdings sind Tokens und Variablen nicht völlig untereinander austauschbar. Das Token %s erwartet einen String, %d hingegen eine Integerzahl. (Probieren Sie mal, sie zu vertauschen, und schauen Sie, was dabei herauskommt.)

Beachten Sie, dass student und course als Typ char * deklariert werden. Für den Augenblick lesen Sie char * einfach als Typ, der ein String ist. Auf Strings in Objective-C kommen wir in Kapitel 14 zurück und auf char * in Kapitel 34.

Und was hat es nun mit dem \n auf sich? In printf()-Anweisungen müssen Sie explizit ein Zeilenvorschubzeichen einfügen, sonst landet der gesamte Output des Protokolls in einer einzigen Zeile. \n repräsentiert das Zeilenvorschubzeichen.

Nun wieder zurück zu den Zahlen.

6.2 INTEGER

Ein Integer ist eine Zahl ohne Nachkommastellen, also eine Ganzzahl. Integer sind gut für Problemstellungen wie Zählungen. Manche Probleme wie die Gesamtzahl aller Menschen auf der Welt erfordern wirklich große Zahlen, andere wie das Erfassen aller Kinder in einem Klassenzimmer hingegen nicht so große.

Um diese unterschiedlichen Probleme anzugehen, gibt es Integer-Variablen in verschiedenen Größen. Eine Integer-Variable weist eine bestimmte Anzahl Bits auf, in denen sie eine Zahl codieren kann, und je mehr Bits die Variable enthält, desto größer kann die Zahl sein, die darin abgelegt wird. Übliche Größen sind 8 Bit, 16 Bit, 32 Bit und 64 Bit.

Außerdem sind für manche Problemstellungen negative Zahlen erforderlich und für andere nicht. Somit gibt es Integertypen mit und ohne Vorzeichen.

Eine vorzeichenlose 8-Bit-Zahl kann jeden Integer zwischen 0 und 255 enthalten. Wie ich darauf gekommen bin? $2^8 = 256$ mögliche Zahlen. Und mit dem Zählen fangen wir bei 0 an.

Eine 64-Bit-Zahl mit Vorzeichen kann jeden Integer zwischen -9.223.372.036.854.775.808 und 9.223.372.036.854.775.807 enthalten. Ein Bit bleibt fürs Vorzeichen übrig: $2^{63} = 9.223.372.036.854.775.808$. Es gibt nur eine Null.

Wenn Sie einen Integer deklarieren, können Sie sehr spezifisch werden:

```
UInt32 x; // Ein vorzeichenloses 32-Bit-Integer
SInt16 y; // Ein 16-Bit-Integer mit Vorzeichen
```

Allerdings ist es unter Programmierern üblicher, nur die deskriptiven Typen zu verwenden, die Sie in Kapitel 3 kennengelernt haben.

```
char a;      // 8 Bit
short b;     // Normalerweise 16 Bit (plattformabhängig)
int c;       // Normalerweise 32 Bit (plattformabhängig)
long d;      // 32 oder 64 Bit(plattformabhängig)
long long e; // 64 Bit
```

Warum ist char eine Zahl? Jedes Zeichen kann man als 8-Bit-Zahl beschreiben, und Computer denken vorzugsweise in Zahlen. Und das Vorzeichen? char, short, int, long und long long sind standardmäßig mit Vorzeichen ausgestattet, aber sie können auch das Präfix unsigned bekommen. Dann haben Sie das vorzeichenlose Äquivalent.

Die Größen der Integer hängen auch von der Plattform ab (eine *Plattform* ist eine Kombination aus Betriebssystem und einem bestimmten Computer oder mobilen Gerät). Manche Plattformen haben 32 Bit und andere 64 Bit. Der Unterschied liegt in der Größe der Speicheradresse, und das wird in Kapitel 8 eingehender erläutert.

Apple hat zwei Integertypen erstellt, die auf 32-Bit-Plattformen 32 Bit haben und auf 64-Bit-Plattformen dann 64 Bit:

```
NSInteger g;
NSUInteger h;
```

Diese Typen werden Sie bei vielem Code von Apple im Einsatz sehen. Sie sind eigentlich das Gleiche wie long und unsigned long.

6.2.1   Tokens zur Darstellung von Integern

Erstellen Sie ein neues Projekt: ein **C Command Line Tool** namens **Numbers**. In main.c erstellen Sie ein Integer und geben ihn mit printf() als Dezimalzahl aus:

```
#include <stdio.h>

int main (int argc, const char * argv[])
{
    int x = 255;
    printf("x is %d.\n", x);
    return 0;
}
```

Sie sollten folgendes Ergebnis bekommen:

```
x is 255.
```

Wie wir sahen, gibt %d ein Integer als Dezimalzahl aus. Welche anderen Tokens funktionieren auch? Sie können das Integer auch als Oktal- oder Hexadezimalzahl (also mit Basis 8 bzw. Basis 16) ausgeben. Fügen Sie dem Programm einige weitere Zeilen hinzu:

```
#include <stdio.h>

int main (int argc, const char * argv[])
{
    int x = 255;
    printf("x is %d.\n", x);
    printf("In octal, x is %o.\n", x);
    printf("In hexadecimal, x is %x.\n", x);

    return 0;
}
```

Wenn Sie das Programm starten, sollte es Folgendes ausgeben:

```
x is 255.
In octal, x is 377.
In hexadecimal, x is ff.
```

(Um hexadezimale Zahlen kümmern wir uns in Kapitel 33.)

Was machen Sie, wenn das Integer viele Bits hat? Sie setzen zwischen dem % und dem Formatzeichen ein l (für long) oder ll (für long long) ein. Ändern Sie das Programm, damit statt eines int ein long verwendet wird:

```
#include <stdio.h>

int main (int argc, const char * argv[])
{
    long x = 255;
    printf("x is %ld.\n", x);
    printf("In octal, x is %lo.\n", x);
    printf("In hexadecimal, x is %lx.\n", x);

    return 0;
}
```

Wenn Sie eine vorzeichenlose Dezimalzahl ausgeben, sollten Sie %u verwenden:

```
#include <stdio.h>

int main (int argc, const char * argv[])
{
    unsigned long x = 255;
    printf("x is %lu.\n", x);

    // Oktal und Hex gehen bereits davon aus, dass die Zahl kein Vorzeichen hat
    printf("In octal, x is %lo.\n", x);
    printf("In hexadecimal, x is %lx.\n", x);

    return 0;
}
```

6.2.2   Integer-Operationen

Die arithmetischen Operatoren +, - und * funktionieren wie zu erwarten. Sie haben ebenfalls die bekannten Präzedenzregeln: * wird vor + oder - ausgewertet. In main.c ersetzen Sie den vorigen Code durch eine Berechnung:

```
#include <stdio.h>

int main (int argc, const char * argv[])
{

    printf("3 * 3 + 5 * 2 = %d\n", 3 * 3 + 5 * 2);

    return 0;
}
```

Das sollte folgende Ausgabe ergeben:

```
3 * 3 + 5 * 2 = 19
```

Division bei Integern

Die meisten angehenden C-Programmierer sind überrascht, wie die Division von Integern funktioniert. Probieren Sie es aus:

```
#include <stdio.h>

int main (int argc, const char * argv[])
{
```

```
    printf("3 * 3 + 5 * 2 = %d\n", 3 * 3 + 5 * 2);
    printf("11 / 3 = %d\n", 11 / 3);

    return 0;
}
```

Das ergibt 11 / 3 = 3.666667, oder? Leider nein. 11 / 3 ergibt 3. Wenn Sie ein Integer durch ein anderes teilen, bekommen Sie stets ein drittes Integer. Das System rundet auf 0 ab (also ergibt -11 / 3 dann -3).

Das ist auch tatsächlich sinnvoll, wenn Sie an Folgendes denken: „11 geteilt durch 3 ergibt 3, Rest 2." Und es stellt sich heraus, dass der Rest oft recht wertvoll ist. Der Modulo-Operator (%) ist wie /, gibt aber anstatt des Quotienten den Rest zurück:

```
#include <stdio.h>

int main (int argc, const char * argv[])
{

    printf("3 * 3 + 5 * 2 = %d\n", 3 * 3 + 5 * 2);
    printf("11 / 3 = %d remainder of %d \n", 11 / 3, 11 % 3);

    return 0;
}
```

Was machen Sie, wenn Sie *genau* 3.666667 haben wollen? Sie konvertieren den int mit dem *Cast-Operator* in einen float. Der Cast-Operator ist der Typ, den Sie in Klammern links neben die zu konvertierende Variable stellen. Wandeln Sie den Nenner in einen float um, bevor Sie die Division durchführen:

```
int main (int argc, const char * argv[])
{

    printf("3 * 3 + 5 * 2 = %d\n", 3 * 3 + 5 * 2);
    printf("11 / 3 = %d remainder of %d \n", 11 / 3, 11 % 3);
    printf("11 / 3.0 = %f\n", 11 / (float)3);

    return 0;
}
```

Nun wird statt einer Integerdivision eine Gleitkommadivision durchgeführt, und Sie bekommen 3.666667. Die Regel für eine Integer- bzw. Gleitkommadivision lautet: / ist nur dann eine Integerdivision, wenn sowohl Zähler als auch Nenner Integer sind. Ist einer von ihnen eine Gleitkommazahl, wird stattdessen eine Gleitkommadivision ausgeführt.

Kurzschreibweisen für Operatoren

Alle Operatoren, die Sie bisher gesehen haben, führen zu einem neuen Ergebnis. Um also beispielsweise x um 1 zu erhöhen, nehmen Sie den Operator + und weisen das Resultat wieder x zu:

```
int x = 5;
x = x + 1; // x is now 6
```

C-Programmierer nehmen solche Operationen derart oft vor, dass Operatoren erstellt wurden, die den Wert der Variablen ohne eine Zuweisung ändern. Sie können beispielsweise den Wert, der in x enthalten ist, mit dem Inkrementoperator (++) um 1 erhöhen:

```
int x = 5;
x++; // x is now 6
```

Es gibt auch einen Dekrementoperator (--), der den Wert um 1 herabsetzt:

```
int x = 5;
x--; // x is now 4
```

Was machen Sie, wenn Sie x um 5 statt nur um 1 erhöhen wollen? Sie können mit Addition und Zuweisung arbeiten:

```
int x = 5;
x = x + 5; // x ist 10
```

Aber dafür gibt es auch eine Kurzschreibweise:

```
int x = 5;
x += 5; // x ist 10
```

Sie können die zweite Zeile auch so lesen: „Weise x den Wert x + 5 zu." Neben += gibt es auch -=, *=, /= und %=.

Um den absoluten Wert eines int zu bekommen, nehmen Sie statt eines Operators eine Funktion. Die Funktion ist abs(). Wenn Sie den absoluten Wert eines long haben wollen, nehmen Sie labs(). Beide Funktionen sind in stdlib.h deklariert:

```
#include <stdio.h>
#include <stdlib.h>

int main (int argc, const char * argv[])
{
```

```
printf("3 * 3 + 5 * 2 = %d\n", 3 * 3 + 5 * 2);
printf("11 / 3 = %d remainder of %d \n", 11 / 3, 11 % 3);
printf("11 / 3.0 = %f\n", 11 / (float)3);
printf("The absolute value of -5 is %d\n", abs(-5));

return 0;
}
```

6.3 GLEITKOMMAZAHLEN

Wenn Sie eine Zahl mit Nachkommastelle haben wollen (z. B. 3,2), dann nehmen Sie eine Gleitkommazahl. Die meisten Programmierer stellen sich eine Gleitkommazahl als Mantisse für einen Integerexponenten vor, multipliziert mit 10. Zum Beispiel wird 345,32 als $3,4532 \times 10^2$ gedacht. Und so wird sie im Wesentlichen auch gespeichert. Eine 32-Bit-Gleitkommazahl hat 8 Bit, die für den Exponenten gedacht sind (ein Integer mit Vorzeichen), und 23 Bit, die die Mantisse mit dem verbleibenden 1 Bit für das Vorzeichen aufnimmt.

Wie bei Integern gibt es auch für Gleitkommazahlen verschiedene Größen. Anders als bei Integern haben Gleitkommazahlen *immer* ein Vorzeichen:

```
float g;       // 32 Bit
double h;      // 64 Bit
long double i; // 128 Bit
```

6.3.1 Tokens für die Darstellung von Gleitkommazahlen

printf() kann auch Gleitkommazahlen ausgeben, und zwar am üblichsten mit den Tokens %f und %e. In main.c ersetzen Sie den auf Integer bezogenen Code wie folgt:

```
int main (int argc, const char * argv[])
{
    double y = 12345.6789;
    printf("y is %f\n", y);
    printf("y is %e\n", y);

    return 0;
}
```

Nach dem Build und Start des Programms sollten Sie Folgendes sehen:

```
y is 12345.678900
y is 1.234568e+04
```

Somit verwendet %f die normale Dezimalnotation und %e die wissenschaftliche Notation.

Beachten Sie, dass %f aktuell die sechs Stellen nach dem Dezimalzeichen anzeigt. Das ist oft ein bisschen zu viel des Guten. Durch Modifizieren des Tokens schränken Sie das auf zwei Stellen ein:

```
int main (int argc, const char * argv[])
{
    double y = 12345.6789;
    printf("y is %.2f\n", y);
    printf("y is %.2e\n", y);
    return 0;
}
```

Wenn Sie es starten, sollte Folgendes ausgegeben werden:

```
y is 12345.68
y is 1.23e+04
```

6.3.2   Funktionen für Gleitkommazahlen

Die Operatoren +, -, * und / machen genau das, was Sie auch erwarten würden. Wenn Sie viel Mathematik machen, benötigen Sie die entsprechende math-Library. Um zu sehen, was darin enthalten ist, öffnen Sie auf Ihrem Mac die Anwendung **Terminal** und tippen man math ein. Sie bekommen eine umfangreiche Zusammenfassung aller Inhalte der math-Library: Trigonometrie, Rundungen, Potenzierungen, Quadrat- und Kubikwurzeln etc.

Wenn Sie eine dieser mathematischen Funktionen in Ihrem Code einsetzen wollen, müssen Sie auf jeden Fall ganz oben in der Datei den Header für die math-Library einsetzen:

```
#include <math.h>
```

Ein Warnhinweis: Alle trigonometriebezogenen Funktionen werden in Radianten ausgeführt und nicht in Grad!

6.4   Aufgabe

Verwenden Sie die math-Library! Fügen Sie Code in main.c ein, der den Sinus von 1 Radiant ausgibt. Runden Sie die Zahl auf drei Nachkommastellen. Sie sollte 0.841 lauten.

7 Schleifen

In **Xcode** erstellen Sie ein weiteres Projekt: ein **C Command Line Tool** namens **Coolness**.

Das erste Programm, das ich jemals geschrieben habe, gab die Worte „Aaron is cool" aus (damals war ich zehn). Schreiben Sie dieses Programm jetzt:

```c
#include <stdio.h>

int main(int argc, const char * argv[])
{
    printf("Aaron is cool\n");
    return 0;
}
```

Kompilieren Sie das Programm und starten Sie es.

Nehmen wir für einen Moment an, Sie wollen mein zehn Jahre altes Ego mit mehr Selbstbewusstsein erfüllen, indem das Programm diese Affirmation ein Dutzend Mal ausgibt. Wie würden Sie das machen?

Eine eher nicht schlaue Lösung könnte so aussehen:

```c
#include <stdio.h>

int main(int argc, const char * argv[])
{
    printf("Aaron is cool\n");
    printf("Aaron is cool\n");
    printf("Aaron is cool\n");
    printf("Aaron is cool\n");
    printf("Aaron is cool\n");
    printf("Aaron is cool\n");
    printf("Aaron is cool\n");
    printf("Aaron is cool\n");
    printf("Aaron is cool\n");
    printf("Aaron is cool\n");
```

```
    printf("Aaron is cool\n");
    printf("Aaron is cool\n");
    return 0;
}
```

Schlauer wäre es, eine Schleife zu erstellen.

7.1 DIE WHILE-SCHLEIFE

Die erste Schleife, mit der wir arbeiten, ist eine while-Schleife. Das while-Konstrukt funktioniert in etwa wie das if-Konstrukt in Kapitel 4. Sie übergeben dem Konstrukt einen Ausdruck und einen Codeblock, der von geschweiften Klammern umschlossen ist. Im if-Konstrukt wird der Codeblock einmalig ausgeführt, wenn der Ausdruck wahr ist. Im while-Konstrukt wird der Block immer wieder ausgeführt, bis der Ausdruck falsch wird.

Schreiben Sie die Funktion main(), damit sie wie folgt aussieht:

```
#include <stdio.h>

int main(int argc, const char * argv[])
{
    int i = 0;
    while (i < 12) {
        printf("%d. Aaron is cool\n", i);
        i++;
    }
    return 0;
}
```

Kompilieren Sie das Programm und starten Sie es.

Die Bedingung (i < 12) wird vor jeder Ausführung des Codeblocks geprüft. Wenn die Prüfung das erste Mal falsch ergibt, springt die Ausführung zum Code nach dem Block.

Beachten Sie, dass die zweite Zeile i inkrementiert. Das ist wichtig, denn würde i nicht inkrementiert, liefe die Schleife, so wie sie geschrieben ist, auf ewig weiter, weil der Ausdruck immer wahr ergibt. So sieht diese while-Schleife in einem Flussdiagramm aus:

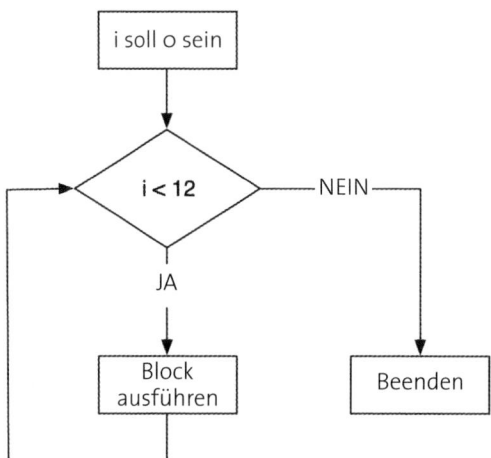

▶   *Abbildung 7.1:* while-*Schleife*

7.2 DIE FOR-SCHLEIFE

Die while-Schleife ist eine allgemeine Schleifenstruktur, aber C-Programmierer nutzen das gleiche Basis-
muster auch sonst sehr häufig:

```
some initialization
while (some check) {
    some code
    some last step
}
```

Also weist die Sprache C eine Abkürzung auf: die for-Schleife. In der for-Schleife wird das oben gezeigte
Muster wie folgt geschrieben:

```
for (some initialization; some check; some last step) {
    some code;
}
```

Ändern Sie das Programm, sodass eine for-Schleife eingesetzt wird:

```c
#include <stdio.h>

int main(int argc, const char * argv[])
{
    for (int i = 0; i < 12; i++) {
        printf("%d. Aaron is cool\n", i);
    }
    return 0;
}
```

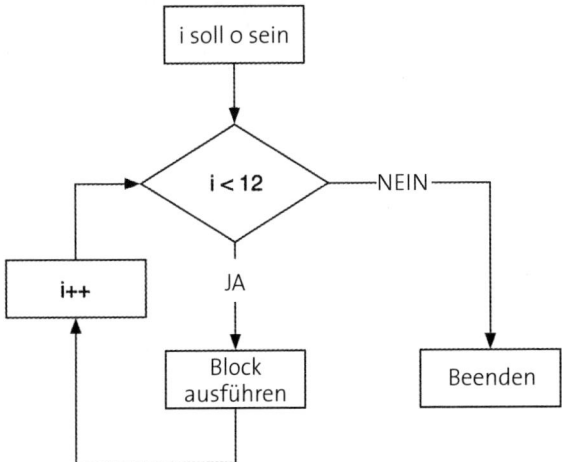

▶   *Abbildung 7.2:* for-*Schleife*

Beachten Sie, dass Sie in diesem einfachen Schleifenbeispiel anhand der Schleife vorgegeben haben, wie oft etwas passieren soll. Häufiger werden Schleifen allerdings dafür gebraucht, durch eine Sammlung von Elementen, z. B. eine Liste von Namen, zu *iterieren*. Ich könnte dieses Programm beispielsweise so modifizieren, dass es die Schleife zusammen mit einer Liste der Namen von Freunden nutzt. Jedes Mal, wenn die Schleife durchlaufen wird, wird ein anderer Freund als „cool" eingestuft. Mehr über solche Sammlungen und Schleifen finden Sie ab Kapitel 15.

7.3 BREAK

Manchmal ist es notwendig, aus der Schleife heraus die Ausführung der Schleife zu unterbrechen. Nehmen wir z. B. an, Sie wollen die positiven Integer nach der Zahl x durchsuchen, wobei $x + 90 = x^2$. Ihr Plan ist, die Integer 0 bis 11 zu durchlaufen, und wenn die Lösung gefunden ist, soll aus der Schleife ausgestiegen werden. Ändern Sie den Code:

```
#include <stdio.h>

int main(int argc, const char * argv[])
{
    int i;
    for (i = 0; i < 12; i++) {
        printf("Checking i = %d\n", i);
        if (i + 90 == i * i) {
            break;
        }
    }
    printf("The answer is %d.\n", i);
    return 0;
}
```

Kompilieren Sie das Programm und starten Sie es. Das sollte folgende Ausgabe ergeben:

```
Checking i = 0
Checking i = 1
Checking i = 2
Checking i = 3
Checking i = 4
Checking i = 5
Checking i = 6
Checking i = 7
Checking i = 8
Checking i = 9
Checking i = 10
The answer is 10.
```

Beachten Sie, dass die Ausführung direkt zum Ende des Codeblocks springt, wenn break aufgerufen wird.

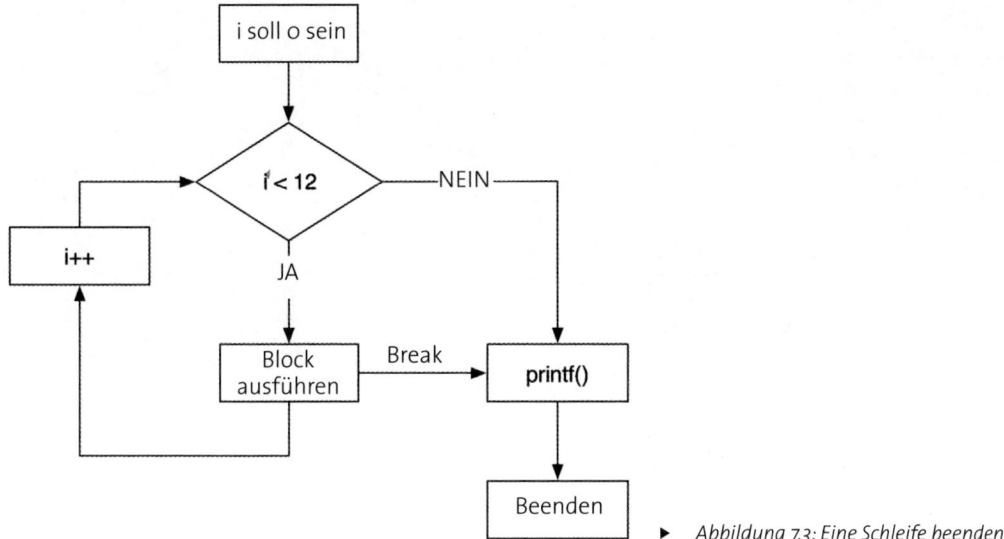

▶ *Abbildung 7.3: Eine Schleife beenden*

7.4 CONTINUE

Manchmal befinden Sie sich mitten in einem Codeblock und wollen sagen: „Vergiss den Rest dieses Codeblockdurchlaufs und starte den nächsten." Das setzen Sie mit dem Befehl continue um. Was passiert z. B., wenn Sie ziemlich sicher sind, dass keine Mehrfachen von 3 die Gleichung erfüllen? Wie können Sie vermeiden, wertvolle Zeit mit der Überprüfung zu verschwenden?

```c
#include <stdio.h>

int main(int argc, const char * argv[])
{
    int i;
    for (i = 0; i < 12; i++) {
        if (i % 3 == 0) {
            continue;
        }
        printf("Checking i = %d\n", i);
        if (i + 90 == i * i) {
            break;
        }
    }
    printf("The answer is %d.\n", i);
    return 0;
}
```

Erstellen Sie den Build und starten Sie das Programm:

```
Checking i = 1
Checking i = 2
Checking i = 4
Checking i = 5
Checking i = 7
Checking i = 8
Checking i = 10
The answer is 10.
```

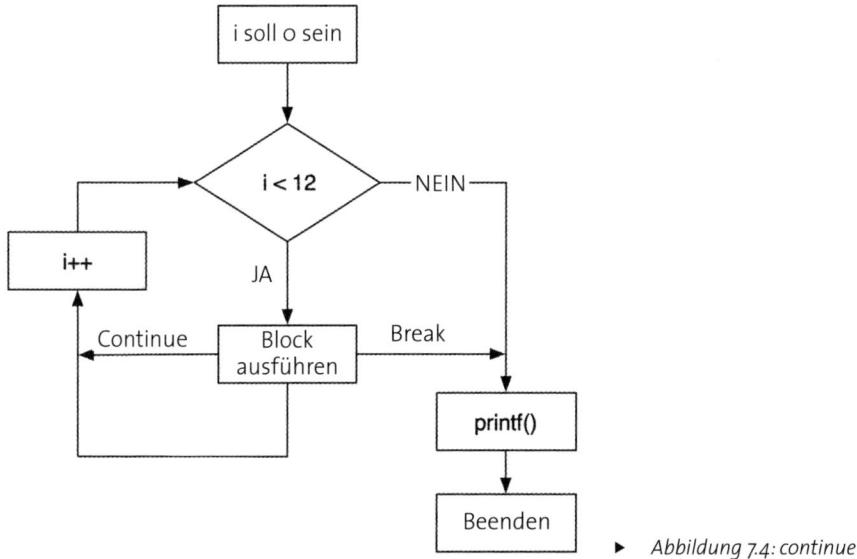

▶ *Abbildung 7.4: continue*

7.5 DIE DO-WHILE-SCHLEIFE

Keines der coolen Kids nutzt die do-while-Schleife, aber der Vollständigkeit halber führen wir sie hier auf. Die do-while-Schleife prüft den Ausdruck erst dann, wenn sie den Block ausgeführt hat. Somit wird gewährleistet, dass der Block zumindest einmal ausgeführt wird. Wenn Sie die ursprüngliche Übung mit einer do-while-Schleife schreiben, sähe das wie folgt aus:

```
int main(int argc, const char * argv[])
{
    int i = 0;
    do {
        printf("%d. Aaron is Cool\n", i);
        i++;
    } while (i < 13);
    return 0;
}
```

Beachten Sie das nachgestellte Semikolon. Das liegt daran, dass eine do-while-Schleife anders als andere Schleifen eigentlich eine lange Anweisung darstellt:

```
do { etwas } while ( etwas anderes wahr bleibt );
```

So sieht diese do-while-Schleife in einem Flussdiagramm aus:

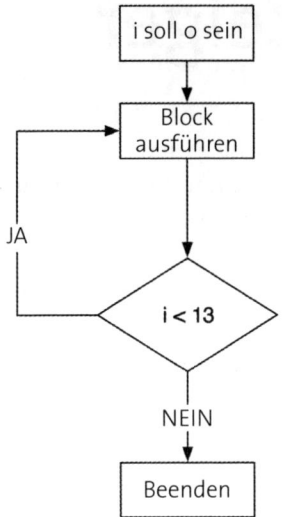

▶ *Abbildung 7.5: Die* do-while-*Schleife*

7.6 AUFGABE

Schreiben Sie ein Programm, das von 99 bis zu 0 in Schritten von 3 rückwärts zählt und jede Zahl ausgibt. Falls die Zahl jedoch durch 5 teilbar ist, sollen auch die Worte „Found one!" ausgegeben werden. Somit sieht der Output etwa wie folgt aus:

```
99
96
93
90
Found one!
87
...
0
Found one!
```

Adressen und Zeiger

Ihr Computer ist im Kern ein Prozessor (die sogenannte CPU, Central Processing Unit) und eine riesige Wand mit Schaltern (das Random Access Memory oder RAM), die durch den Prozessor ein- oder ausgeschaltet werden. Wir sagen, dass ein Schalter einen *Bit* Information enthält. Hierbei steht die 1 für den Status „ein" und die 0 für den Status „aus".

Acht dieser Schalter ergeben zusammen ein *Byte* Information. Der Prozessor kann sich den Status dieser Schalter besorgen, Operationen mit den Bits durchführen und das Ergebnis in einer anderen Gruppe Schalter speichern. Der Prozessor könnte z. B. ein Byte von hier und eines von dort holen, sie addieren und das Resultat an einer ganz anderen Stelle in einem Byte speichern.

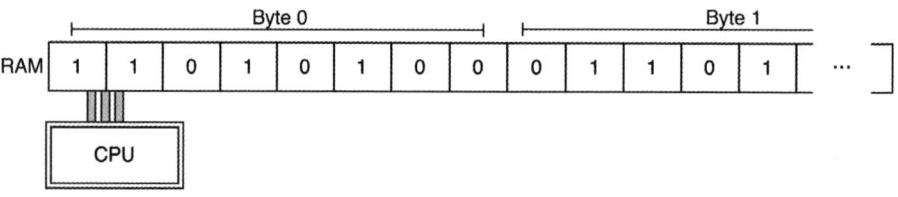

▶ *Abbildung 8.1: Speicher und CPU*

Der Speicher ist nummeriert, und wir sprechen üblicherweise von der *Adresse* eines bestimmten Datenbytes. Wenn man von einer 32-Bit- oder 64-Bit-CPU spricht, ist damit normalerweise gemeint, wie groß die Adresse ist. Eine 64-Bit-CPU kann mit weitaus mehr Speicher umgehen als eine 32-Bit-CPU.

8.1 ADRESSEN BEKOMMEN

Erstellen Sie in **XCODE** ein neues Projekt: ein **C COMMAND LINE TOOL** namens **ADDRESSES**.

Die Adresse einer Variablen ist der Standort im Speicher, wo der Wert dieser Variablen gespeichert wird. Um die Adresse der Variablen zu bekommen, nutzen Sie den Operator &:

```
#include <stdio.h>

int main(int argc, const char * argv[])
{
    int i = 17;
    printf("i stores its value at %p\n", &i);
    return 0;
}
```

Beachten Sie das Token %p. Dieses Token können Sie durch eine Speicheradresse ersetzen. Kompilieren Sie das Programm und starten Sie es. Sie sollten das folgende Ergebnis bekommen:

```
i stores its value at 0xbffff738
```

i wird bei Ihrem Computer an einer völlig anderen Adresse stehen. Speicheradressen werden fast immer in Hexadezimalformat ausgegeben.

In einem Computer wird alles im Speicher abgelegt, und darum hat alles eine Adresse. Eine Funktion startet beispielsweise an einer bestimmten Adresse. Um sie zu erfahren, nehmen Sie einfach den Namen der Funktion:

```
int main(int argc, const char * argv[])
{
    int i = 17;
    printf("i stores its value at %p\n", &i);
    printf("this function starts at %p\n", main);
    return 0;
}
```

Kompilieren Sie das Programm und starten Sie es.

8.2 ADRESSEN IN ZEIGERN SPEICHERN

Was machen Sie, wenn Sie eine Adresse in einer Variablen speichern wollen? Sie könnten sie in einem vorzeichenlosen Integer von passender Größe speichern, aber der Compiler hilft Ihnen dabei, Ihre Fehler aufzudecken, wenn Sie spezifischer sind und auch den Datentyp der Variablen angeben. Wenn Sie z. B. eine Variable namens ptr haben wollen, die die Adresse enthält, in der sich ein float befindet, können Sie das wie folgt deklarieren:

```
float *ptr;
```

Wir sprechen davon, dass ptr eine Variable ist, die einen Zeiger auf einen float darstellt. Sie speichert nicht den Wert eines float, sondern zeigt auf eine Adresse, in der ein float gespeichert sein kann.

Deklarieren Sie eine neue Variable namens addressOfI, die ein Zeiger auf ein int ist. Weisen Sie ihr die Adresse von i zu:

```
int main(int argc, const char * argv[])
{
    int i = 17;
    int *addressOfI = &i;
    printf("i stores its value at %p\n", addressOfI);
    printf("this function starts at %p\n", main);
    return 0;
}
```

Kompilieren Sie das Programm und starten Sie es. Sie sollten keine Änderung des Verhaltens bemerken.

Wir arbeiten hier jetzt mit Integern, um alles schön simpel zu halten. Aber falls Sie sich nun wundern, wofür diese Zeiger gut sein sollen – ich hab Sie gehört! Es ist genauso einfach, den dieser Variablen zugewiesenen Wert des Integers zu übergeben, wie seine Adresse zu übergeben. Doch schon bald werden Ihre Daten weitaus größer und komplexer sein als einzelne Integer. Das ist der Grund, warum wir Adressen verwenden. Es ist nicht immer möglich, eine Kopie der Daten zu übergeben, mit denen Sie arbeiten wollen, aber Sie können immer die *Adresse* übergeben, wo diese Daten beginnen. Und wenn man die Adresse kennt, kann man ganz einfach auf Daten zugreifen.

8.3 DIE DATEN EINER ADRESSE BEZIEHEN

Wenn Sie eine Adresse kennen, können Sie mit dem Operator * die dort gespeicherten Daten bekommen. Lassen Sie das Protokoll den Wert des Integers anzeigen, der unter addressofI gespeichert ist.

```
int main(int argc, const char * argv[])
{
    int i = 17;
    int *addressOfI = &i;
    printf("i stores its value at %p\n", addressOfI);
    printf("this function starts at %p\n", main);
    printf("the int stored at addressOfI is %d\n", *addressOfI);
    return 0;
}
```

Beachten Sie, dass das Sternchen auf zweierlei Weise verwendet wird. Die erste Einsatzmöglichkeit ist die Deklaration, in der Sie festlegen, dass die Variable addressOfI ein int * sein soll. Das heißt, es ist ein Zeiger auf einer Stelle, an der ein int gespeichert werden kann.

Die zweite ist, den Wert von int auszulesen, der unter der in addressOfI gespeicherten Adresse abgelegt ist. (Zeiger nennt man auch Referenzen. Wenn man also den Zeiger nutzt, um Daten einer Adresse zu lesen, bezeichnet man das manchmal auch als *Dereferenzierung* des Zeigers.)

Sie können den *-Operator auf der linken Seite einer Zuweisung auch nutzen, um Daten an einer bestimmten Adresse zu speichern:

```
int main(int argc, const char * argv[])
{
    int i = 17;
    int *addressOfI = &i;
    printf("i stores its value at %p\n", addressOfI);
    *addressOfI = 89;
    printf("Now i is %d\n", i);
    return 0;
}
```

Kompilieren Sie das Programm und starten Sie es.

Machen Sie sich keine Sorgen, falls das Thema Zeiger noch keinen rechten Platz in Ihrem Hirn gefunden
hat. Wir werden uns in diesem Buch noch viel mit Zeigern beschäftigen, also bekommen Sie viele Gele-
genheiten zum Üben.

Nun fabrizieren wir mal einen üblichen Programmierfehler. Entfernen Sie in der vierten Zeile von main()
das Sternchen *, sodass Folgendes dort steht:

```
    addressOfI = 89;
```

Nun gibt Xcode eine Warnung mit den Worten INCOMPATIBLE INTEGER TO POINTER CONVERSION ASSIGNING
TO 'INT *' TO 'INT' aus. Beheben Sie das Problem.

8.4 WIE VIELE BYTES?

Weil ja alles einen Platz im Speicher hat und Sie nun wissen, wie man die Adresse findet, wo Daten starten, lautet die nächste Frage: „Welchen Platzbedarf (in Bytes) hat dieser Datentyp?"

Mit sizeof() finden Sie die Größe eines Datentyps heraus. Hier ein Beispiel:

```
int main(int argc, const char * argv[])
{
    int i = 17;
    int *addressOfI = &i;
    printf("i stores its value at %p\n", addressOfI);
    *addressOfI = 89;
    printf("Now i is %d\n", i);
    printf("An int is %zu bytes\n", sizeof(int));
    printf("A pointer is %zu bytes\n", sizeof(int *));
    return 0;
}
```

Wir sehen in den Aufrufen von printf() nun ein weiteres Token: %zu. Die Funktion sizeof()gibt einen Wert des Typs size_t zurück, für den %zu das korrekte Platzhalter-Token ist. Dieser kommt in freier Wildbahn nicht so häufig vor.

Kompilieren Sie das Programm und starten Sie es. Wenn Ihr Zeiger 4 Byte lang ist, läuft Ihr Programm im 32-Bit-Modus. Ist der Zeiger 8 Byte lang, läuft Ihr Programm im 64-Bit-Modus.

sizeof() akzeptiert als Argument auch eine Variable, und so können Sie das vorige Programm auch wie folgt schreiben:

```
int main(int argc, const char * argv[])
{
    int i = 17;
    int *addressOfI = &i;
    printf("i stores its value at %p\n", addressOfI);
    *addressOfI = 89;
    printf("Now i is %d\n", i);
    printf("An int is %zu bytes\n", sizeof(i));
    printf("A pointer is %zu bytes\n", sizeof(addressOfI));
    return 0;
}
```

8.5 NULL

Manchmal soll der Zeiger auf nichts zeigen. Das heißt, Sie haben eine Variable, die eine Adresse enthalten kann, und Sie wollen etwas darin speichern, das explizit verdeutlicht, dass die Variable nicht auf irgendetwas gesetzt wurde. Dafür nehmen wir NULL:

```
float *myPointer;
// Setze myPointer für den Augenblick auf NULL, ich werde später im Programm
// dort einen Zeiger speichern
myPointer = NULL;
```

Was ist NULL? Erinnern Sie sich, dass eine Adresse einfach nur eine Zahl ist. NULL ist 0. Das ist in if-Anweisungen sehr praktisch:

```
float *myPointer;
...
// Ist mein Zeiger gesetzt?
if (myPointer) {
    // myPointer ist nicht NULL
    ...mach etwas mit den Daten in myPointer...
} else {
    // myPointer ist NULL
}
```

Wenn es später um Zeiger auf Objekte geht, werden wir nil statt NULL nehmen. Beide sind äquivalent, aber Objective-C-Programmierer meinen mit nil die Adresse, an der es kein Objekt gibt.

8.6 SCHICKE ZEIGERDEKLARATIONEN

Wenn Sie einen Zeiger als float deklarieren, sieht das wie folgt aus:

```
float *powerPtr;
```

Weil der Typ ein Zeiger auf einen float ist, sind Sie vielleicht geneigt, es wie folgt zu schreiben:

```
float* powerPtr;
```

Das ist okay, und der Compiler wird sich auch nicht beschweren. Aber stilvolle Programmierer machen das nicht.

Warum? Sie können mehrere Variablen in nur einer Zeile deklarieren. Wenn Sie z. B. die Variablen x, y und z deklarieren wollen, geht das etwa so:

```
float x, y, z;
```

Jede ist ein float.

Mit was haben wir es Ihrer Meinung nach hier zu tun?

```
float* b, c;
```

Überraschung! b ist ein Zeiger auf einen float, aber c ist selbst ein float. Wenn beide Zeiger sein sollen, müssen Sie vor jeden ein * schreiben:

```
float *b, *c;
```

Wenn man * direkt neben den Variablennamen schreibt, wird das deutlicher.

8.7 AUFGABEN

Schreiben Sie ein Programm, das zeigt, wie viel Speicher ein float benötigt.

Auf Ihrem Mac ist ein short ein 2-Byte-Integer, und ein Bit enthält das Vorzeichen (positiv oder negativ). Wie lautet die kleinste Zahl, die es speichern kann? Wie die größte? Ein unsigned short enthält nur Zahlen, die nicht negativ sind. Welches ist die größte Zahl, die es speichern kann?

Referenzübergabe

Es gibt bei C eine Standardfunktion namens modf(). Sie geben modf() ein double, und dann wird der Teil vor und der Teil nach dem Dezimaltrennzeichen berechnet. Wenn Sie beispielsweise 3,14 nehmen, ist 3 der Integerteil und 0,14 der Dezimalbruch.

Weil Sie modf() aufrufen, wollen Sie auch beide Teile haben. Doch eine C-Funktion kann nur einen Wert zurückgeben. Wie bekommen Sie von modf() beide Teile der Information?

Wenn Sie modf() aufrufen, sorgen Sie auch für eine Adresse, wo diese Funktion eine der beiden Zahlen speichern kann. Genauer gesagt wird der Dezimalbruch zurückgegeben und der Integerteil an die von Ihnen angegebene Adresse kopiert. Erstellen Sie ein neues Projekt: ein **C Command Line Tool** namens **PBR**.

Bearbeiten Sie main.c:

```c
#include <stdio.h>
#include <math.h>

int main(int argc, const char * argv[])
{
    double pi = 3.14;
    double integerPart;
    double fractionPart;

    // Übergibt die Adresse von integerPart als Argument
    fractionPart = modf(pi, &integerPart);

    // Findet den in integerPart gespeicherten Wert
    printf("integerPart = %.0f, fractionPart = %.2f\n", integerPart, fractionPart);

    return 0;
}
```

Dies bezeichnet man als *Referenzübergabe*. Das heißt, Sie geben eine Adresse (auch „Referenz" genannt) an, und die Funktion legt die Daten dort ab.

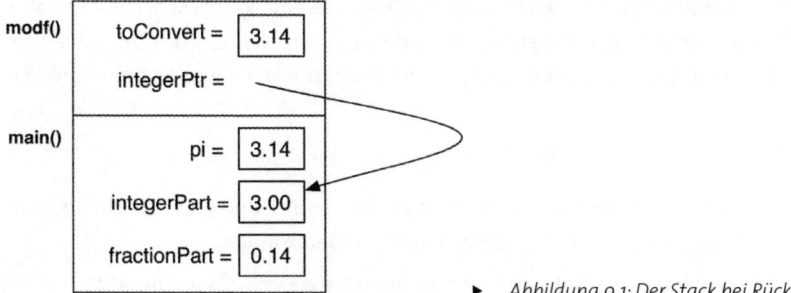

▶ *Abbildung 9.1: Der Stack bei Rückkehr von* modf()

Man kann sich die Referenzübergabe auch anders vor Augen führen: Stellen Sie sich vor, Sie beauftragen einen Spion. Sie sagen ihm: „Ich brauche Fotos des Finanzministers mit seiner Freundin. An der
Engelsfigur im Stadtpark habe ich ein kurzes Metallrohr versteckt. Wenn Sie die Fotos haben, rollen Sie
sie zusammen und stecken Sie sie in das Rohr. Dort hole ich sie Dienstagnachmittag ab." Unter Spionen
nennt man das einen *toten Briefkasten*.

modf() funktioniert praktisch wie ein toter Briefkasten: Sie beauftragen die Funktion mit der Ausführung und teilen ihr einen Ort mit, an dem das Resultat abgelegt werden soll, damit Sie es später finden
können. Der einzige Unterschied: Statt des Metallrohrs geben Sie einen Speicherort an, an dem das
Ergebnis landen soll.

9.1   REFERENZÜBERGABEFUNKTIONEN SCHREIBEN

Es gibt zwei häufige Arten, wie man den Standort eines Punkts im zweidimensionalen Raum beschreiben
kann: kartesische Koordinaten und Polarkoordinaten. Bei den kartesischen Koordinaten besagt (x, y),
dass Sie x nach rechts und dann y nach oben gehen sollen. Bei Polarkoordinaten gibt (theta, radius)
an, dass Sie theta Radianten gegen den Uhrzeigersinn drehen und dann radius nach vorne gehen sollen.

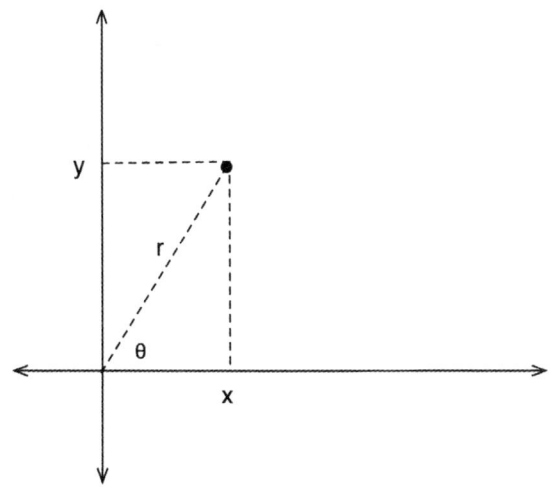

▶ *Abbildung 9.2: Kartesische und Polarkoordinaten*

79

Wie müssten Sie es angehen, wenn Sie eine Funktion schreiben, die einen mit kartesischen Koordinaten angegebenen Punkt in Polarkoordinaten konvertieren soll? Dafür müssten zwei Gleitkommazahlen gelesen und zwei Gleitkommazahlen zurückgegeben werden. Die Deklaration der Funktion sieht dann wie folgt aus:

```
void cartesianToPolar(float x, float y, float *rPtr, float *thetaPtr)
```

Das bedeutet: Wenn die Funktion aufgerufen wird, bekommt sie Werte für x und y, außerdem auch die Standorte, an denen die Werte für radius und theta gespeichert werden können.

Nun schreiben Sie die Funktion oben in Ihre Datei main.c und rufen Sie sie von main() aus auf:

```c
#include <stdio.h>
#include <math.h>

void cartesianToPolar(float x, float y, double *rPtr, double *thetaPtr)
{
    // Speichert den Radius an angegebener Adresse
    *rPtr = sqrt(x * x + y * y);

    // Berechnet Theta
    float theta;
    if (x == 0.0) {
        if (y == 0.0) {
            theta = 0.0;     // Technisch als undefiniert zu betrachten
        } else if (y > 0) {
            theta = M_PI_2;
        } else {
            theta = - M_PI_2;
        }
    } else {
        theta = atan(y/x);
    }
    // Speichert Theta unter angegebener Adresse
    *thetaPtr = theta;
}

int main(int argc, const char * argv[])
{
    double pi = 3.14;
    double integerPart;
    double fractionPart;

    // Übergibt die Adresse von integerPart als Argument
    fractionPart = modf(pi, &integerPart);
```

```
// Findet den in integerPart gespeicherten Wert
printf("integerPart = %.0f, fractionPart = %.2f\n", integerPart, fractionPart);

double x = 3.0;
double y = 4.0;
double radius;
double angle;

cartesianToPolar(x, y, &radius, &angle);
printf("(%.2f, %.2f) becomes (%.2f radians, %.2f)\n", x, y, radius, angle);

return 0;
}
```

Kompilieren Sie das Programm und starten Sie es.

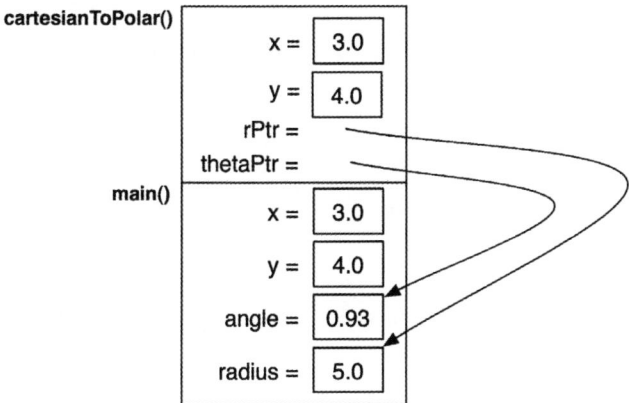

▶   *Abbildung 9.3: Der Stack bei Rückkehr von* cartesianToPolar()

9.2 Die Dereferenzierung von NULL vermeiden

Manchmal kann eine Funktion per Referenz viele Werte bieten, aber vielleicht wollen Sie nur einige bestimmte haben. Wie vermeiden Sie es, diese Variablen zu deklarieren und deren Adressen zu übergeben, wenn Sie sie sowieso nicht brauchen? Üblicherweise geben Sie NULL als Adresse an und teilen der Funktion so mit: „Diesen speziellen Wert brauche ich nicht."

Das bedeutet, Sie sollten immer prüfen, ob die Zeiger nicht NULL sind, bevor Sie sie dereferenzieren. Bauen Sie diese Prüfung in cartesianToPolar() ein:

```
void cartesianToPolar(float x, float y,  double *rPtr, double *thetaPtr)
{
    // Ist rPtr nicht NULL?
    if (rPtr) {
        // Radius an der angegebenen Adresse speichern
        *rPtr = sqrt(x * x + y * y);
    }

    // Ist thetaPtr NULL?
    if (!thetaPtr) {
        // Restliche Funktion überspringen
        return;
    }

    // Theta berechnen
    float theta;
    if (x == 0.0) {
        if (y == 0.0) {
            theta = 0.0;     // Technisch als undefiniert zu betrachten
        } else if (y > 0) {
            theta = M_PI_2;
        } else {
            theta = - M_PI_2;
        }
    } else {
        ...
```

struct

Manchmal ist es nötig, dass eine Variable mehrere miteinander zusammenhängende Datenblöcke enthält. Nehmen wir an, Sie sollen ein Programm zur Berechnung des Body-Mass-Index schreiben. (Wie berechnet man den BMI? Das ist Körpergewicht in Kilogramm, geteilt durch das Quadrat der Körpergröße in Meter. Ein BMI unter 20 lässt auf Untergewicht schließen, ein BMI von über 30 hingegen zeigt Übergewicht an. Es ist ein sehr ungenaues Werkzeug, um die Fitness einer Person zu messen, aber als Programmierbeispiel gut geeignet.) Eine Person besteht für unsere Zwecke aus einem `float`, das die Höhe in Meter repräsentiert, und einem `int`, in dem das Gewicht in Kilogramm steht.

Nun erstellen Sie einen eigenen Datentyp `Person`. Eine Variable des Typs `Person` wird eine Struktur sein und zwei Bestandteile aufweisen: ein `float` namens `heightInMeters` und ein `int` namens `weightInKilos`.

Erstellen Sie ein neues Projekt: ein **C COMMAND LINE TOOL** namens **BMICalc**. Bearbeiten Sie `main.c`, um eine Struktur zu erstellen, die die für eine Person nötigen Daten enthält:

```
#include <stdio.h>

// Dies ist die Deklaration des Person-structs
struct Person {
    float heightInMeters;
    int weightInKilos;
};

int main(int argc, const char * argv[])
{
    struct Person person;
    person.weightInKilos = 96;
    person.heightInMeters = 1.8;
    printf("person weighs %i kilograms\n", person.weightInKilos);
    printf("person is %.2f meters tall\n", person.heightInMeters);
    return 0;
}
```

Beachten Sie, dass Sie auf die struct-Bestandteile mittels eines Punkts zugreifen.

Hier ist der Frame für main(), nachdem die Werte den struct-Bestandteilen zugewiesen wurden.

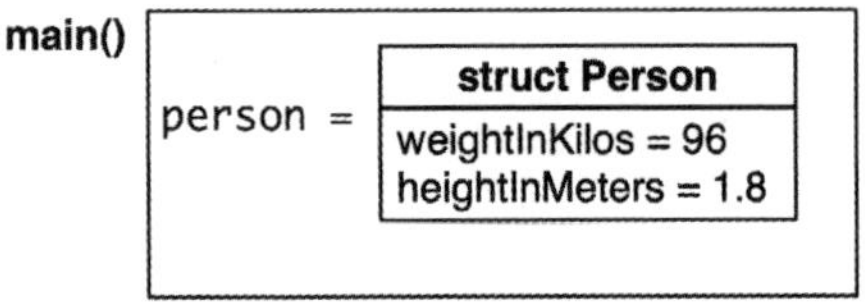

struct Person
weightInKilos = 96
heightInMeters = 1.8

main() person =

▶   *Abbildung 10.1: Frame nach Zuweisung der Bestandteile*

In der Regel werden Sie eine struct-Deklaration oft wiederverwenden. Also ist es üblich, für den struct-Typ eine typedef zu erstellen. Eine solche typedef definiert einen Alias für eine Typdeklaration und erlaubt uns, ihn eher wie die üblichen Datentypen zu verwenden. Ändern Sie main.c, um eine typedef für den struct Person zu erstellen und zu verwenden:

```c
#include <stdio.h>

// Hier kommt die Deklaration des Typs Person
typedef struct {
    float heightInMeters;
    int weightInKilos;
} Person;

int main(int argc, const char * argv[])
{
    Person person;
    person.weightInKilos = 96;
    person.heightInMeters = 1.8;
    printf("person weighs %i kilograms\n", person.weightInKilos);
    printf("person is %.2f meters tall\n", person.heightInMeters);
    return 0;
}
```

Nach dieser Erstellung können Sie einer anderen Funktion eine Person-Struktur übergeben. Fügen Sie eine Funktion namens bodyMassIndex() ein, die eine Person als Parameter akzeptiert und den BMI berechnet. Zum Aufrufen aktualisieren Sie dann main():

```c
#include <stdio.h>

// Hier kommt die Deklaration des Typs Person
typedef struct {
    float heightInMeters;
    int weightInKilos;
} Person;
```

```
float bodyMassIndex(Person p)
{
  return p.weightInKilos / (p.heightInMeters * p.heightInMeters);
}

int main(int argc, const char * argv[])
{
    Person person;
    person.weightInKilos = 96;
    person.heightInMeters = 1.8;
    float bmi = bodyMassIndex(person);
 printf("person has a BMI of %.2f\n", bmi);
    return 0;
}
```

10.1 AUFGABE

Die erste Struktur, mit der ich als Programmierer zu tun bekam, war struct tm. Das nutzt die C-Standardbibliothek, um die in Komponenten zerlegte Zeit aufzunehmen. Der struct wird wie folgt definiert:

```
struct tm {
    int    tm_sec;    /* seconds after the minute [0-60] */
    int    tm_min;    /* minutes after the hour [0-59] */
    int    tm_hour;   /* hours since midnight [0-23] */
    int    tm_mday;   /* day of the month [1-31] */
    int    tm_mon;    /* months since January [0-11] */
    int    tm_year;   /* years since 1900 */
    int    tm_wday;   /* days since Sunday [0-6] */
    int    tm_yday;   /* days since January 1 [0-365] */
    int    tm_isdst;  /* Daylight Savings Time flag */
    long   tm_gmtoff; /* offset from CUT in seconds */
    char   *tm_zone;  /* timezone abbreviation */
};
```

Die Funktion time() gibt die Anzahl Sekunden seit dem 1.1.1970, 0 Uhr, in Greenwich, England, zurück. localtime_r() kann diesen Zeitraum auslesen und einen struct tm mit den entsprechenden Werten bestücken. (Man braucht im Prinzip die *Adresse* der Anzahl Sekunden seit 1970 und die *Adresse* eines struct tm.) Wenn man also die aktuelle Zeit als struct tm bekommt, sieht das so aus:

```
long secondsSince1970 = time(NULL);
printf("It has been %ld seconds since 1970\n", secondsSince1970);

struct tm now;
localtime_r(&secondsSince1970, &now);
printf("The time is %d:%d:%d\n", now.tm_hour, now.tm_min, now.tm_sec);
```

Die Aufgabe lautet, ein Programm zu schreiben, das ausgibt, welches Datum in vier Millionen Sekunden sein wird (im Format 4-30-2015 reicht).

(Ein Tipp: tm_mon = 0 steht für Januar, also addieren Sie 1. Binden Sie auch den Header <time.h> zu Beginn Ihres Programms ein.)

Der Heap

Bisher haben Ihre Programme nur mit einem Speicher gearbeitet, der in Frames auf dem Stack lag. Dieser Speicher wird automatisch alloziert, wenn die Funktion startet, und automatisch zerstört, wenn die Funktion endet. (Tatsächlich nennt man lokale Variablen wegen dieses praktischen Verhaltens auch oft automatische Variablen.)

Manchmal müssen Sie allerdings eine lange Reihe von Bytes im Speicher beanspruchen und sie in vielen Funktionen einsetzen. Sie können beispielsweise eine Textdatei in den Speicher einlesen und dann eine Funktion aufrufen, die alle Vokale im Speicher zählt. Wenn Sie dann mit dem Text fertig sind, lassen Sie das Programm normalerweise wissen, dass der Speicher nicht mehr benötigt wird und für etwas anderes verwendet werden kann.

Programmierer sprechen oft von *Puffer* (*buffer*) und meinen damit eine lange Reihe von Bytes im Speicher. (So erklärt sich auch der Begriff „puffern": Er beschreibt die Wartezeit, bis YouTube genug Bytes übertragen hat, damit Sie das Michael-Jackson-Video anschauen können.)

Sie nutzen im Speicher einen Puffer über die Funktion malloc(). Der Puffer stammt aus einem vom Stack getrennten Speicherbereich, den man als *Heap* bezeichnet. Wenn Sie den Puffer nicht mehr nutzen, rufen Sie die Funktion free() auf, um diesen Speicherbereich nicht mehr zu beanspruchen und dem Heap zurückzugeben. Angenommen, ich brauche einen Bereich im Speicher, der ausreichend groß ist, um 1.000 floats aufzunehmen:

```
#include <stdio.h>
#include <stdlib.h> // malloc und free sind in stdlib enthalten

int main(int argc, const char * argv[])
{
    // Deklariert Zeiger
    float *startOfBuffer;

    // Nimmt Bytes vom Heap in Anspruch
    startOfBuffer = malloc(1000 * sizeof(float));

    // ...hier Puffer nutzen...
```

```
    // Gibt benutzten Speicher zur Wiederverwendung frei
    free(startOfBuffer);

    // Vergisst, wo sich dieser Speicher befindet
    startOfBuffer = NULL;

    return 0;
}
```

startOfBuffer wäre dann ein Zeiger auf die erste Gleitkommazahl im Puffer.

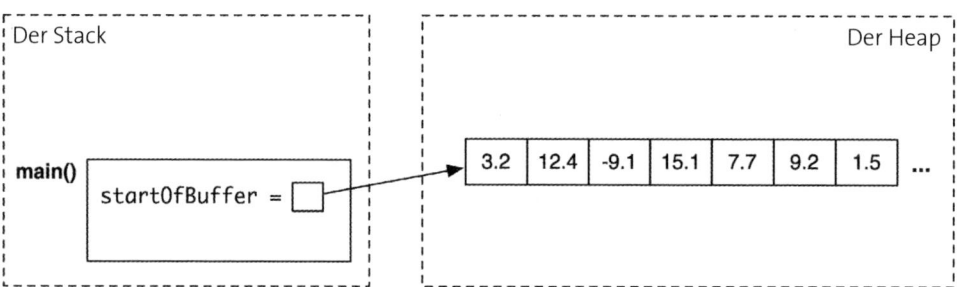

▶ *Abbildung 11.1: Ein Zeiger auf dem Stack zu einem Puffer auf dem Heap*

An diesem Punkt wird in den meisten C-Büchern weitschweifig erörtert, wie man Daten aus gemischten Standorten aus diesem Puffer mit Gleitkommazahlen ausliest und wieder hineinschreibt. In diesem Buch sollen Sie allerdings so schnell wie möglich zu Objekten kommen. Also verschieben wir C-Arrays und die Zeigerarithmetik auf später.

Sie können für einen struct auf dem Heap auch malloc() nehmen, um den Platz zu reservieren. Wenn Sie z. B. einen Person-struct auf dem Heap allozieren wollen, setzen Sie das mit einem Programm so um:

```
#include <stdio.h>
#include <stdlib.h>

typedef struct {
    float heightInMeters;
    int weightInKilos;
} Person;

float bodyMassIndex(Person *p)
{
  return p->weightInKilos / (p->heightInMeters * p->heightInMeters);
}
```

```
int main(int argc, const char * argv[])
{
    // Alloziert Speicher für eine Person-Struktur
    Person *x = (Person *)malloc(sizeof(Person));

    // Setzt zwei Bestandteile der Struktur ein
    x->weightInKilos = 81;
    x->heightInMeters = 2.0;

    // Gibt BMI der ursprünglichen Person aus
    float xBMI = bodyMassIndex(x);
    printf("x has a BMI of = %f\n", xBMI);

    // Macht Speicher wieder nutzbar
    free(x);

    // Vergessen, wo er war
    x = NULL;

    return 0;
}
```

Beachten Sie den Operator ->. p->weightInKilos besagt: „Dereferenziere den Zeiger p auf die Struktur und besorge mir den Bestandteil namens weightInKilos."

Dieses Konzept der Strukturen auf dem Heap ist sehr leistungsfähig. Es bildet die Basis für Objective-C-Objekte, und zu denen kommen wir im nächsten Teil.

Teil III

Objective-C und Foundation

Nach diesen Grundlagen von Programmen, Funktionen, Variablen und Datentypen sind Sie bereit, Objective-C zu lernen. Wir halten uns noch weiter an die Befehlszeilenprogramme, damit wir uns auf das fürs Programmieren Wesentliche konzentrieren.

Die gesamte Programmierung von Objective-C wird mit dem Foundation Framework erledigt. Ein *Framework* ist eine Bibliothek mit Klassen, die Sie beim Schreiben von Programmen einsetzen. Was eine Klasse ist? Darüber sprechen wir als Erstes …

12 Objekte

Viele Computersprachen arbeiten mit dem Konzept der *Objekte*. Ein Objekt ist insofern wie eine Struktur, weil sie Daten aufnimmt. Doch anders als eine Struktur enthält ein Objekt auch eine Gruppe Funktionen, die mit den Daten arbeiten können. Um eine dieser Funktionen auszulösen, senden Sie eine *Botschaft* an das Objekt. Um das korrekte Wort zu verwenden: Eine Funktion, die von einer Botschaft getriggert wird, nennt man *Methode*.

Anfang der 1980er-Jahre beschlossen Brad Cox und Tom Love, die Sprache C mit objektorientierten Ideen auszustatten. Für Objekte bauten sie auf dem Konzept der structs auf, die auf dem Heap alloziert wurden, und fügten eine Syntax ein, die Nachrichten versandte. Das Ergebnis war die Sprache Objective-C.

Von ihrer Natur her sind Objekte sehr redselig. Sie erledigen ihre Arbeit und versenden und empfangen Nachrichten über alles, was sie machen. Ein komplexes Objective-C-Programm kann gleichzeitig mehrere Hundert Objekte im Speicher haben, die alle vor sich hinwerkeln und einander Nachrichten schicken.

Eine *Klasse* beschreibt einen bestimmten Objekttyp. Diese Beschreibung umfasst Methoden und *Instanzvariablen*, wo ein Objekt dieses Typs seine Daten speichert. Sie fordern eine Klasse auf, auf dem Heap ein Objekt ihrer Klasse zu erstellen. Wir sprechen davon, dass das resultierende Objekt eine *Instanz* dieser Klasse ist.

Ein iPhone wird beispielsweise mit vielen Klassen ausgeliefert, zu denen CLLocation zählt. Sie können die Klasse CLLocation anweisen, eine *Instanz* von CLLocation zu erstellen. Innerhalb dieses CLLocation-Objekts befinden sich mehrere Instanzvariablen, die Standortdaten wie Längen- und Breitengrad sowie Höhe über Normalnull enthalten. Das Objekt hat ebenfalls mehrere Methoden. Sie können von einer Instanz von CLLocation z. B. abfragen, wie weit entfernt sie sich von einem anderen CLLocation-Objekt befindet.

12.1 ERSTELLEN UND VERWENDEN EINES OBJEKTS

Nun werden Sie Ihr erstes Objective-C-Programm erstellen. Erstellen Sie ein neues Projekt: ein **COMMAND LINE TOOL**, doch statt C nehmen Sie den Typ **FOUNDATION**. Geben Sie ihm den Namen **TIMEAFTERTIME**.

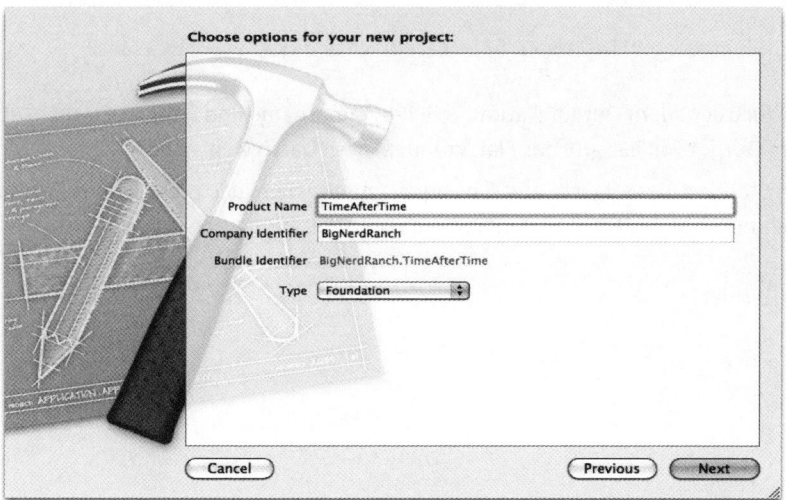

▶ *Abbildung 12.1: Ein Foundation-Befehlszeilenprogramm erstellen*

Dateien, in denen Objective-C-Code enthalten ist, bekommen üblicherweise das Suffix .m. Suchen und öffnen Sie main.m und tippen Sie diese beiden Codezeilen ein:

```
#import <Foundation/Foundation.h>

int main (int argc, const char * argv[])
{
    @autoreleasepool {

        NSDate *now = [NSDate date];
        NSLog(@"The new date lives at %p", now);

    }
    return 0;
}
```

Voilà! Die erste Nachricht ist verschickt: Sie haben die Nachricht date an die Klasse NSDate gesendet. Die Methode date veranlasst die Klasse NSDate, eine Instanz von NSDate zu erstellen, sie anhand des aktuellen Datums/Zeit zu initialisieren und die Adresse zurückzugeben, wo das neue Objekt beginnt. Dann speichern Sie die zurückgegebene Adresse in der Variablen now. Diese Variable ist ein Zeiger auf ein NSDate-Objekt.

NSLog() ist eine Objective-C-Funktion, die printf() ähnelt. Sie akzeptiert einen Format-String, ersetzt Tokens durch die eigentlichen Werte und gibt das Ergebnis auf der Konsole aus. Doch ihr Format-String beginnt immer mit einem @ und erfordert kein \n am Ende.

Kompilieren Sie das Programm und starten Sie es. Sie sollten folgendes Ergebnis bekommen:

```
2011-08-05 11:53:54.366 TimeAfterTime[4862:707] The new date lives at 0x100114dc0
```

Anders als printf() stellt NSLog() dem Output Datum, Zeit, Programmname und Prozess-ID voran. Ab jetzt werde ich aber beim Output von NSLog() aus Platzgründen diese Daten weglassen.

Bei NSLog() gab %p den Standort des Objekts aus. Um etwas auszugeben, das mehr einem Datum gleicht, können Sie %@ nehmen, was das Objekt veranlasst, sich selbst als String zu beschreiben:

```
#import <Foundation/Foundation.h>

int main (int argc, const char * argv[])
{
    @autoreleasepool {

        NSDate *now = [NSDate date];
        NSLog(@"The date is %@", now);

    }
    return 0;
}
```

Nun sollten Sie etwa folgendes Ergebnis bekommen:

```
The date is 2011-08-05 16:09:14 +0000
```

12.2 Nachrichten unter der Lupe

Eine Nachricht wird immer von eckigen Klammern eingefasst und besteht stets aus mindestens zwei Teilen:

> einem Zeiger auf das Objekt, das die Nachricht erhält,
> dem Namen der Methode, die ausgelöst werden soll.

Eine gesendete Nachricht kann (wie ein Funktionsaufruf) ebenfalls Argumente haben. Schauen wir uns ein Beispiel an.

NSDate-Objekte repräsentieren ein bestimmtes Datum bzw. Zeit. Eine Instanz von NSDate kann Ihnen den Unterschied (in Sekunden) zwischen dem Datum/Zeit, den sie repräsentiert, und 12:00 AM (GMT) am

1. Januar 1970 mitteilen. Stellen Sie Ihrer Instanz diese Frage, indem Sie die Nachricht timeIntervalSince 1970 an das NSDate-Objekt senden, auf das now zeigt.

```
#import <Foundation/Foundation.h>

int main (int argc, const char * argv[])
{
    @autoreleasepool {

        NSDate *now = [NSDate date];
        NSLog(@"The date is %@", now);
        double seconds = [now timeIntervalSince1970];
        NSLog(@"It has been %f seconds since the start of 1970.", seconds);


    }
    return 0;
}
```

Nehmen wir nun an, Sie brauchen ein neues Datumsobjekt, und zwar eines, das 100.000 Sekunden nach demjenigen liegt, das Sie bereits haben.

Die Klasse NSDate enthält eine Methode namens dateByAddingTimeInterval:. Sie können diese Nachricht an das ursprüngliche Datumsobjekt senden, um das neue zu bekommen. Diese Methode akzeptiert ein Argument: die Zahl der zu addierenden Sekunden. Nutzen Sie das, um in Ihrer main()-Funktion ein neues Datumsobjekt zu erstellen:

```
#import <Foundation/Foundation.h>

int main (int argc, const char * argv[])
{
    @autoreleasepool {

        NSDate *now = [NSDate date];
        NSLog(@"The date is %@", now);

        double seconds = [now timeIntervalSince1970];
        NSLog(@"It has been %f seconds since the start of 1970.", seconds);

        NSDate *later = [now dateByAddingTimeInterval:100000];
        NSLog(@"In 100,000 seconds it will be %@", later);

    }
    return 0;
}
```

Über die gesendete Nachricht [now dateByAddingTimeInterval:100000] ist Folgendes zu sagen:

> now ist ein Zeiger auf das Objekt, das die Nachricht empfängt (auch „Empfänger" genannt).

> dateByAddingTimeInterval: ist der Name der Methode (auch „Selektor" genannt).

> 100000 ist das einzige Argument.

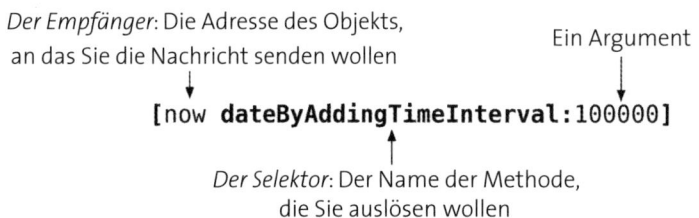

▶ *Abbildung 12.2: Eine gesendete Nachricht*

12.3 Objekte im Speicher

Abbildung 12.3 ist ein *Objektdiagramm* und zeigt zwei NSDate-Instanzen auf dem Heap. Die beiden Variablen now und later gehören zum Frame für die Funktion main(). Sie zeigen – wie aus den Pfeilen ersichtlich – auf die NSDate-Objekte.

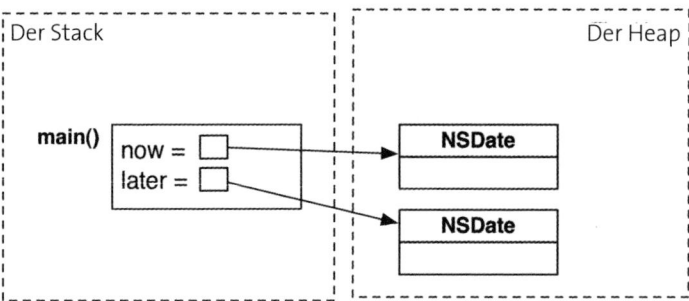

▶ *Abbildung 12.3: Objektdiagramm für* TimeAfterTime

Sie haben bisher nur eine Klasse gesehen: NSDate. Tatsächlich gibt es aber in iOS und Mac OS X Hunderte von Klassen. In den folgenden Kapiteln arbeiten wir mit einigen der häufiger vorkommenden Klassen.

12.4 id

Wenn Sie einen Zeiger auf ein Objekt deklarieren, geben Sie meistens die Klasse des Objekts an, auf die sich der Zeiger beziehen soll:

```
NSDate *expiration;
```

Doch oft brauchen Sie auch einen Weg, um einen Zeiger zu erstellen, ohne genau zu wissen, auf welche Art Objekt der Zeiger sich beziehen wird. Für diesen Fall nehmen wir den Typ id, der besagt: „ein Zeiger auf irgendeine Art Objective-C-Objekt". So sieht das im Einsatz aus:

```
id delegate;
```

Beachten Sie, dass es in dieser Deklaration kein Sternchen gibt, weil dies in id explizit enthalten ist.

Anfangs wird es womöglich schwer für Sie sein, sich die Konzepte von Klassen, Objekten, Nachrichten und Methoden einzuprägen. Machen Sie sich keine Sorgen, falls Sie sich mit den Objekten noch etwas unsicher fühlen. Das ist nur am Anfang so. Sie werden diese Muster immer wieder verwenden und sie sich so immer besser aneignen.

12.5 Aufgabe

Nehmen Sie zwei Instanzen von NSDate, um herauszufinden, wie viele Sekunden Sie bereits leben. Tipp: So erstellen Sie ein neues Datumsobjekt aus dem Jahr, dem Monat etc.:

```
NSDateComponents *comps = [[NSDateComponents alloc] init];
[comps setYear:1969];
[comps setMonth:4];
[comps setDay:30];
[comps setHour:13];
[comps setMinute:10];
[comps setSecond:0];

NSCalendar *g = [[NSCalendar alloc] initWithCalendarIdentifier:NSGregorianCalendar];
NSDate *dateOfBirth = [g dateFromComponents:comps];
```

Um die Anzahl Sekunden zwischen zwei Instanzen von NSDate zu bekommen, nehmen Sie die Methode timeIntervalSinceDate::

```
double d = [laterDate timeIntervalSinceDate:earlierDate];
```

13 Noch mehr Nachrichten

Im letzten Kapitel haben Sie ein paar Nachrichten versendet. Schauen wir uns noch mal die Zeilen an, in denen Sie diese Nachrichten gesendet und die dazugehörigen Methoden ausgelöst haben:

```
NSDate *now = [NSDate date];
```

Wir sprechen davon, dass die date-Methode eine *Klassenmethode* ist. Das heißt, Sie sorgen durch Senden einer Nachricht an die *Klasse* NSDate dafür, dass die Methode ausgeführt wird. Die date-Methode gibt einen Zeiger auf eine Instanz von NSDate zurück.

```
double seconds = [now timeIntervalSince1970];
```

Wir sagen, dass es sich bei timeIntervalSince1970 um eine *Instanzmethode* handelt. Indem Sie eine Nachricht an eine Instanz der Klasse senden, lösen Sie die Ausführung der Methode aus. Die Methode timeIntervalSince1970 gibt ein double zurück.

```
NSDate *later = [now dateByAddingTimeInterval:100000];
```

dateByAddingTimeInterval: ist eine weitere Instanzmethode. Diese Methode akzeptiert ein Argument: Sie können das am Doppelpunkt im Methodennamen ablesen. Diese Methode gibt auch einen Zeiger auf eine Instanz von NSDate zurück.

13.1 NACHRICHTEN VERSCHACHTELT VERSENDEN

Es gibt eine Klassenmethode alloc, die einen Zeiger auf ein neues Objekt zurückgibt, das initialisiert werden muss. Dieser Zeiger wird dann verwendet, um dem neuen Objekt die Nachricht init zu senden. Am häufigsten erstellt man Objekte in Objective-C mit alloc und init. Als fachlich gute Praxis (und nur die wird von Apple akzeptiert) betrachtet man es, beide Nachrichten in einer Codezeile zu senden, indem man den Nachrichtenversand *verschachtelt*:

```
[[NSDate alloc] init];
```

Das System führt zuerst die inneren Nachrichten aus und dann jene, die sie enthalten. Also wird alloc an die Klasse NSDate gesendet und das Ergebnis davon (ein Zeiger auf die neu erstellte Instanz) an init.

init gibt einen Zeiger auf das neue Objekt zurück (das praktisch immer der Zeiger ist, der aus der Methode alloc entstand). Also können wir für die Zuweisung das nehmen, was von init zurückgegeben wurde. Probieren Sie diese verschachtelten Nachrichten in Ihrem Code aus, indem Sie diese Zeile

```
NSDate *now = [NSDate date];
```

ändern zu:

```
NSDate *now = [[NSDate alloc] init];
```

13.2 MEHRERE ARGUMENTE

Manche Methoden akzeptieren mehrere Argumente. Ein NSDate-Objekt weiß beispielsweise nicht, welcher Tag des Monats gerade ist. Wenn Sie diese Information brauchen, müssen Sie ein NSCalendar-Objekt nehmen. Die Methode NSCalendar, die Ihnen den Tag des Monats sagen kann, akzeptiert drei Argumente. Erstellen Sie ein NSCalendar-Objekt und verwenden Sie es in main.m:

```
#import <Foundation/Foundation.h>

int main (int argc, const char * argv[])
{
    @autoreleasepool {

        NSDate *now = [[NSDate alloc] init];
        NSLog(@"The date is %@", now);

        double seconds = [now timeIntervalSince1970];
        NSLog(@"It has been %f seconds since the start of 1970.", seconds);

        NSDate *later = [now dateByAddingTimeInterval:100000];
        NSLog(@"In 100,000 seconds it will be %@", later);

        NSCalendar *cal = [NSCalendar currentCalendar];
        NSUInteger day = [cal ordinalityOfUnit:NSDayCalendarUnit
                                        inUnit:NSMonthCalendarUnit
                                       forDate:now];
        NSLog(@"This is day %lu of the month", day);

    }
    return 0;
}
```

Die Methode heißt `ordinalityOfUnit:inUnit:forDate:` und akzeptiert drei Argumente. Das können Sie schon daran sehen, dass im Methodennamen drei Doppelpunkte enthalten sind. Beachten Sie, dass ich den Nachrichtenversand auf drei Zeilen verteilt habe. Das macht keine Probleme, da der Compiler die zusätzlichen Zwischenräume nicht beachtet. Objective-C-Programmierer richten die Doppelpunkte üblicherweise aneinander aus, damit man einfach die Teile des Methodennamens von den Argumenten unterscheiden kann. (Das sollte **Xcode** für Sie erledigen: Jedes Mal, wenn Sie eine neue Zeile beginnen, sollte die vorige Zeile entsprechend eingerückt werden. Geschieht das nicht, prüfen Sie Ihre **Xcode**-Einstellungen hinsichtlich der Einrückung.)

Das erste und das zweite Argument dieser Methode sind die Konstanten `NSDayCalendarUnit` und `NSMonthCalendarUnit`. Diese Konstanten werden in der Klasse `NSCalendar` definiert. Sie informieren die Methode, dass Sie wissen wollen, welcher Tag des Monats gerade ist. Das dritte Argument ist das Datum, das Sie wissen wollen.

Wenn Sie lieber die Stunde des Jahres wissen wollen statt den Tag des Monats, nehmen Sie diese Konstanten:

```
NSUInteger hour = [cal ordinalityOfUnit:NSHourCalendarUnit
                                  inUnit:NSYearCalendarUnit
                                 forDate:now];
```

13.3 Nachrichten an nil senden

Praktisch alle objektorientierten Sprachen kennen das Konzept von `nil`, dem Zeiger auf kein Objekt. In Objective-C ist `nil` der Nullzeiger (das Gleiche wie `NULL`, wie wir in Kapitel 8 erläutert haben).

Bei den meisten objektorientierten Sprachen ist es nicht erlaubt, Nachrichten an `nil` zu senden. Als Resultat müssen Sie vor Zugriff auf ein Objekt erst prüfen, ob da ein `nil` vorhanden ist. Also trifft man häufig auf etwas wie dies:

```
if (fido != nil) {
    [fido goGetTheNewspaper];
}
```

Als Objective-C entworfen wurde, hat man beschlossen, dass es okay sei, Nachrichten an `nil` zu senden; das würde einfach überhaupt nichts bewirken. Somit ist folgender Code zulässig:

```
Dog *fido = nil;
[fido goGetTheNewspaper];
```

Zwei wichtige Sachen! Erstens: Wenn Sie Nachrichten senden und nichts passiert, sollten Sie prüfen, ob Sie Nachrichten an einen Zeiger schicken, der auf nil gesetzt wurde.

Zweitens: Wenn Sie an nil eine Nachricht senden, bedeutet der Rückgabewert überhaupt nichts.

```
Dog *fido = nil;
Newspaper *daily = [fido goGetTheNewspaper];
```

In diesem Fall wird daily null sein. (Wenn Sie im Allgemeinen als Resultat eine Zahl oder einen Zeiger erwarten, wird durch Senden einer Nachricht an nil null zurückgegeben.) Doch für andere Typen wie structs bekommen Sie eigenartige und unerwartete Rückgabewerte.)

13.4 AUFGABE

Auf Ihrem Mac gibt es die Klasse NSTimeZone. Zu ihren vielen Methoden gehört die Klassenmethode systemTimeZone, die die Zeitzone Ihres Computers zurückgibt (als Instanz von NSTimeZone), und die Instanzmethode isDaylightSavingTime, die YES zurückgibt, wenn die Zeitzone sich aktuell in der Sommerzeit befindet.

Schreiben Sie ein FOUNDATION COMMAND LINE TOOL, das Sie darüber informiert, ob aktuell Sommerzeit ist.

14
NSString

NSString ist eine ähnliche Klasse wie NSDate. Instanzen von NSString enthalten Zeichen-Strings. Im Code erstellen Sie eine literale Instanz von NSString wie folgt:

```
NSString *lament = @"Why me!?";
```

In Ihrem Projekt **TimeAfterTime** haben Sie folgenden Code getippt:

```
NSLog(@"The date is %@", now);
```

NSLog() ist eine Objective-C-Funktion (keine Methode!), die in ihrer Arbeitsweise printf() sehr ähnlich ist. In NSLog() ist der Format-String allerdings eigentlich eine Instanz von NSString.

Instanzen von NSString können ebenfalls programmatisch mit der Klassenmethode stringWithFormat: erstellt werden:

```
NSString *x = [NSString stringWithFormat:@"The best number is %d", 5];
```

Um die Zahl der Zeichen in einem String zu bekommen, nehmen Sie die Methode length:

```
NSUInteger charCount = [x length];
```

Und mit der Methode isEqual: prüfen Sie, ob zwei Strings gleich sind:

```
if ([lament isEqual:x])
    NSLog(@"%@ and %@ are equal", lament, x);
```

Die Sprache C verfügt außerdem über ein Zeichen-String-Konstrukt. So sähen die vorigen String-Beispiele in C aus:

```
char *lament = "Why me!?";
char *x;
asprintf(&x, "The best number is %d", 5);
size_t charCount = strlen(x);
if (strcmp(lament, x) == 0)
    printf("%s and %s are equal\n", lament, x);
free(x);
```

Wir werden C-Strings in Kapitel 34 besprechen. Doch sobald Sie wählen können, sollten Sie sich für NSString-Objekte statt C-Strings entscheiden. In der NSString-Klasse finden Sie viele Methoden, die Ihnen das Leben erleichtern. Außerdem eignet sich das auf dem UNICODE-Standard beruhende NSString hervorragend, um Text aus einer beliebigen Sprache der Welt aufzunehmen. Eigenartige Schriftzeichen? Kein Problem. Von rechts nach links geschriebener Text? Kriegen wir hin.

14.1 Aufgabe

Es gibt eine Klasse namens NSHost, die Informationen über Ihren Computer enthält. Um eine Instanz von NSHost zu bekommen, verwenden Sie die NSHost-Klassenmethode currentHost. Diese Methode gibt einen Zeiger auf ein NSHost-Objekt zurück:

```
+ (NSHost *)currentHost
```

Um den lokalisierten Namen Ihres Computers zu bekommen, nehmen Sie die NSHost-Instanzmethode localizedName, die einen Zeiger auf ein NSString-Objekt zurückgibt:

```
- (NSString *)localizedName
```

Schreiben Sie ein **Foundation Command Line Tool**, das den Namen Ihres Computers ausgibt (was manchmal erstaunlich lange dauert).

15

NSArray

Wie NSString ist NSArray eine weitere Klasse, mit der Objective-C-Programmierer viel zu tun haben. Eine Instanz von NSArray enthält eine Liste von Zeigern auf andere Objekte. Nehmen wir z. B. an, Sie wollen eine Liste mit drei NSDate-Objekten machen und dann diese Liste durchgehen, um jedes Datum auszugeben.

Erstellen Sie ein neues Projekt: ein **FOUNDATION COMMAND LINE TOOL** namens **DATELIST**. Öffnen Sie main.m und ändern Sie die Funktion main():

```
#import <Foundation/Foundation.h>

int main(int argc, const char * argv[])
{
    @autoreleasepool {

        // Erstellt drei NSDate-Objekte
        NSDate *now = [NSDate date];
        NSDate *tomorrow = [now dateByAddingTimeInterval:24.0 * 60.0 * 60.0];
        NSDate *yesterday = [now dateByAddingTimeInterval:-24.0 * 60.0 * 60.0];

        // Erstellt ein Array mit allen drei (nil beendet die Liste)
        NSArray *dateList = [NSArray arrayWithObjects:now, tomorrow, yesterday, nil];

        // Wie viele Datumsangaben gibt es?
        NSLog(@"There are %lu dates", [dateList count]);

        // Gibt ein paar aus
        NSLog(@"The first date is %@", [dateList objectAtIndex:0]);
        NSLog(@"The third date is %@", [dateList objectAtIndex:2]);

    }
    return 0;
}
```

NSArray enthält zwei (in diesem Beispiel gezeigte) Methoden, die Sie andauernd verwenden werden:

> count gibt die Anzahl der Elemente in einem Array zurück.

> objectAtIndex: gibt den Zeiger zurück, den das Array im durch das Argument angegebenen Index gespeichert hat.

Arrays sind sortiert, und Sie können auf ein Element im Array über dessen *Index* zugreifen. Arrays basieren auf Null: Das erste Element wird im Index 0 gespeichert, das zweite im Index 1 usw. Wenn die count-Methode also besagt, dass es 100 Elemente im Array gibt, können Sie objectAtIndex: nehmen, um die Objekte in den Indizes 0 bis 99 abzufragen.

Abbildung 15.1 enthält ein Objektdiagramm Ihres Programms. Beachten Sie, dass die NSArray-Instanz Zeiger auf die NSDate-Objekte enthält.

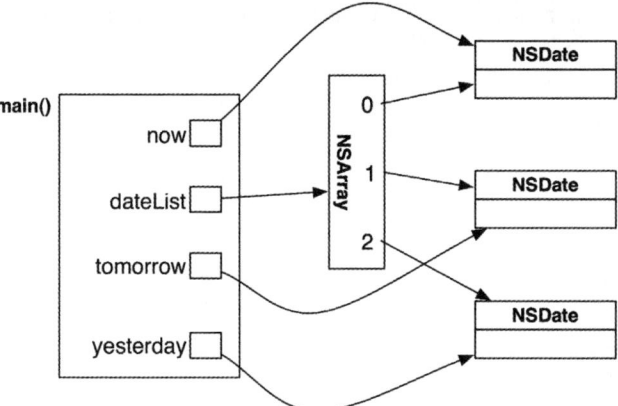

▶ *Abbildung 15.1: Objektdiagramm für* DateList

Wenn Sie also jedes Element im Array per Schleife durchlaufen und verarbeiten wollen (man nennt das auch „durch ein Array iterieren"), erstellen Sie eine for-Schleife. Bearbeiten Sie main.m:

```
#import <Foundation/Foundation.h>

int main(int argc, const char * argv[])
{
    @autoreleasepool {

        // Erstellt drei NSDate-Objekte
        NSDate *now = [NSDate date];
        NSDate *tomorrow = [now dateByAddingTimeInterval:24.0 * 60.0 * 60.0];
        NSDate *yesterday = [now dateByAddingTimeInterval:-24.0 * 60.0 * 60.0];
```

```
    // Erstellt ein Array mit allen drei (nil beendet die Liste)
    NSArray *dateList = [NSArray arrayWithObjects:now, tomorrow, yesterday, nil];

    NSUInteger dateCount = [dateList count];
    for (int i = 0; i < dateCount; i++) {
        NSDate *d = [dateList objectAtIndex:i];
        NSLog(@"Here is a date: %@", d);
    }


    }
    return 0;
}
```

Programmierer machen dies so oft, dass sie eine besondere Ergänzung für die `for`-Schleife vorgenommen haben, die durch Arrays iteriert. Bearbeiten Sie den Code, um diesen Mechanismus zu nutzen:

```
#import <Foundation/Foundation.h>

int main(int argc, const char * argv[])
{
    @autoreleasepool {

        // Erstellt drei NSDate-Objekte
        NSDate *now = [NSDate date];
        NSDate *tomorrow = [now dateByAddingTimeInterval:24.0 * 60.0 * 60.0];
        NSDate *yesterday = [now dateByAddingTimeInterval:-24.0 * 60.0 * 60.0];

        // Erstellt ein Array mit allen drei (nil beendet die Liste)
        NSArray *dateList = [NSArray arrayWithObjects:now, tomorrow, yesterday, nil];

        for (NSDate *d in dateList) {
            NSLog(@"Here is a date: %@", d);
        }

    }
    return 0;
}
```

Diese Art Schleife nennt man *schnelle Enumeration* (*fast enumeration*), und damit kann man außerordentlich effizient die Elemente in einem Array durchlaufen. Es gibt eine Einschränkung: Sie dürfen während der Enumeration nichts ins Array einfügen oder daraus entfernen.

15.1 NSMUTABLEARRAY

Es gibt zwei Arten von Arrays:

> Eine Instanz von NSArray wird mit einer Liste von Zeigern erstellt. Aus einem solchen Array können Sie keine Zeiger entfernen oder einfügen.

> Eine Instanz von NSMutableArray ist ähnlich wie eine Instanz von NSArray, aber Sie können Zeiger entfernen oder einfügen. (NSMutableArray ist eine *Unterklasse* von NSArray. Über Unterklassen erfahren Sie mehr in Kapitel 18.)

Ändern Sie das Beispiel so ab, dass mit einer NSMutableArray-Instanz und Methoden aus der Klasse NSMutableArray gearbeitet wird:

```
#import <Foundation/Foundation.h>

int main(int argc, const char * argv[])
{
    @autoreleasepool {

        // Erstellt drei NSDate-Objekte
        NSDate *now = [NSDate date];
        NSDate *tomorrow = [now dateByAddingTimeInterval:24.0 * 60.0 * 60.0];
        NSDate *yesterday = [now dateByAddingTimeInterval:-24.0 * 60.0 * 60.0];

        // Erstellt ein leeres Array
        NSMutableArray *dateList = [NSMutableArray array];

        // Fügt die Datumsangaben ins Array ein
        [dateList addObject:now];
        [dateList addObject:tomorrow];

        // Stellt yesterday an den Anfang der Liste
        [dateList insertObject:yesterday atIndex:0];

        for (NSDate *d in dateList) {
            NSLog(@"Here is a date: %@", d);
        }

        // Entfernt yesterday
        [dateList removeObjectAtIndex:0];
        NSLog(@"Now the first date is %@", [dateList objectAtIndex:0]);

    }
    return 0;
}
```

15.2 Aufgaben

Erstellen Sie ein neues **Foundation Command Line Tool** namens **Groceries**. Beginnen Sie mit dem Erstellen eines leeren NSMutableArray-Objekts. Dann fügen Sie mehrere Lebensmittel-Elemente ins Array ein (die müssen Sie natürlich auch erstellen). Schließlich nutzen Sie die schnelle Enumeration, um diesen Einkaufszettel auszugeben.

Die nächste Aufgabe ist eine größere Herausforderung. Lesen Sie das folgende Programm, das häufige Eigennamen findet, die ein doppeltes A enthalten.

```
#import <Foundation/Foundation.h>

int main (int argc, const char * argv[])
{
    @autoreleasepool {

        // Liest Datei als großen String ein (mögliche Fehler werden ausgeblendet)
        NSString *nameString
               = [NSString stringWithContentsOfFile:@"/usr/share/dict/propernames"
                                          encoding:NSUTF8StringEncoding
                                             error:NULL];

        // Zerlegt Datei in ein Array mit Strings
        NSArray *names = [nameString componentsSeparatedByString:@"\n"];

        // Geht das Array einen String nach dem anderen durch
        for (NSString *n in names) {

            // Sucht nach dem String "aa" ohne Beachtung der Kleinschreibung
            NSRange r = [n rangeOfString:@"AA" options:NSCaseInsensitiveSearch];

            // Wurde etwas gefunden?
            if (r.location != NSNotFound) {
                NSLog(@"%@", n);
            }
        }

    }
    return 0;
}
```

In der Datei /usr/share/dict/propernames sind häufig vorkommende Eigennamen enthalten. Die Datei /usr/share/dict/words enthält normale Wörter *und* häufig vorkommende Eigennamen. Schreiben Sie ein Programm, das auf dem obigen Programm basiert und häufig vorkommende Eigennamen findet, die auch normale Wörter sind. „Glen" ist beispielsweise ein Männername, aber „glen" ist auch ein enges Tal. In den Wortdateien sind Eigennamen großgeschrieben.

Wenn ein Computer Strings sortiert, stellt er normalerweise Großbuchstaben vor Kleinbuchstaben. Um einen Vergleich vorzunehmen, der die Groß- bzw. Kleinschreibung ignoriert, nehmen Sie die Methode caseInsensitiveCompare:.

```
NSString *a = @"ABC";
NSString *b = @"abc";
if ([a caseInsensitiveCompare:b] == NSOrderedSame) {
    NSLog(@"a and b are equal");
}

if ([a caseInsensitiveCompare:b] == NSOrderedAscending) {
    NSLog(@"a comes before b");
}

if ([a caseInsensitiveCompare:b] == NSOrderedDescending) {
    NSLog(@"b comes before a");
}
```

16

Developer Documentation

Im letzten Kapitel haben Sie von mir einige praktische Hinweise über die Klasse NSArray bekommen. Wenn Sie damit beginnen, ohne meine Hilfe zu programmieren (und dazu gehört auch das Lösen der Aufgaben in diesem Buch), werden Sie diese Hinweise selbst finden müssen. Hier kommt die Dokumentation von Apple ins Spiel.

Um in **XCODE** diese Dokumentation zu sehen, rufen Sie den **ORGANIZER** auf (klicken Sie auf den Button 🔲 oben rechts im **XCODE**-Fenster) und wechseln dort zum Reiter **DOCUMENTATION**.

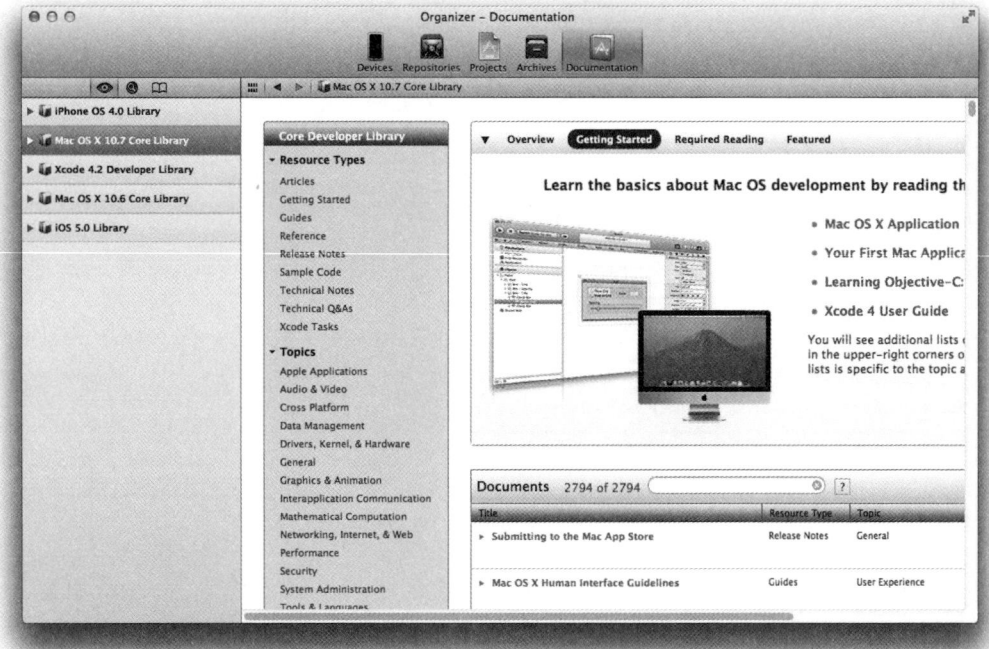

▶ *Abbildung 16.1: Dokumente im Organizer*

Im Wesentlichen stellt Apple fünf Arten der Dokumentation bereit:

> *References*: Jede Objective-C-Klasse und alle C-Funktionen sind auf diesen Seiten kurz und bündig dokumentiert.

> *Guides* und *Getting Starteds*: Guides sind weniger prägnant und gruppieren die Inhalte nach Konzepten. Es gibt beispielsweise einen *Error Handling Programming Guide*, der die unendlichen Wege beschreibt, wie Mac- und iOS-Entwickler erfahren, dass etwas schiefgegangen ist.

> *Sample Code*: Dabei handelt es sich um kleine, abgeschlossene Projekte, mit denen demonstriert wird, wie man die Technologien von Apple nutzen soll. Hier finden Sie z. B. ein Projekt namens WeatherMap, das zeigt, wie man eigene Annotationen auf iOS-Kartenansichten vornehmen kann.

> *Release Notes*: Sobald eine neue Version von Mac OS oder iOS erscheint, wird sie von Release Notes begleitet. Darin erfahren Entwickler, was sich seit der letzten Version geändert hat.

> *Technical Notes, Articles, Coding How-tos* und *Technical Q&As,*: In diesen mundgerechten Dokumenten werden bestimmte Probleme besprochen.

Sie können die Dokumentation durchblättern, aber sie ist sehr umfangreich. Meist werden Sie eher über die Suche auf die Dokumentation zugreifen.

16.1 REFERENZSEITEN

Im Organizer klicken Sie oben im linken Panel auf den Button 🔍, um das Suchfeld aufzurufen. Tippen Sie **NSARRAY** ins Suchfeld, und darunter erscheinen die Ergebnisse. Im Bereich **REFERENCE** klicken Sie auf **NSARRAY**, um die *Referenzseite* für NSArray aufzurufen.

Man kann nur schwerlich überbetonen, wie wichtig diese Referenzseiten für Sie sein werden und wie bedeutsam sie für Programmierer aller Erfahrungsstufen sind. Apple hat viel Arbeit in die Erstellung dieser riesigen Bibliotheken gesteckt, damit Sie sie auf einfache Weise nutzen können. Sie erfahren hauptsächlich über die Referenzseiten von diesen Bibliotheken. Wenn Sie dieses Buch durcharbeiten, nehmen Sie sich einen Augenblick Zeit, um bei neuen Klassen die Referenzseiten nachzuschlagen und zu sehen, zu was diese Klassen noch fähig sind. Sie können auch nach den Namen von Methoden, Funktionen, Konstanten und Eigenschaften suchen (Eigenschaften lernen Sie in Kapitel 17 kennen). Je vertrauter Sie mit diesen Seiten sind, desto flotter wird Ihnen die Entwicklungsarbeit von der Hand gehen.

Ganz oben in der Klassenreferenz für NSArray erfahren Sie verschiedene Dinge über die Klasse. Sie erbt von NSObject (mehr darüber in Kapitel 18). Sie ist konform mit verschiedenen Protokollen (die wir in Kapitel 25 erläutern). Sie gehört zum Foundation Framework und ist in jeder Version von Mac OS X und iOS enthalten.

Am Ende der Liste mit den Headerdateien gibt es eine Liste von Guides, in denen NSArray besprochen wird, und Beispielcode, der die Einsatzmöglichkeiten von NSArray durchspielt. Klicken Sie auf **COLLECTIONS PROGRAMMING TOPICS**, um diesen Guide zu öffnen.

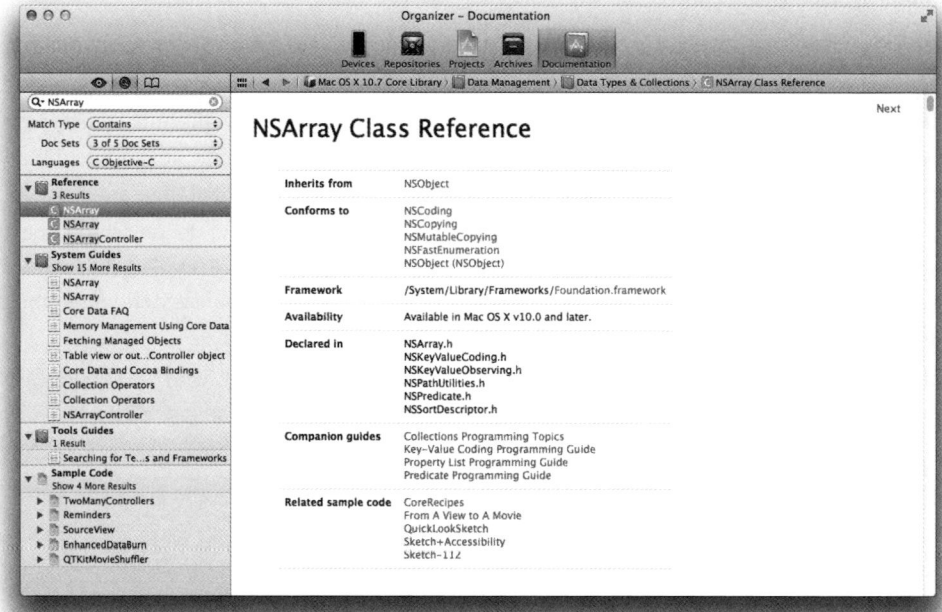

▶   *Abbildung 16.2: Referenzseite für* **NSArray**

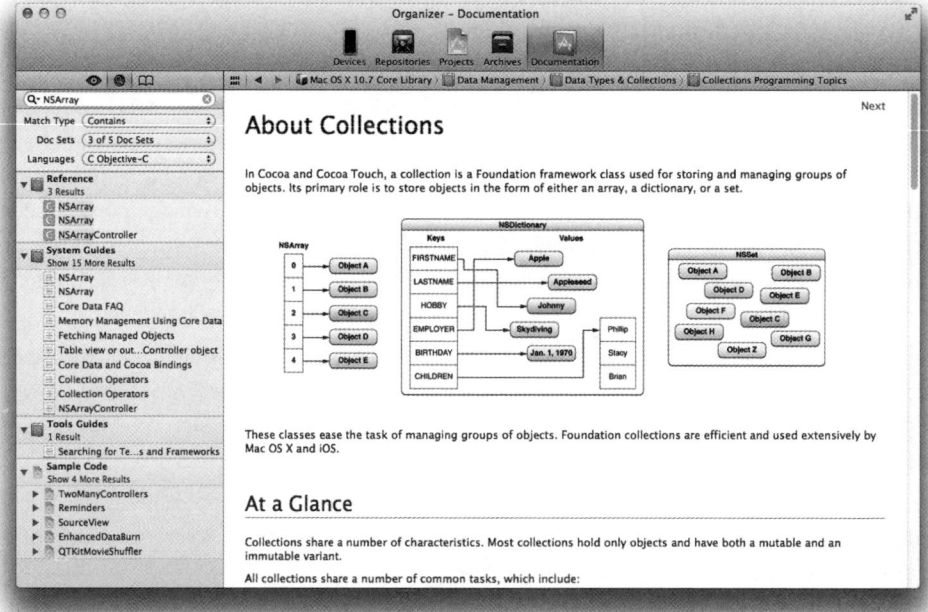

▶   *Abbildung 16.3:* **Collections Programming Topics**

Dieser spezielle Guide erläutert die Collection-Klassen (z. B. NSArray and NSMutableArray). Anders als die Klassenreferenz ist ein Guide angenehmer zu lesen, und die Konzepte werden in vernünftiger Reihenfolge vorgestellt.

Nun gehen Sie über den Back-Button oben im Dokumentbereich zurück auf die Referenzseite von NSArray. Wollen Sie wissen, welche anderen Nachrichten Sie an NSArray senden können? Scrollen Sie die Referenzseite hinunter und suchen Sie die Liste der Methoden, die von NSArray implementiert werden. Nehmen wir an, Sie suchen nach einer Möglichkeit, wie man bei einem Array prüfen kann, ob darin ein bestimmtes Element enthalten ist. In diesem Fall würden Sie auf die Methode containsObject: stoßen und die Beschreibung dazu lesen:

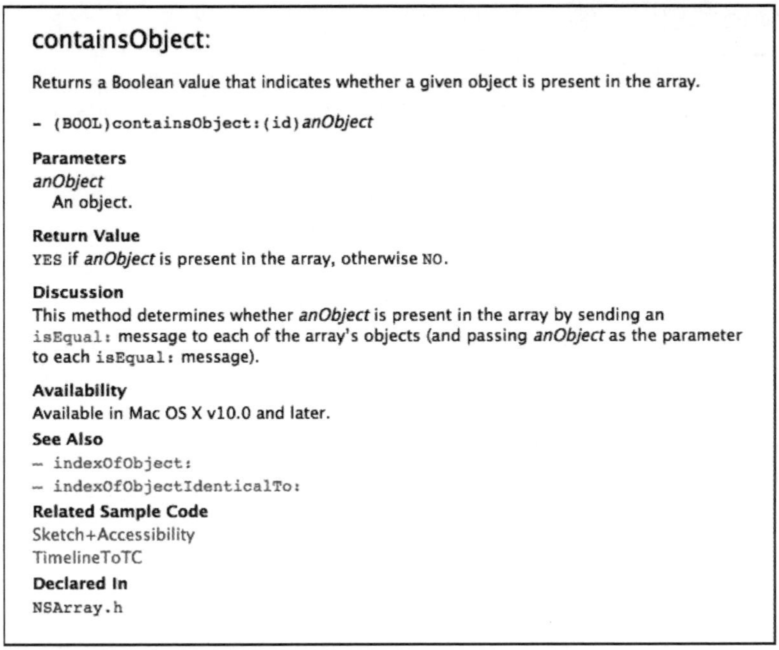

---

containsObject:

Returns a Boolean value that indicates whether a given object is present in the array.

- (BOOL)containsObject:(id)*anObject*

Parameters
anObject
  An object.

Return Value
YES if *anObject* is present in the array, otherwise NO.

Discussion
This method determines whether *anObject* is present in the array by sending an isEqual: message to each of the array's objects (and passing *anObject* as the parameter to each isEqual: message).

Availability
Available in Mac OS X v10.0 and later.

See Also
– indexOfObject:
– indexOfObjectIdenticalTo:

Related Sample Code
Sketch+Accessibility
TimelineToTC

Declared In
NSArray.h

▶   *Abbildung 16.4: Referenz für* **containsObject:**

Nun wissen Sie alles Nötige, wie Sie Ihrem Code diese Nachricht senden.

16.2 Quick Help

Doch es gibt eine leichtere Art, um vom Editor, in dem Sie den Code schreiben, zur Quelle des Wissens in der Dokumentation zu gelangen. Schließen Sie den **Organizer** und kehren Sie zum Projekt **DateList** zurück.

In main.m suchen Sie die Zeile, in der [dateList addObject:now] steht. Halten Sie die Taste alt gedrückt und klicken Sie auf addObject:. Das Fenster **Quick Help** erscheint und stellt die Informationen über diese Methode dar:

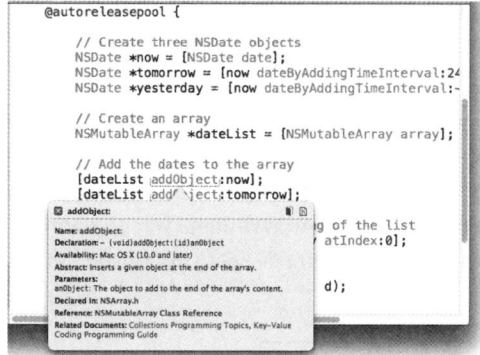

```
@autoreleasepool {

    // Create three NSDate objects
    NSDate *now = [NSDate date];
    NSDate *tomorrow = [now dateByAddingTimeInterval:24
    NSDate *yesterday = [now dateByAddingTimeInterval:-

    // Create an array
    NSMutableArray *dateList = [NSMutableArray array];

    // Add the dates to the array
    [dateList addObject:now];
    [dateList addObject:tomorrow];
```

addObject:

Name: addObject:
Declaration: - (void)addObject:(id)anObject
Availability: Mac OS X (10.0 and later)
Abstract: Inserts a given object at the end of the array.
Parameters:
anObject: The object to add to the end of the array's content.
Declared in: NSArray.h
Reference: NSMutableArray Class Reference
Related Documents: Collections Programming Topics, Key-Value
Coding Programming Guide

▶   *Abbildung 16.5: Das Fenster von* **Quick Help**

Haben Sie die Links im **Quick Help**-Fenster gesehen? Wenn Sie darauf klicken, wird die entsprechende Dokumentation im Organizer geöffnet. Praktisch, nicht wahr?

Wenn Sie **Quick Help** immer im Blick haben wollen, können Sie das Fenster in **Xcode** geöffnet halten.

In der oberen rechten Ecke des **Xcode**-Fensters suchen Sie nach einer segmentierten Steuerung namens **View**, die so aussieht und auf die **Xcode**-Bereiche links, oben und unten verweist. Durch An- und Abwählen dieser Buttons werden die jeweiligen Bereiche angezeigt bzw. versteckt.

Der linke Bereich, den Sie mittlerweile schon häufig verwendet haben, heißt Navigator. Zum unteren Bereich, den Sie auch schon kennen, gehört die Konsole – auch Debuggerbereich genannt. Rechts ist der Utilities-Bereich. Klicken Sie auf den **View**-Button, um ihn aufzurufen. Oben in **Utilities** klicken Sie auf den Button und bekommen den Bereich **Quick Help**.

In diesem Bereich finden Sie Hilfe für den im Editor gewählten Text. Probieren Sie es aus: Markieren Sie einfach das Wort „NSMutableArray" im Editor:

Hier neuen Bereich aufrufen

Hier für Quick Help klicken

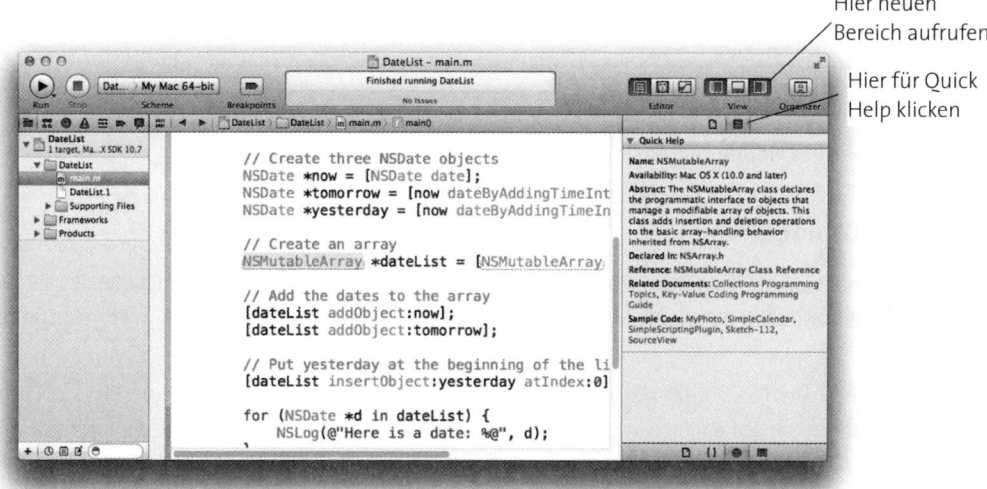

▶   *Abbildung 16.6: Der Bereich* **Quick Help**

Sie werden feststellen, dass dieser Bereich sich sofort aktualisiert, wenn Sie etwas anderes auswählen, um die Dokumentation für den neuen Auswahlbereich zu zeigen.

16.3 ANDERE OPTIONEN UND RESSOURCEN

Wenn Sie ⌥alt gedrückt halten und auf einen beliebigen Text doppelklicken, sucht der Organizer nach diesem String.

Klicken Sie mit gedrückter Taste ⌘cmd auf eine Klasse, Funktion oder Methode, dann zeigt **XCODE** Ihnen die Datei, in der sie jeweils deklariert ist (probieren Sie das mit einem ⌘cmd-Klick auf „NSMutableArray" aus).

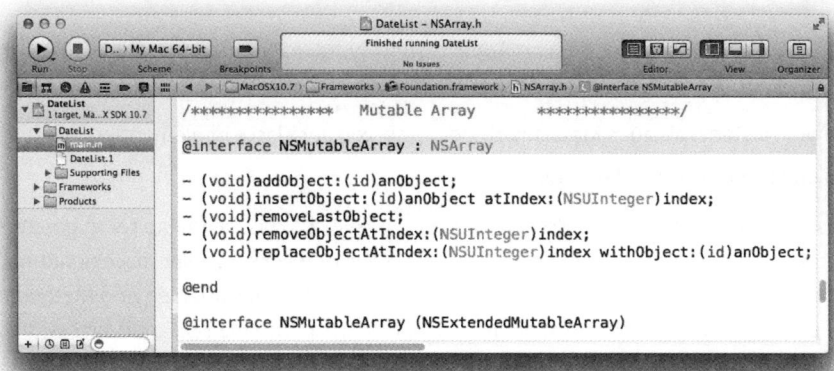

▶ *Abbildung 16.7: Die Deklaration von* **NSMUTABLEARRAY**

Falls es mehrere passende Deklarationen gibt, bekommen Sie bei ⌘cmd-Klick ein Pop-up. Probieren Sie mal einen ⌘cmd-Klick auf addObject:.

Gelegentlich verbindet sich **XCODE** mit den Apple-Servern an und fragt, ob etwas an der Dokumentation aktualisiert wurde. Ist das der Fall, werden die Updates heruntergeladen und zum einfacheren Durchsuchen erneut indexiert. Sie können eine Prüfung auf Updates im **PREFERENCES**-Bereich von **XCODE** selbst anstoßen.

Bei Apple gibt es unter *http://lists.apple.com/* eine Sammlung von Mailinglisten für Diskussionen, und eine Reihe davon widmet sich Entwicklerthemen. Wenn Sie keine Antworten in den Dokumenten finden, durchsuchen Sie die Archive der Listen (mit Rücksicht auf die vielen Tausend Abonnenten jeder Liste suchen Sie bitte erst sorgfältig in den Archiven, bevor Sie eine Frage posten).

Es gibt noch eine weitere Ressource, die Sie kennen sollten: *stackoverflow.com*. Diese Website ist ein sehr beliebter Ort für Programmierer, um Fragen zu stellen und zu beantworten. Wenn Sie Ihr Problem mit einigen Schlüsselwörtern umreißen, werden Sie wahrscheinlich hier fündig.

Ihre erste Klasse

17

Bisher haben Sie nur Klassen eingesetzt, die von Apple erstellt wurden. Nun können Sie auch eigene Klassen schreiben. Denken Sie daran, dass eine Klasse Objekte auf zweierlei Weise beschreibt:

> Methoden (sowohl Instanz- als auch Klassenmethoden), die von der Klasse implementiert werden

> Instanzvariablen in jeder Instanz der Klasse

Sie werden die Klasse Person schreiben, die dem struct Person gleicht, das Sie in Kapitel 10 geschrieben haben. Ihre Klasse wird durch zwei Dateien definiert: Person.h und Person.m. Person.h nennt man auch *Header-* oder *Interface-Datei*, und sie enthält die Deklaration von Instanzvariablen und Methoden. Person.m ist die *Implementierungsdatei*. Hier schreiben Sie die Schritte für jede Methode, hier wird sie also *implementiert*.

Erstellen Sie ein neues Projekt: ein **Foundation Command Line Tool** namens **BMITime**.

Um eine neue Klasse zu erstellen, wählen Sie **File → New → New File**. Im Bereich **Mac OS X** links wählen Sie **Cocoa** und dann die Vorlage **Objective-C class**. Geben Sie der Klasse den Namen **Person** und machen Sie sie zur Unterklasse von **NSObject**. Achten Sie zum Schluss darauf, dass das Ziel **BMITime** mit einem Häkchen versehen ist, und klicken Sie auf **Save**.

Beachten Sie, dass die neuen Klassendateien Person.h und Person.m nun im Projektnavigator erscheinen. Öffnen Sie Person.h. Deklarieren Sie zwei Instanzvariablen und drei Instanzmethoden:

```
#import <Foundation/Foundation.h>

// Die Klasse Person erbt alle Instanzvariablen
// und Methoden, die von der Klasse NSObject definiert werden
@interface Person : NSObject
{
    // Sie hat zwei Instanzvariablen
    float heightInMeters;
    int weightInKilos;
}
```

```
// Sie können diese Instanzvariablen anhand folgender Methoden setzen
- (void)setHeightInMeters:(float)h;
- (void)setWeightInKilos:(int)w;

// Diese Methode berechnet den Body-Mass-Index
- (float)bodyMassIndex;
@end
```

Beachten Sie, dass Sie die Instanzvariablen innerhalb von geschweiften Klammern deklariert haben, die Methoden hingegen nach den Variablen und außerhalb der geschweiften Klammern.

Der Code sagt dem Compiler: „Ich definiere eine neue Klasse namens Person, die alle Methoden und Instanzvariablen der Klasse NSObject enthält. Außerdem ergänze ich zwei neue Instanzvariablen: ein float namens heightInMeters und ein int namens weightInKilos. Außerdem füge ich drei Instanzmethoden hinzu, die in Person.m implementiert werden."

Beachten Sie, dass setHeightInMeters: ein float-Argument erwartet und keinen Wert zurückgibt, setWeightInKilos: erwartet ein int-Argument und gibt keinen Wert zurück, und bodyMassIndex akzeptiert keine Argumente und gibt einen float zurück.

Öffnen Sie nun Person.m. Löschen Sie alle vorhandenen Methoden und implementieren Sie alle von Ihnen deklarierten Methoden:

```
#import "Person.h"

@implementation Person

- (void)setHeightInMeters:(float)h
{
    heightInMeters = h;
}
- (void)setWeightInKilos:(int)w
{
    weightInKilos = w;
}
- (float)bodyMassIndex
{
    return weightInKilos / (heightInMeters * heightInMeters);
}

@end
```

Beachten Sie, dass Xcode für Sie Person.h importiert hat. Denken Sie ebenfalls stets daran, dass die von Ihnen implementierten Methoden genau zu denen passen müssen, die Sie in der Header-Datei deklariert haben. In Xcode ist das ganz einfach: Wenn Sie eine Methode in die Implementierungsdatei eintippen, schlägt Xcode die Namen der bereits von Ihnen deklarierten Methoden vor.

Nachdem Sie nun alle in `Person.h` deklarierten Methoden implementiert haben, ist Ihre Klasse vollständig. Bearbeiten Sie nun `main.m`, um ein wenig zu üben:

```
#import <Foundation/Foundation.h>
#import "Person.h"

int main(int argc, const char * argv[])
{
    @autoreleasepool {

        // Erstellt eine Instanz von Person
        Person *person = [[Person alloc] init];

        // Gibt den Instanzvariablen interessante Werte
        [person setWeightInKilos:96];
        [person setHeightInMeters:1.8];

        // Ruft die Methode bodyMassIndex auf
        float bmi = [person bodyMassIndex];
        NSLog(@"person has a BMI of %f", bmi);

    }
    return 0;
}
```

Kompilieren Sie das Programm und starten Sie es. Beachten Sie, dass Sie `Person.h` importiert haben und der Compiler somit weiß, wie Ihre Methoden deklariert wurden, bevor sie in `main()` verwendet werden.

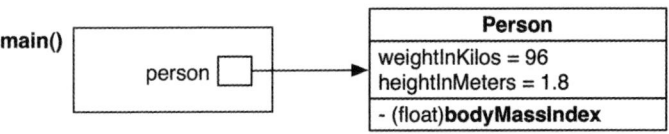

▶ *Abbildung 17.1: Objektdiagramm für* `BMITime`

17.1 ZUGRIFFSMETHODEN

Beachten Sie, dass wir auf die Datenbestandteile der Struktur direkt in `main()` zugegriffen haben, als wir die gleiche Übung mit `struct`s anstatt Objekten durchführten:

```
person.weightInKilos = 96;
person.heightInMeters = 1.8;
```

Beim objektorientierten Denken tun wir unser Bestes, um die Instanzvariablen eines Objekts privat zu halten, d. h., sie sind nur dem Objekt selbst bekannt, und nur das Objekt kann darauf zugreifen. Doch weil wir den Methoden und Funktionen außerhalb von Person die Möglichkeit geben wollen, das Gewicht und die Größe einer Person anzugeben, haben wir die Methoden setWeightInKilos: und setHeightInMeters: erstellt. Diese nennen wir *Set-Methoden* oder *Änderungsmethoden*.

Eine Set-Methode erlaubt anderen Methoden, den Wert einer Instanzvariablen zu setzen. Eine *Get-Methode* oder *Abfragemethode* erlaubt anderen Methoden, den Wert einer Instanzvariablen zu lesen. Set- und Get-Methoden nennt man auch *Akzessormethoden* oder einfach *Zugriffsmethoden*.

Fügen Sie Deklarationen für die Abfragemethode von Person.h hinzu:

```
#import <Foundation/Foundation.h>

@interface Person : NSObject
{
    float heightInMeters;
    int weightInKilos;
}

// Sie können diese Instanzvariablen anhand folgender Methoden setzen
- (float)heightInMeters;
- (void)setHeightInMeters:(float)h;
- (int)weightInKilos;
- (void)setWeightInKilos:(int)w;

- (float)bodyMassIndex;

@end
```

Vielleicht fragen Sie sich, warum in den Namen der Abfragemethoden nicht entsprechend wie bei den Änderungsmethoden ein get steht. Dies ist eine Namenskonvention in Objective-C. Der Name der Methode, um eine Instanzvariable zu lesen, ist einfach der Name genau dieser Instanzvariablen.

Kehren wir nun zu Person.m zurück, um die Abfragemethoden zu implementieren:

```
@implementation Person

- (float)heightInMeters
{
    return heightInMeters;
}

- (void)setHeightInMeters:(float)h
{
    heightInMeters = h;
}
```

```
- (int)weightInKilos
{
    return weightInKilos;
}

- (void)setWeightInKilos:(int)w
{
    weightInKilos = w;
}
- (float)bodyMassIndex
{
    return weightInKilos / (heightInMeters * heightInMeters);
}

@end
```

Zum Schluss setzen Sie in `main.m` diese Methoden ein:

```
#import "Person.h"

int main(int argc, const char * argv[])
{
    @autoreleasepool {

        // Erstellt eine Instanz von Person
        Person *person = [[Person alloc] init];

        // Gibt den Instanzvariablen interessante Werte
        [person setWeightInKilos:96];
        [person setHeightInMeters:1.8];

        // Ruft die Methode bodyMassIndex auf
        float bmi = [person bodyMassIndex];
        NSLog(@"person (%d, %f) has a BMI of %f",
            [person weightInKilos], [person heightInMeters], bmi);

    }
    return 0;
}
```

Kompilieren Sie das Programm und starten Sie es.

17.2 PUNKTNOTATION

Objective-C-Programmierer rufen sehr häufig Zugriffsmethoden auf. Apple hat beschlossen, für den Aufruf einer Zugriffsmethode eine Kurzschreibweise einzuführen. Somit besagen die folgenden beiden Codezeilen exakt das Gleiche:

```
p = [x fido];
p = x.fido;
```

Auch diese beiden Codezeilen sind damit inhaltlich genau gleich:

```
[x setFido:3];
x.fido = 3;
```

Die Form, statt der eckigen Klammern einen Punkt zu schreiben, wird als *Punktnotation* (oder *Dot-Notation*) bezeichnet.

Diese Punktnotation vermeide ich allerdings. Mein Eindruck ist, dass dadurch die Tatsache verschleiert wird, dass eine Nachricht gesendet wird, und sie ist nicht konsistent mit der Art und Weise, wie wir andere Nachrichten im System senden. Sie können sich natürlich gerne der Punktnotation bedienen, aber sie wird in diesem Buch ansonsten nicht mehr erscheinen.

17.3 EIGENSCHAFTEN

Beachten Sie, dass der meiste Code in unserer Klasse `Person` sich den Zugriffsmethoden widmet. Apple hat eine praktische Art geschaffen, wie man Zugriffsmethoden einfacher schreiben kann: die *Eigenschaften* (*properties*). Mit einer Eigenschaft kann man sowohl die Set- als auch die Get-Methoden in einer Zeile deklarieren.

In `Person.h` ersetzen Sie die Deklaration dieser beiden Methoden durch das @property-Konstrukt:

```
#import <Foundation/Foundation.h>

@interface Person : NSObject
{
    float heightInMeters;
    int weightInKilos;
}
@property float heightInMeters;
@property int weightInKilos;

- (float)bodyMassIndex;
@end
```

Durch diese Bearbeitung haben Sie diese Klasse überhaupt nicht verändert, sondern nutzen nur eine knappere Syntax.

Nun schauen Sie sich die Datei Person.m an. Sie steckt voller einfacher und vorhersagbarer Zugriffsmethoden. Falls Ihre Zugriffsmethoden nichts Spezielles machen, können Sie dem Compiler einfach mitteilen, er solle basierend auf jeder @property-Deklaration Standardzugriffsmethoden *synthetisieren*. Löschen Sie die Zugriffsmethoden und ersetzen Sie sie durch einen Aufruf von @synthesize:

```
#import "Person.h"

@implementation Person

@synthesize heightInMeters, weightInKilos;

- (float)bodyMassIndex
{
    return weightInKilos / (heightInMeters * heightInMeters);
}

@end
```

Kompilieren Sie das Programm und starten Sie es. Alles sollte genauso wie vorher funktionieren, doch der Code ist nun weitaus einfacher und leichter zu pflegen.

17.4 SELF

Innerhalb jeder Methode haben Sie Zugriff auf die implizite lokale Variable self. Dabei handelt es sich um einen Zeiger auf das Objekt, das die Methode gestartet hat. Sie wird verwendet, wenn ein Objekt eine Nachricht an sich selbst senden will. Viele Objective-C-Programmierer sind bei Zugriffsmethoden fast schon religiös: Jeden Lese- oder Schreibvorgang für eine Instanzvariable machen sie nur mit deren Zugriffsmethode. Aktualisieren Sie die Methode bodyMassIndex, um die Puristen zufriedenzustellen:

```
- (float)bodyMassIndex
{
    float h = [self heightInMeters];
    return [self weightInKilos] / (h * h);
}
```

Hier sendet sich eine Instanz von Person die beiden Nachrichten heightInMeters und weightInKilos, um die Werte ihrer Instanzvariablen zu bekommen.

Sie können auch self als Argument übergeben, damit andere Objekte wissen, wo das aktuelle Objekt ist. Ihre Klasse Person könnte beispielsweise eine Methode addYourselfToArray: enthalten, die wie folgt aussehen kann:

```
- (void)addYourselfToArray:(NSMutableArray *)theArray
{
    [theArray addObject:self];
}
```

Hier lassen Sie das Array über self wissen, wo sich die Instanz von Person befindet. Sie ist buchstäblich seine Adresse.

17.5 MEHRERE DATEIEN

Beachten Sie, dass Ihr Projekt nun über ausführbaren Code in zwei Dateien verfügt: main.m und Person.m (Person.h ist eine Deklaration einer Klasse, aber darin befindet sich kein ausführbarer Code). Wenn Sie das Projekt erstellen, werden diese Dateien separat kompiliert und dann miteinander verknüpft. Ein reales Projekt kann schnell mal auf Hunderte von C- und Objective-C-Codedateien anwachsen.

Sie können auch Codebibliotheken damit verknüpfen. Vielleicht haben Sie im Internet eine tolle Bibliothek gefunden, mit der man Daten von digitalen Teleskopen parsen kann. Wenn Ihr Programm diese Fähigkeit benötigt, dann kompilieren Sie diese Bibliothek und fügen Sie sie in Ihr Projekt ein. Wenn XCODE den Build des Programms erstellt, werden alle in dieser Bibliothek definierten Funktionen und Klassen damit verknüpft.

17.6 AUFGABE

Erstellen Sie ein neues FOUNDATION COMMAND LINE TOOL namens STOCKS. Dann erstellen Sie eine Klasse namens StockHolding, die eine von Ihnen erworbene Aktie repräsentiert. Sie ist dann eine Unterklasse von NSObject. Als Instanzvariablen wird sie zwei floats namens purchaseSharePrice und currentSharePrice sowie ein int namens numberOfShares enthalten. Erstellen Sie Zugriffsmethoden für die Instanzvariablen und außerdem zwei weitere Instanzmethoden:

```
- (float)costInDollars;  // purchaseSharePrice * numberOfShares
- (float)valueInDollars; // currentSharePrice * numberOfShares
```

In main() füllen Sie ein Array mit drei Instanzen von StockHolding. Dann iterieren Sie durch das Array und geben jeden einzelnen Wert aus.

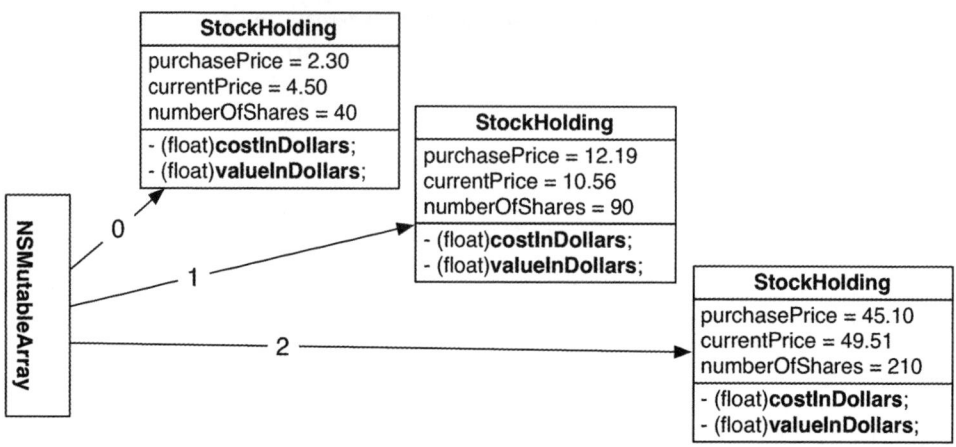

▶   *Abbildung 17.2: Ein Array mit* StockHolding-*Objekten*

Vererbung

Als Sie die Klasse Person erstellten, haben Sie sie als Unterklasse von NSObject deklariert. Das bedeutet, dass bei jeder Instanz von Person sowohl die in NSObject definierten Instanzvariablen und Methoden enthalten sind als auch diejenigen, die in Person definiert wurden. Wir sagen, dass Person die Instanzvariablen und Methoden von NSObject *erbt*. In diesem Abschnitt werden wir uns eingehender mit Vererbung beschäftigen.

Öffnen Sie das **BMITIME**-Projekt und erstellen Sie eine neue Datei: eine **OBJECTIVE-C CLASS**. Geben Sie ihr den Namen **EMPLOYEE** und erstellen Sie sie als Unterklasse von NSObject. Gleich werden wir die Klasse Employee so ändern, dass sie eine Unterklasse von Person ist. Das erscheint sinnvoll, nicht wahr? Angestellte sind Menschen. Sie haben ein Gewicht und eine Körpergröße. Doch nicht alle Menschen sind Angestellte. Wir werden unserer Klasse deswegen auch eine für Angestellte spezifische Instanzvariable geben: eine Angestellten-ID.

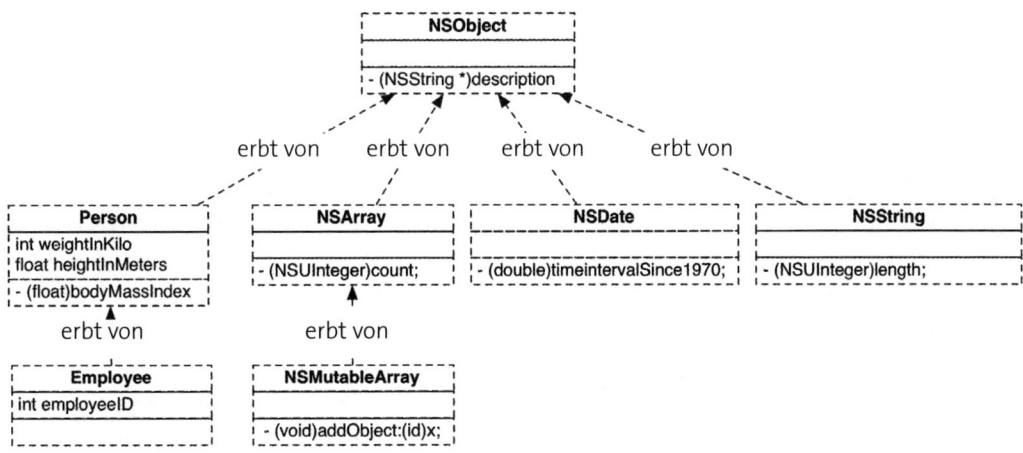

▶ *Abbildung 18.1: Vererbungsdiagramm einiger Ihnen bekannter Klassen*

Öffnen Sie `Employee.h` und importieren Sie `Person.h`, ändern Sie die Oberklasse zu `Person` und fügen Sie eine Instanzvariable ein, die die ID-Nummer des Angestellten enthält:

```
#import "Person.h"

@interface Employee : Person
{
    int employeeID;
}
@property int employeeID;
@end
```

Öffnen Sie `Employee.m` und synthetisieren Sie die Zugriffsmethoden:

```
#import "Employee.h"
@implementation Employee

@synthesize employeeID;

@end
```

Nun haben Sie eine Klasse `Employee` mit allen Instanzvariablen von `Person` und einer neuen Instanzvariablen namens `employeeID`. Die Instanzen von `Employee` werden auf die gleichen Nachrichten reagieren, wie es auch eine Instanz von `Person` macht. Instanzen von `Employee` werden auch auf die Nachrichten `setEmployeeID:` und `employeeID` reagieren.

Und weil `Person` von `NSObject` erbt, erbt `Employee` auch alle Instanzvariablen und Methoden von `NSObject`. Alle Objekte erben (entweder direkt oder indirekt) von `NSObject`.

`NSObject` hat viele Methoden, aber nur eine Instanzvariable: den Zeiger `isa`. Der `isa`-Zeiger eines jeden Objekts zeigt auf die von ihm erstellte Klasse zurück.

Nehmen wir an, dass Sie einem Objekt die Nachricht `fido` gesendet haben. Um auf diese Nachricht zu reagieren, verwendet das Objekt den Zeiger `isa`, um dessen Klasse zu finden und zu fragen: „Hast du eine Instanzmethode namens `fido`?" Falls die Klasse eine Methode namens `fido` enthält, wird sie ausgeführt. Falls nicht, fragt sie ihre Oberklasse: „Hast du eine Instanzmethode namens `fido`?" Und das geht dann alle Stufen hinauf auf der Suche nach einer Methode namens `fido`. Die Suche wird beendet, wenn die Methode gefunden oder die oberste Stufe erreicht wurde. Auf der obersten Stufe sagt `NSObject` dann: „Nö, eine `fido`-Methode war nicht zu finden." Dann bekommen Sie eine Fehlermeldung etwa in der Form „Diese Instanz von `Employee` reagiert nicht auf den `fido`-Selektor".

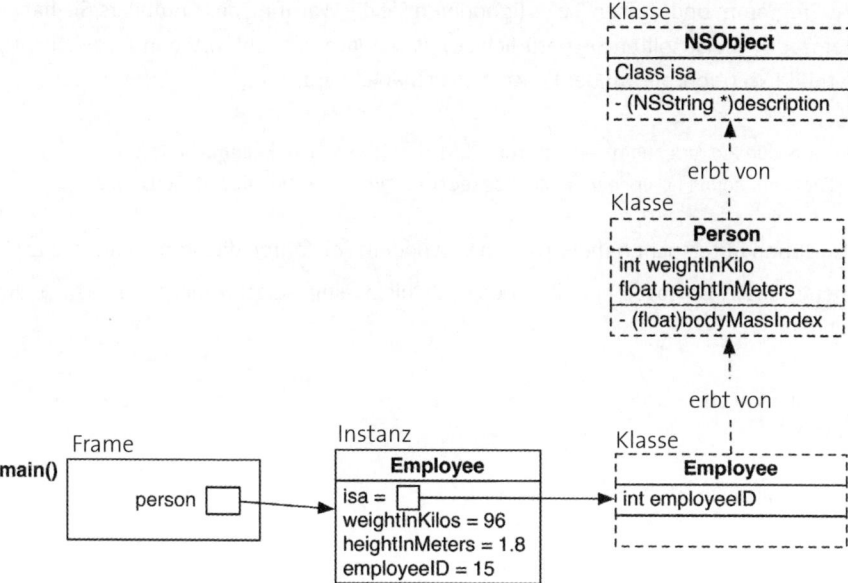

▶ *Abbildung 18.2: Objektdiagramm für* BMITime

Probieren Sie es aus. Öffnen Sie main.m und schicken Sie der Instanz von Person eine Nachricht, die sie nicht versteht:

```
int main(int argc, const char * argv[])
{
    @autoreleasepool {

        // Erstellt eine Instanz von Person
        id person = [[Person alloc] init];

        // Gibt den Instanzvariablen interessante Werte
        [person setWeightInKilos:96];
        [person setHeightInMeters:1.8];

        // Ruft die Methode bodyMassIndex auf
        float bmi = [person bodyMassIndex];
        NSLog(@"person (%d, %f) has a BMI of %f",
                [person weightInKilos], [person heightInMeters], bmi);

        [person count];


    }
    return 0;
}
```

Kompilieren Sie das Programm und starten Sie es (ignorieren Sie die Warnung des Compilers, Sie haben es ja absichtlich gemacht – meist sollten Sie natürlich auf diese Warnung achten, wenn sie erscheint!). Sie sehen eine Runtime-Exception, die auf der Konsole ausgegeben wird:

```
*** Terminating app due to uncaught exception 'NSInvalidArgumentException',
    reason: '-[Person count]: unrecognized selector sent to instance 0x100108de0'
```

Nachdem Sie die Exception untersucht haben, löschen Sie vor dem Fortfahren die problematische Zeile.

Sie haben diese neue Klasse Employee erstellt, aber noch nicht eingesetzt. Ändern Sie main.m, um Employee zu verwenden:

```objc
#import <Foundation/Foundation.h>
#import "Employee.h"

int main(int argc, const char * argv[])
{
    @autoreleasepool {

        // Erstellt eine Instanz von Person
        Person * person = [[Employee alloc] init];

        // Gibt den Instanzvariablen interessante Werte
        [person setWeightInKilos:96];
        [person setHeightInMeters:1.8];

        // Ruft die Methode bodyMassIndex auf
        float bmi = [person bodyMassIndex];
        NSLog(@"person (%d, %f) has a BMI of %f",
                [person weightInKilos], [person heightInMeters], bmi);

    }
    return 0;
}
```

Beachten Sie, dass Ihre person-Variable immer noch als Zeiger auf ein Person deklariert ist. Glauben Sie, das wird ein Problem verursachen? Erstellen Sie den Build und starten Sie das Programm – dann sehen Sie, dass Ihr Programm immer noch prima läuft. Das liegt daran, dass ein Angestellter eine Art Person ist – er kann all das machen, was auch eine Person kann. Das heißt, wir können eine Instanz von Employee überall dort einsetzen, wo das Programm eine Instanz von Person erwartet.

Nun werden Sie jedoch eine Methode einsetzen, die für Employee einmalig ist, also müssen Sie den Typ der Zeigervariablen ändern:

```
#import <Foundation/Foundation.h>
#import "Employee.h"

int main(int argc, const char * argv[])
{
    @autoreleasepool {

        // Erstellt eine Instanz von Person
        Employee *person = [[Employee alloc] init];

        // Gibt den Instanzvariablen interessante Werte
        [person setWeightInKilos:96];
        [person setHeightInMeters:1.8];
        [person setEmployeeID:15];

        // Ruft die Methode bodyMassIndex auf
        float bmi = [person bodyMassIndex];
        NSLog(@"Employee %d has a BMI of %f", [person employeeID], bmi);

    }
    return 0;
}
```

18.1 Methoden überschreiben

Noch mal im Rückblick: Wenn eine Nachricht gesendet wird, startet die Suche nach der Methode dieses Namens bei der Klasse des Objekts und wandert in der Vererbungshierarchie nach oben. Die erste gefundene Implementierung ist jene, die dann ausgeführt wird. Somit können Sie vererbte Methoden mit einer eigenen Implementierung *überschreiben*. Nehmen wir beispielsweise an, dass Sie festgelegt haben, Angestellte sollten stets einen BMI von 19 haben. In diesem Fall können Sie die Methode bodyMassIndex in Employee überschreiben. Öffnen Sie Employee.m und machen Sie genau das:

```
#import "Employee.h"
@implementation Employee

@synthesize employeeID;

- (float)bodyMassIndex
{
    return 19.0;
}
@end
```

Erstellen Sie den Build und starten Sie das Programm. Beachten Sie, dass nun Ihre neue Implementierung von bodyMassIndex jene ist, die ausgeführt wird – nicht die von Person.

Sie sehen, dass Sie bodyMassIndex in `Employee.m` implementiert, aber nicht in `Employee.h` deklariert haben. Die Deklaration einer Methode in der Header-Datei sorgt für die Veröffentlichung der Methode, damit Instanzen anderer Klassen sie aufrufen können. Doch weil Employee von Person erbt, wissen bereits alle, dass Instanzen von Employee eine bodyMassIndex-Methode besitzen. Es gibt keinen Grund, sie erneut bekannt zu machen.

18.2 SUPER

Wie gehen Sie vor, wenn Sie beschließen, dass allen Angestellten automatisch 10 % von ihrem in der Implementierung von Person berechneten BMI abgezogen wird? Sie können natürlich den Code in der Employee-Implementierung erneut eintippen, aber es wäre viel bequemer, die Person-Version von bodyMassIndex aufzurufen und das Resultat mit 0.9 zu multiplizieren, bevor es zurückgegeben wird. Dafür nehmen Sie die Compiler-Direktive super. Probieren Sie sie in `Employee.m` aus:

```
#import "Employee.h"
@implementation Employee

@synthesize employeeID;

- (float)bodyMassIndex
{
    float normalBMI = [super bodyMassIndex];
    return normalBMI * 0.9;
}

@end
```

Kompilieren Sie das Programm und starten Sie es.

Präzise ausgedrückt besagt die super-Direktive: „Starte diese Methode, aber beginne mit der Suche für deren Implementierung in meiner Oberklasse."

18.3 AUFGABE

Diese Aufgabe setzt auf derjenigen aus dem vorigen Kapitel auf.

Erstellen Sie eine Unterklasse von StockHolding namens ForeignStockHolding. Geben Sie Foreign StockHolding die zusätzliche Instanzvariable conversionRate, die ein float sein wird (den lokalen Preis multiplizieren Sie mit der Konvertierungsrate, um den Preis in US-Dollar zu bekommen – gehen Sie davon aus, dass purchasePrice und currentPrice in der Landeswährung sind). Um es richtig zu machen, überschreiben Sie costInDollars und valueInDollars.

In main() fügen Sie in Ihr Array einige Instanzen von ForeignStockHolding ein.

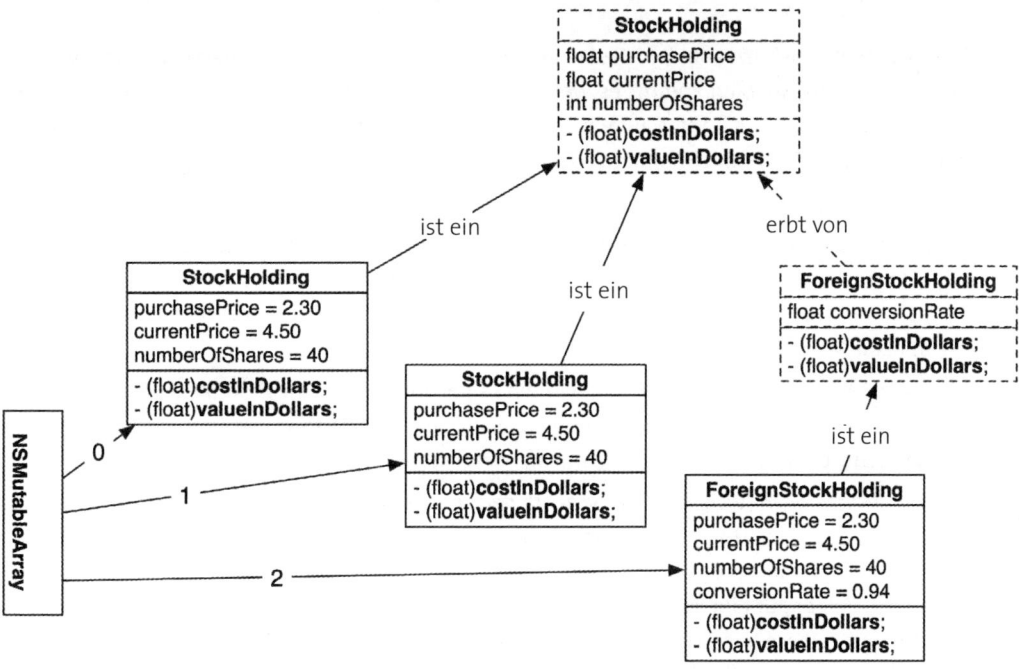

▶ *Abbildung 18.3:* StockHolding- *und* ForeignStockHolding-*Objekte*

19

Objektinstanz-variablen

Bisher waren die Instanzvariablen, die Sie in Ihren Klassen deklarierten, einfache C-Typen wie int oder float. Bei Instanzvariablen kommt es weitaus häufiger vor, dass sie Zeiger auf andere Objekte sind. Eine Objektinstanzvariable zeigt auf ein anderes Objekt und beschreibt eine Beziehung zwischen den beiden Objekten. Gewöhnlich kann man Objektinstanzvariablen in einer der folgenden drei Kategorien einordnen:

> *:1-Beziehungen (Zu-Eins-Beziehung)*: ein Zeiger auf ein einfaches, wertähnliches Objekt wie NSString oder NSNumber. Der Nachname eines Angestellten wird beispielsweise in einem NSString gespeichert. Somit hat eine Instanz von Employee eine Instanzvariable, die ein Zeiger auf eine Instanz von NSString ist.

> *:n-Beziehungen (Zu-Viele-Beziehungen)*: ein Zeiger auf ein einzelnes komplexes Objekt. Ein Angestellter kann z. B. einen Ehepartner haben. Somit hat eine Instanz von Employee eine Instanzvariable, die ein Zeiger auf eine Instanz von Person ist.

> *m:n-Beziehungen (Viele-zu-Viele-Beziehungen)*: ein Zeiger auf eine Instanz einer Collection-Klasse wie z. B. NSMutableArray (andere Beispiele für Collections lernen Sie in Kapitel 21 kennen). Ein Angestellter kann z. B. Kinder haben. Somit hat die Instanz von Employee eine Instanzvariable, die ein Zeiger auf eine Instanz von NSMutableArray ist. Das NSMutableArray enthält somit eine Liste mit Zeigern auf ein oder mehrere Person-Objekte.

(Beachten Sie, dass ich in der obigen Liste von „einem NSString" spreche. NSString ist die Klasse, aber „ein NSString" ist die Kurzschreibweise für eine NSString-*Instanz*. Diese Ausdrucksweise ist etwas verwirrend, aber sehr weit verbreitet, also sollte man sich damit auskennen.)

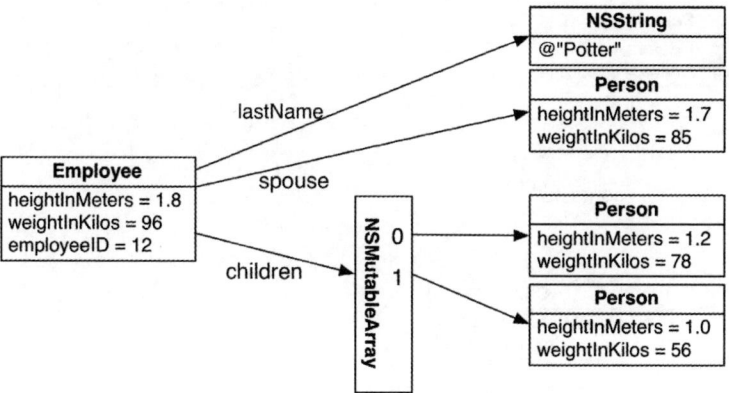

▶   *Abbildung 19.1: Ein* **Employee** *mit Objektinstanzvariablen*

Beachten Sie, dass Zeiger wie in anderen Diagrammen auch durch Pfeile repräsentiert werden. Überdies tragen diese Zeiger einen Namen. Also hat ein `Employee` drei neue Instanzvariablen: `lastName`, `spouse` und `children`. Die Deklaration der Instanzvariablen von `Employee` sieht etwa so aus:

```
@interface Employee : Person
{
    int employeeID;
    NSString *lastName;
    Person *spouse;
    NSMutableArray *children;
}
```

Bei der Ausführung von `employeeID` sind diese Variablen alle Zeiger. Objektinstanzvariablen sind immer Zeiger. Die Variable `spouse` ist beispielsweise ein Zeiger auf ein anderes Objekt, das sich auf dem Heap befindet. Der *Zeiger* `spouse` ist innerhalb des `Employee`-Objekts, aber das `Person`-*Objekt*, auf das es zeigt, nicht. Objekte befinden sich nicht in anderen Objekten. Das Employee-Objekt enthält seine Employee-ID (die Variable und den Wert selbst), weiß aber nur, wo im Speicher sich der Ehepartner befindet.

Es gibt zwei wichtige Nebeneffekte bei Objekten, die auf andere zeigen, statt andere Objekte zu enthalten:

> Ein Objekt kann mehrere Rollen übernehmen. Es ist z. B. wahrscheinlich, dass der Ehepartner des Angestellten ebenfalls als Notfallkontakt für die Kinder aufgelistet wird:

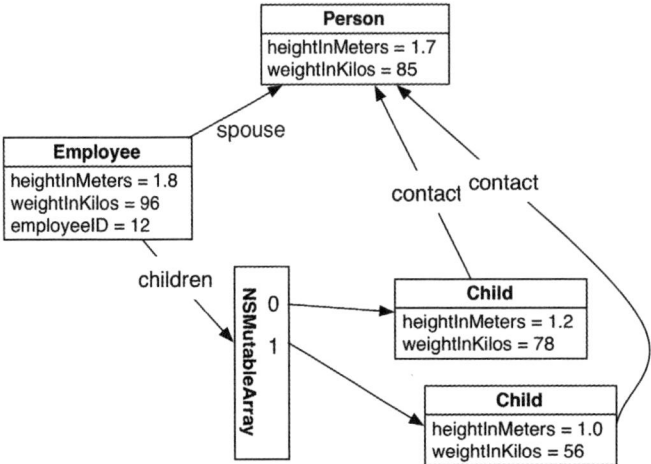

▶ *Abbildung 19.2: Ein Objekt, viele Rollen*

> Am Ende haben Sie viele unterschiedliche Objekte, die den Speicher für Ihr Programm bele-
> gen. Wenn die Objekte benutzt werden, sollen sie greifbar sein, aber die unnötigen wollen Sie
> natürlich deallozieren lassen (deren Speicher soll also beim Heap wieder zurückgegeben wer-
> den), damit der Speicher wiederverwendet werden kann. Die Wiederverwendung des Speichers
> sorgt dafür, dass der Speicherverbrauch Ihres Programms so gering wie möglich wird, sodass der
> gesamte Computer schneller reagiert. Auf einem mobilen Gerät (z. B. einem iPhone) beendet
> das Betriebssystem Ihr Programm, wenn der Speicherverbrauch zu groß wird.

19.1 Objektbesitz und ARC

Um diesen Problemen zu begegnen, gibt es das Konzept des *Objektbesitzes*. Wenn ein Objekt eine Objektinstanzvariable hat, sagt man, dass das Objekt mit dem Zeiger das Objekt *besitzt*, auf das gezeigt wird.

Aus der anderen Perspektive weiß ein Objekt, wie vielen *Besitzern* es aktuell gehört. Im obigen Diagramm
hat die Instanz Person z. B. drei Besitzer: das Employee-Objekt und die beiden Child-Objekte. Wenn ein
Objekt keine Besitzer mehr hat, geht es davon aus, dass es von niemandem mehr benötigt wird, und
dealloziert sich.

Die Zahl der Besitzer eines Objekts wird durch *Automatic Reference Counting* (ARC) abgewickelt. ARC ist
eine aktuelle Entwicklung in Objective-C. Vor Xcode 4.2 mussten wir uns manuell um die Eigentümerschaft kümmern und haben viel Zeit und Mühe da hineingesteckt. (Am Ende von Kapitel 20 erfahren Sie
mehr über das manuelle Referenzenzählen und wie es funktionierte. Doch bei dem Code in diesem Buch
gehe ich davon aus, dass Sie mit ARC arbeiten.)

Erweitern wir nun das Projekt **BMITime**, um die Eigentümerschaft in der Praxis zu erleben. Es ist nicht
ungewöhnlich, dass eine Firma nachverfolgt, welche Wirtschaftsgüter (*assets*) an welchen Angestellten
ausgegeben wurden. Wir werden eine Asset-Klasse erstellen, und jeder Employee wird ein Array bekommen, in dem seine Assets enthalten sind.

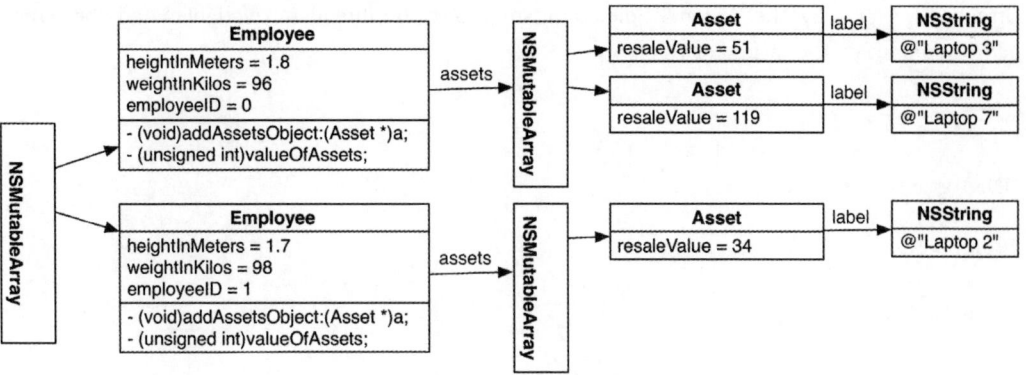

▶   *Abbildung 19.3: Employees und Assets*

Dies wird oft als „Eltern-Kind"-Beziehung bezeichnet: Eine Instanz von Employee hat als Eltern eine Sammlung von Kindern (ein NSMutableArray mit Asset-Objekten).

19.1.1   Die Asset-Klasse erstellen

Erstellen Sie eine neue Datei: eine Objective-C-Unterklasse von NSObject. Geben Sie ihm den Namen Asset. Öffnen Sie Asset.h und deklarieren Sie zwei Instanzvariablen und zwei Eigenschaften:

```
#import <Foundation/Foundation.h>

@interface Asset : NSObject
{
    NSString *label;
    unsigned int resaleValue;
}
@property (strong) NSString *label;
@property unsigned int resaleValue;
@end
```

Beachten Sie den Modifikator strong auf der @property-Deklaration für label. Er besagt: „Dies ist ein Zeiger auf ein Objekt, auf das ich das Besitzrecht beanspruche." (Mehr über andere Optionen für dieses Eigenschaftsattribut in Kapitel 20.)

Denken Sie daran, dass ein Objekt dealloziert wird, wenn es keinen Besitzer mehr hat. Wenn ein Objekt dealloziert wird, bekommt es die Nachricht dealloc gesendet (jedes Objekt erbt von NSObject die Methode dealloc). Sie werden dealloc überschreiben, damit Sie sehen können, wenn Instanzen von Asset dealloziert werden.

Um zu verdeutlichen, welche Instanz von Asset jeweils dealloziert wird, implementieren Sie noch eine weitere NSObject-Methode: description. Diese Methode gibt einen String zurück, der eine hilfreiche Beschreibung einer Instanz der Klasse darstellt. Für Asset lassen Sie description einen String zurückgeben, der label und resaleValue der Instanz beinhaltet.

Öffnen Sie Asset.m. Synthetisieren Sie die Zugriffsmethoden für Ihre Instanzvariablen und überschreiben Sie dann description und dealloc.

```
#import "Asset.h"

@implementation Asset

@synthesize label, resaleValue;

- (NSString *)description
{
    return [NSString stringWithFormat:@"<%@: $%d >",
            [self label], [self resaleValue]];
}

- (void)dealloc
{
    NSLog(@"deallocating %@", self);
}

@end
```

Beachten Sie im obigen Code das %@-Token in den Format-Strings. Dieses Token wird durch das Ergebnis des Versands der Nachricht description an die dazugehörige Variable ersetzt (die ein Zeiger auf ein Objekt sein muss, damit sie diese Nachricht empfangen kann).

Versuchen Sie, aus dem bisher Vorhandenen einen Build zu erstellen, um zu sehen, ob darin Tipp- oder andere Fehler enthalten sind. Sie können mit dem Tastaturkürzel $\boxed{\text{cmd}}$-$\boxed{\text{B}}$ den Build erstellen, ohne das Programm zu starten. Das ist praktisch, wenn man den Code testen will, ohne das Programm auszuführen, oder wenn Sie wissen, dass das Programm noch nicht lauffähig ist. Außerdem ist es immer eine gute Idee, nach vorgenommenen Änderungen einen Build auszuführen, damit Sie eventuelle Syntaxfehler finden und gleich beheben können. Wenn Sie damit warten, können Sie nicht sicher sein, welche Änderungen für Ihren „neuen" Bug verantwortlich sind.

19.1.2 Eine 1:n-Beziehung in Employee einfügen

Nun können Sie in die Klasse Employee eine 1:n-Beziehung einfügen. Rufen Sie sich in Erinnerung, dass zu einer solchen Beziehung ein Collection-Objekt (z. B. ein Array) und die in der Collection enthaltenen Objekte gehören. Es gibt zwei weitere wichtige Dinge, die man über Collections und Eigentümerschaft wissen sollte:

> Wenn ein Objekt in die Collection aufgenommen wird, richtet die Collection einen Zeiger auf das Objekt ein, das dann einen Besitzer bekommt.

> Wird ein Objekt aus einer Collection entfernt, verliert die Collection den Zeiger auf das Objekt, das dann einen Besitzer verliert.

Um in `Employee` die 1:n-Beziehung einzurichten, brauchen Sie eine neue Instanzvariable, die einen Zeiger auf das veränderliche Array von Assets enthält. Sie brauchen auch ein paar Methoden. Öffnen Sie `Employee.h` und ergänzen Sie diese:

```
#import "Person.h"
@class Asset;

@interface Employee : Person
{
    int employeeID;
    NSMutableArray *assets;
}
@property int employeeID;
- (void)addAssetsObject:(Asset *)a;
- (unsigned int)valueOfAssets;

@end
```

Achten Sie auf die Zeile, in der `@class Asset;` steht. Wenn der Compiler diese Datei liest, trifft er auf den Klassennamen Asset. Wenn er die Klasse nicht kennt, gibt er einen Fehler aus. Die Zeile `@class Asset;` lässt den Compiler wissen: „Da gibt es eine Klasse namens Asset. Keine Panik, wenn du in dieser Datei darauf triffst. Doch mehr brauchst du aktuell nicht zu wissen."

Wenn man `@class` statt `#import` nimmt, bekommt der Compiler weniger Informationen, aber diese spezielle Datei wird dann schneller verarbeitet. Sie können `@class` zusammen mit `Employee.h` und anderen Header-Dateien verwenden, weil der Compiler nicht viel wissen muss, um eine Datei mit Deklarationen zu verarbeiten.

Nun wenden Sie Ihre Aufmerksamkeit `Employee.m` zu. Bei einer m:n-Beziehung müssen Sie das Collection-Objekt (in unserem Fall ein Array) erstellen, bevor Sie etwas dort hineinlegen können. Das können Sie dann machen, wenn das ursprüngliche Objekt (ein Angestellter) zuerst erstellt wird, oder Sie können es lockerer angehen lassen und warten, bis die Collection benötigt wird. Wir machen Letzteres.

```
#import "Employee.h"
#import "Asset.h"

@implementation Employee

@synthesize employeeID;

- (void)addAssetsObject:(Asset *)a
{
    // Ist assets nil?
    if (!assets) {
```

```
        // Erstellt das Array
        assets = [[NSMutableArray alloc] init];
    }
    [assets addObject:a];
}

- (unsigned int)valueOfAssets
{
    // Zählt Wiederverkaufwert der Assets zusammen
    unsigned int sum = 0;
    for (Asset *a in assets) {
        sum += [a resaleValue];
    }
    return sum;
}

- (float)bodyMassIndex
{
    float normalBMI = [super bodyMassIndex];
    return normalBMI * 0.9;
}

- (NSString *)description
{
    return [NSString stringWithFormat:@"<Employee %d: $%d in assets>",
            [self employeeID], [self valueOfAssets]];
}

- (void)dealloc
{
    NSLog(@"deallocating %@", self);
}

@end
```

Um die Datei Employee.m zu verarbeiten, muss der Compiler eine Menge über die Asset-Klasse wissen. Deswegen haben Sie Asset.h importiert, statt @class einzusetzen.

Beachten Sie außerdem, dass Sie description und dealloc überschrieben haben, um die Deallokation von Employee-Instanzen nachzuverfolgen.

Erstellen Sie den Build für das Projekt, um etwaige Fehler zu erkennen.

Nun müssen Sie einige Assets erstellen und den Employees zuweisen. Bearbeiten Sie main.m:

```
#import <Foundation/Foundation.h>
#import "Employee.h"
#import "Asset.h"

int main(int argc, const char * argv[])
{
    @autoreleasepool {

        // Erstellt ein Array von Employee-Objekten
        NSMutableArray *employees = [[NSMutableArray alloc] init];

         for (int i = 0; i < 10; i++) {

            // Erstellt eine Instanz von Employee
            Employee *person = [[Employee alloc] init];

            // Gibt den Instanzvariablen interessante Werte
            [person setWeightInKilos:90 + i];
            [person setHeightInMeters:1.8 - i/10.0];
            [person setEmployeeID:i];

            // Fügt den Employee ins employees-Array ein
            [employees addObject:person];
        }

        // Erstellt 10 Assets
        for (int i = 0; i < 10; i++) {

            // Erstellt ein Asset
            Asset *asset = [[Asset alloc] init];

            // Gibt ihm eine interessante Bezeichnung
            NSString *currentLabel = [NSString stringWithFormat:@"Laptop %d", i];
            [asset setLabel:currentLabel];
            [asset setResaleValue:i * 17];

            // Holt eine Zufallszahl zwischen 0 und 9 inklusive
            NSUInteger randomIndex = random() % [employees count];

            // Findet diesen Angestellten
            Employee *randomEmployee = [employees objectAtIndex:randomIndex];
```

```
                // Weist dem Angestellten das Asset zu
                [randomEmployee addAssetsObject:asset];
            }


        NSLog(@"Employees: %@", employees);

        NSLog(@"Giving up ownership of one employee");

        [employees removeObjectAtIndex:5];

        NSLog(@"Giving up ownership of array");

        employees = nil;

    }
    return 0;
}
```

Kompilieren Sie das Programm und starten Sie es. Sie sollten folgendes Ergebnis bekommen:

```
Employees: (
    "<Employee 0: $0 in assets>",
    "<Employee 1: $153 in assets>",
    "<Employee 2: $119 in assets>",
    "<Employee 3: $68 in assets>",
    "<Employee 4: $0 in assets>",
    "<Employee 5: $136 in assets>",
    "<Employee 6: $119 in assets>",
    "<Employee 7: $34 in assets>",
    "<Employee 8: $0 in assets>",
    "<Employee 9: $136 in assets>"
)
Giving up ownership of one employee
deallocating <Employee 5: $136 in assets>
deallocating <Laptop 3: $51 >
deallocating <Laptop 5: $85  >
Giving up ownership of array
deallocating <Employee 0: $0 in assets>
deallocating <Employee 1: $153 in assets>
deallocating <Laptop 9: $153 >
…
deallocating <Employee 9: $136 in assets>
deallocing <Laptop 8: $136 >
```

Wenn Angestellter Nr. 5 aus dem Array entfernt wird, wird es dealloziert, weil es keinen Besitzer hat. Dann werden seine Assets dealloziert, weil sie keinen Besitzer haben. (Und das müssen Sie mir einfach glauben: Die Bezeichnungen [Instanzen von NSString] der deallozierten Assets werden auch dealloziert, sobald sie keinen Besitzer mehr haben.)

Wenn employees auf nil gesetzt wird, hat das Array keinen Besitzer mehr und wird also dealloziert. Das wiederum setzt eine noch größere Kettenreaktion mit Speicheraufräumen und Deallozierung in Gang, wenn plötzlich keiner der Angestellten einen Besitzer mehr hat.

Schön ordentlich, nicht wahr? Wenn die Objekte unnötig werden, werden sie dealloziert. Das ist gut. Wenn unnötige Objekte nicht dealloziert werden, spricht man von einem *Speicherleck*. Üblicherweise sorgt ein Speicherleck dafür, dass im Laufe der Zeit immer mehr Objekte unnötig herumlungern. Der Speicherverbrauch Ihrer Anwendung wird immer größer. Unter iOS beendet das Betriebssystem sie irgendwann. Unter Mac OS X wird die Performance des gesamten Systems leiden, wenn der Rechner immer mehr Zeit damit verbringt, Daten aus dem Speicher auf die Festplatte zu schaufeln.

19.2 Aufgabe

Schaffen Sie unter Verwendung der Klasse StockHolding aus einer früheren Aufgabe ein Tool, das eine Instanz einer Portfolio-Klasse erstellt und sie mit Aktienbeständen füllt. Ein Portfolio kann Ihnen sagen, wie der aktuelle Wert ist.

20 Speicherleck verhindern

Es ist nichts Ungewöhnliches, dass Beziehungen in zweierlei Richtungen gehen. Vielleicht sollte ein Asset beispielsweise wissen, welchem Angestellten es aktuell gehört. Ergänzen wir diese Beziehung. Das neue Objektdiagramm sieht dann etwa so aus:

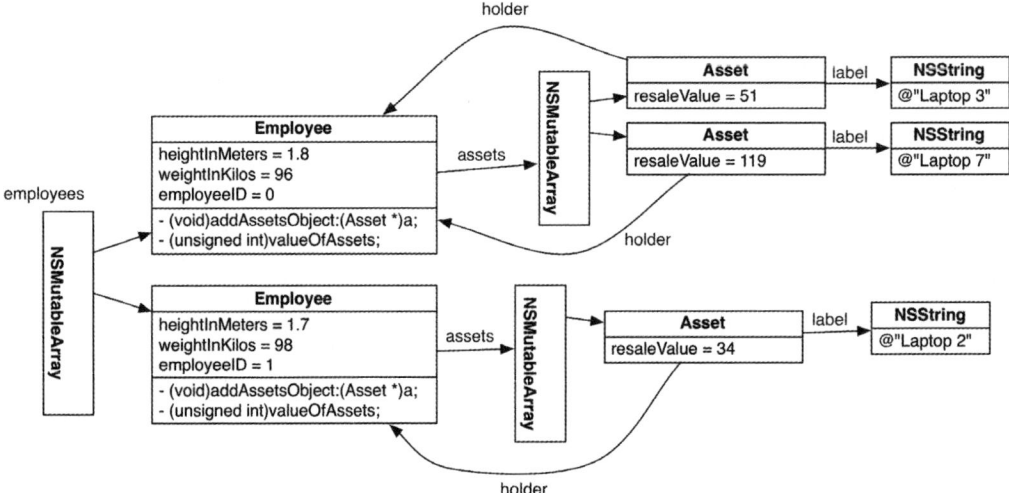

▶ *Abbildung 20.1: Die* holder*-Beziehung einfügen*

Vom Standpunkt des Designs können Sie sagen, dass wir einen Zeiger vom Kind (einer Instanz von Asset) zurück zum Elternteil (der Instanz von Employee, die es enthält) einfügen.

In Asset.h fügen Sie eine Zeigerinstanzvariable ein, die die Verbindung mit dem holder-Employee aufrechterhält:

```
#import <Foundation/Foundation.h>
@class Employee;

@interface Asset : NSObject
{
```

```
    NSString *label;
    Employee *holder;
    unsigned int resaleValue;
}
@property (strong) NSString *label;
@property (strong) Employee *holder;
@property unsigned int resaleValue;
@end
```

In `Asset.m` synthetisieren Sie die Zugriffsmethoden und erweitern die description-Methode, um den holder (Inhaber) auszugeben:

```
#import "Asset.h"
#import "Employee.h"

@implementation Asset

@synthesize label, resaleValue, holder;


- (NSString *)description
{
    // Ist holder nicht nil?
    if ([self holder]) {
        return [NSString stringWithFormat:@"<%@: $%d, assigned to %@>",
                [self label], [self resaleValue], [self holder]];
    } else {
        return [NSString stringWithFormat:@"<%@: $%d unassigned>",
                [self label], [self resaleValue]];
    }
}


- (void)dealloc
{
    NSLog(@"deallocing %@", self);
}

@end
```

Dies bringt uns zu einer Stilfrage: Wenn man die Klassen Asset und Employee zusammen verwendet, wie können wir da gewährleisten, dass die beiden Beziehungen konsistent sind? Das heißt, ein Asset sollte im Asset-Array eines Angestellten nur dann erscheinen, wenn der Angestellte der Inhaber des Assets ist. Es gibt drei Optionen:

> Beide Beziehungen können explizit gesetzt werden:

```
[vicePresident addAssetsObject:townCar];
[townCar setHolder:vicePresident];
```

> In der Methode, die den Zeiger des Kindes setzt, wird das Kind in die übergeordnete Collection eingefügt:

```
- (void)setHolder:(Employee *)e
{
    holder = e;
    [e addAssetsObject:self];
}
```

Diese Vorgehensweise ist überhaupt nicht üblich.

> In der Methode, die das Kind in die übergeordnete Collection einfügt, wird der Zeiger des Kindes gesetzt.

In dieser Übung gehen Sie nach der letzten Option vor. In Employee.m erweitern Sie die Methode addAssetsObject:, damit sie auch holder setzt:

```
- (void)addAssetsObject:(Asset *)a
{
    // Ist assets nil?
    if (!assets) {
        // Erstellt Array
        assets = [[NSMutableArray alloc] init];
    }
    [assets addObject:a];
    [a setHolder:self];
}
```

(Zu meinen Favoriten bei den Bugs gehört: Beide Zugriffsmethoden rufen sich automatisch gegenseitig auf. Das sorgt für eine Endlosschleife: addAssetsObject: ruft setHolder: auf, das wiederum addAssetsObject: aufruft, das dann setHolder: aufruft usw. usf.)

Kompilieren Sie das Programm und starten Sie es. Sie sollten folgendes Ergebnis bekommen:

```
Employees: (
    "<Employee 0: $0 in assets>",
    "<Employee 1: $153 in assets>",
    "<Employee 2: $119 in assets>",
    "<Employee 3: $68 in assets>",
    "<Employee 4: $0 in assets>",
    "<Employee 5: $136 in assets>",
    "<Employee 6: $119 in assets>",
    "<Employee 7: $34 in assets>",
    "<Employee 8: $0 in assets>",
    "<Employee 9: $136 in assets>"
)
Giving up ownership of one employee
Giving up ownership of array
deallocating <Employee 0: $0 in assets>
deallocating <Employee 4: $0 in assets>
deallocating <Employee 8: $0 in assets>
```

Beachten Sie, dass nun keiner der Angestellten mit Assets korrekt alloziert wird. Auch keines der Assets wird dealloziert. Warum?

20.1 RETAIN CYCLES

Das Asset besitzt den Employee, und der Employee besitzt das Assets-Array, und das wiederum besitzt das Asset. Dieser Zirkelschluss bei der Eigentümerschaft schafft eine regelrechte Müllinsel. Diese Objekte sollten dealloziert werden, um Speicher freizugeben, aber das geschieht nicht. Man nennt das einen *Retain Cycle*. Retain Cycles sind eine sehr häufig auftretende Quelle von Speicherlecks.

Um in Ihrem Programm Retain Cycles zu finden, setzen Sie **INSTRUMENTS** ein, das Profiling-Tool von Apple. Mit *Profiling* wird die Überwachung eines Programms bezeichnet, damit man feststellen kann, was hinter den Kulissen mit Ihrem Code und dem System passiert. Doch Ihr Programm läuft und wird dann sehr, sehr schnell beendet. Damit Sie auch Zeit fürs Profiling haben, setzen Sie 100 Sekunden sleep() am Ende der main()-Funktion ein:

```
    ...
    }
    sleep(100);
    return 0;
}
```

In XCODE wählen Sie im Menü PRODUCT → PROFILE. INSTRUMENTS wird gestartet. Wenn die Liste der verfügbaren Profiling-Instrumente erscheint, wählen Sie LEAKS:

▶ *Abbildung 20.2: Einen Profiler auswählen*

Wenn Ihr Programm läuft, können Sie die ganze Geschichte durchgehen. Sie können auf der linken Seite des Fensters unter zwei Instrumenten wählen (Abbildung 20.3). Ein Klick auf das Instrument ALLOCATIONS zeigt Ihnen ein Balkendiagramm mit allem, was auf Ihrem Heap alloziert worden ist:

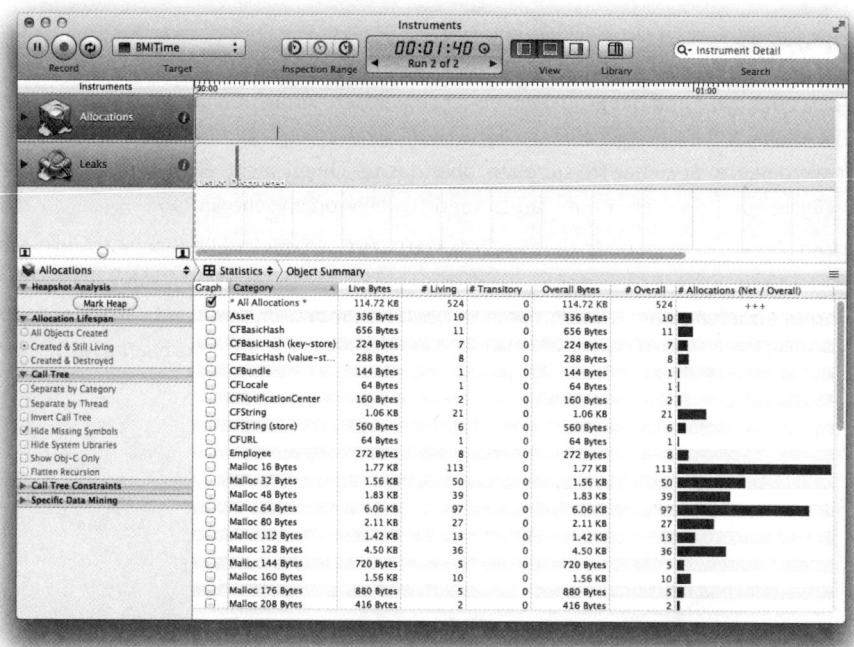

▶ *Abbildung 20.3: Das Instrument ALLOCATIONS*

Sie sehen z. B., dass sich im Heap immer noch zehn Instanzen von Asset befinden.

Um nach Retain Cycles zu suchen, wechseln Sie zum Instrument **Leaks** und wählen die Ansicht **Cycles** aus der Menüleiste über der Tabelle. Wählen Sie einen bestimmten Cycle, erscheint eine Objektgrafik davon:

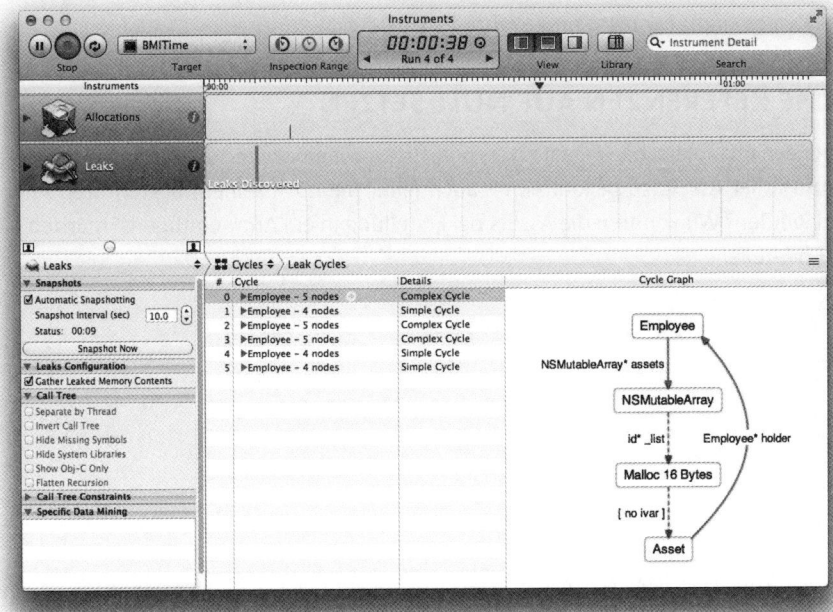

▸ *Abbildung 20.4: Das Instrument **Leaks***

20.2 Schwache Referenzen

Wie beheben Sie einen Retain Cycle? Nehmen Sie eine schwache Referenz. Eine *schwache Referenz* ist ein Zeiger, der *keine* Eigentümerschaft impliziert. Um unseren Retain Cycle zu beheben, sollte ein Asset nicht seinen Eigentümer (holder) besitzen. Bearbeiten Sie Asset.h, um holder zu einer schwachen Referenz zu machen:

```
#import <Foundation/Foundation.h>
@class Employee;

@interface Asset : NSObject
{
    NSString *label;
    __weak Employee *holder;
    unsigned int resaleValue;
}
@property (strong) NSString *label;
@property (weak) Employee *holder;
@property unsigned int resaleValue;
@end
```

147

Kompilieren Sie das Programm und starten Sie es. Sie stellen fest, dass alle Objekte nun korrekt dealloziert werden.

Um diese Art Retain Cycle zu verhindern, lautet in einer Eltern-Kind-Beziehung die generelle Regel, dass Eltern „Besitzer" des Kindes sind, aber nicht umgekehrt.

20.3 Schwache Referenzen auf null setzen

Um schwache Referenzen im praktischen Einsatz zu sehen, fügen wir ein weiteres Array hinzu. Wie stellen wir es an, ein Array aller Assets zu bekommen – auch jener, die noch keinem bestimmten Angestellten zugewiesen wurden? Wir könnten die Assets bei Erstellung in ein Array einfügen. Ergänzen Sie main.m mit einigen Codezeilen:

```
#import <Foundation/Foundation.h>
#import "Employee.h"
#import "Asset.h"

int main(int argc, const char * argv[])
{
    @autoreleasepool {

        // Erstellt ein Array von Employee-Objekten
        NSMutableArray *employees = [[NSMutableArray alloc] init];

        for (int i = 0; i < 10; i++) {

            // Erstellt eine Instanz von Employee
            Employee *person = [[Employee alloc] init];

            // Gibt den Instanzvariablen interessante Werte
            [person setWeightInKilos:90 + i];
            [person setHeightInMeters:1.8 - i/10.0];
            [person setEmployeeID:i];

            // Fügt den Employee ins employees-Array ein
            [employees addObject:person];
        }

        NSMutableArray *allAssets = [[NSMutableArray alloc] init];

        // Erstellt 10 Assets
        for (int i = 0; i < 10; i++) {

            // Erstellt ein Asset
            Asset *asset = [[Asset alloc] init];
```

```
        // Gibt ihm eine interessante Bezeichnung
        NSString *currentLabel = [NSString stringWithFormat:@"Laptop %d", i];
        [asset setLabel:currentLabel];
        [asset setResaleValue:i * 17];

        // Holt eine Zufallszahl zwischen 0 und 9 inklusive
        NSUInteger randomIndex = random() % [employees count];

        // Findet diesen Angestellten
        Employee *randomEmployee = [employees objectAtIndex:randomIndex];

        // Weist dem Angestellten das Asset zu
        [randomEmployee addAssetsObject:asset];

        [allAssets addObject:asset];
    }

    NSLog(@"Employees: %@", employees);

    NSLog(@"Giving up ownership of one employee");

    [employees removeObjectAtIndex:5];

    NSLog(@"allAssets: %@", allAssets);

    NSLog(@"Giving up ownership of arrays");

    allAssets = nil;
    employees = nil;
    }
    sleep(100);
    return 0;
}
```

Bevor Sie den Build erstellen und das Programm starten, überlegen Sie einmal, wie der Output Ihrer Meinung nach aussehen wird. Sie werden die Inhalte des allAssets-Arrays sehen – nachdem Angestellter Nr. 5 dealloziert wurde. Wie wird der Status des Angestellten Nr. 5 an diesem Punkt sein? Diese Assets verlieren einen Besitzer (den Angestellten Nr. 5), aber sie befinden sich immer noch im Besitz von allAssets, werden also nicht dealloziert.

Was ist mit holder für die Assets, die vorher im Besitz des Angestellten Nr. 5 waren? Wenn das Objekt dealloziert wird, auf das eine schwache Referenz zeigt, wird die Zeigervariable auf null bzw. auf nil gesetzt. Also werden die Assets des Angestellten Nr. 5 nicht dealloziert, und deren holder-Variablen werden automatisch auf nil gesetzt.

Nun erstellen Sie den Build und prüfen nach Programmstart den Output:

```
Employees: (
    "<Employee 0: $0 in assets>",
...
    "<Employee 9: $136 in assets>"
)
Giving up ownership of one employee
deallocating <Employee 5: $136 in assets>
allAssets: (
    "<Laptop 0: $0, assigned to <Employee 3: $68 in assets>>",
    "<Laptop 1: $17, assigned to <Employee 6: $119 in assets>>",
    "<Laptop 2: $34, assigned to <Employee 7: $34 in assets>>",
    "<Laptop 3: $51 unassigned>",
    "<Laptop 4: $68, assigned to <Employee 3: $68 in assets>>",
    "<Laptop 5: $85 unassigned>",
    "<Laptop 6: $102, assigned to <Employee 6: $119 in assets>>",
    "<Laptop 7: $119, assigned to <Employee 2: $119 in assets>>",
    "<Laptop 8: $136, assigned to <Employee 9: $136 in assets>>",
    "<Laptop 9: $153, assigned to <Employee 1: $153 in assets>>"
)
Giving up ownership of arrays
deallocing <Laptop 3: $51 unassigned>
...
deallocing <Laptop 8: $136 unassigned>
```

20.4 Wenn Sie noch mehr wissen wollen: manuelles Referenzenzählen und ARC-History

Wie bereits zu Beginn des Kapitels 19 erwähnt, gab es eine *manuelle Referenzenzählung*, die mit *Beibehaltungszählern* (*retain counts*) arbeitete, bevor in Objective-C das Automatic Reference Counting (ARC) eingeführt wurde. Beim manuellen Referenzenzählen geschahen Änderungen der Besitzverhältnisse nur dann, wenn man eine explizite Nachricht an ein Objekt gesandt hat, das den Beibehaltungszähler hinauf- oder herabsetzte.

```
[anObject release]; // anObject verliert einen Besitzer
[anObject retain]; // anObject bekommt einen Besitzer
```

Auf diese Art von Aufrufen treffen Sie vor allem in Zugriffsmethoden (wo der neue Wert beibehalten und der alte Wert freigegeben wurde) und in `dealloc`-Methoden (wo alle vorher beibehaltenen Objekte freigegeben wurden). Die Methode `setHolder:` für Asset sah dann so aus:

```
- (void)setHolder:(Employee *)newEmp
{
    [newEmp retain];
    [holder release];
    holder = newEmp;
}
```

Die dealloc-Methode sah so aus:

```
- (void)dealloc
{
    [label release];
    [holder release];
    [super dealloc];
}
```

Was ist mit der description-Methode? Sie erstellt einen String und gibt ihn zurück. Sollte Asset den Besitz daran beanspruchen? Das wäre nicht sinnvoll: Das Asset gibt den selbst erstellten String weiter. Wenn Sie einem Objekt die Nachricht autorelease schicken, wird es für eine spätere Freigabe (release) markiert. Vor ARC hätte die description-Methode für Asset wie folgt ausgesehen:

```
- (NSString *)description
{
    NSString *result = [[NSString alloc] initWithFormat:@"<%@: $%d >",
                                    [self label], [self resaleValue]];
    [result autorelease];
    return result;
}
```

Wann würde es die release-Nachricht bekommen? Wenn der aktuelle NSAutoreleasePool geleert wird:

```
// Erstellt den Autorelease-Pool
NSAutoreleasePool *arp = [[NSAutoreleasePool alloc] init];
Asset *asset = [[Asset alloc] init];

NSString *d = [asset description];
// Der String, auf den d zeigt, ist im Autorelease-Pool

[arp drain]; // Der String bekommt die Nachricht release gesendet
```

ARC verwendet den Autorelease-Pool automatisch, aber Sie müssen den Pool selbst erstellen und leeren. Als ARC geschaffen wurde, bekamen wir auch eine neue Syntax zum Erstellen eines Autorelease-Pools. Der obige Code sieht nun wie folgt aus:

```
// Erstellt den Autorelease-Pool
@autoreleasepool {
    Asset *asset = [[Asset alloc] init];

    NSString *d = [asset description];
    // Der String, auf den d zeigt, ist im Autorelease-Pool

} // Der Pool wird geleert
```

20.4.1 Regeln für den Beibehaltungszähler

Für die Speicherverwaltung gibt es eine Gruppe von Konventionen, die alle Objective-C-Programmierer befolgen. Wenn Sie ARC einsetzen, richtet es sich hinter den Kulissen für Sie nach diesen Konventionen.

In diesen Regeln verwende ich das Wort „Sie" mit der Bedeutung „eine Instanz der Klasse, mit der Sie gerade arbeiten". Das ist eine sinnvolle Form der Personifizierung: Sie stellen sich vor, Sie seien das Objekt, das Sie gerade schreiben. Also meint „Wenn Sie den String beibehalten, wird die Zuweisung nicht aufgehoben" beispielsweise in Wirklichkeit „Wenn eine Instanz der Klasse, an der Sie gerade arbeiten, diesen String beibehält, wird die Zuweisung nicht aufgehoben".

Hier sind nun die Regeln (Einzelheiten zur Implementierung stehen in Klammern).

> Wenn Sie ein Objekt anhand einer Methode erstellen, deren Name mit alloc oder new beginnt oder copy enthält, dann haben Sie es in Besitz genommen (unter der Voraussetzung, dass der Beibehaltungszähler des neuen Objekts auf 1 steht und es sich *nicht* im Autorelease-Pool befindet). Sie sind dafür zuständig, das Objekt freizugeben, wenn Sie es nicht länger brauchen. Unter anderem übertragen die Methoden alloc (stets gefolgt von einer init-Methode), copy und mutableCopy den Besitz.

> Ein Objekt, das auf *andere* Weise erstellt wird, besitzen Sie *nicht* (vorausgesetzt, der Beibehaltungszähler steht auf 1, das Objekt befindet sich bereits im Autorelease-Pool, und sein Schicksal ist von daher besiegelt – sodass es zur Zerstörung vorgesehen ist, wenn es nicht vor dem Leeren des Pools beibehalten wird).

> Wenn ein Objekt nicht Ihnen gehört, aber Sie sicherstellen wollen, dass es weiterhin existiert, nehmen Sie es durch Senden der Nachricht retain in Besitz (damit wird der Beibehaltungszähler heraufgesetzt).

> Wenn Sie ein Objekt besitzen, das Sie nicht mehr brauchen, senden Sie ihm die Nachricht release oder autorelease (release setzt den Beibehaltungszähler sofort herab, bei autorelease wird die Nachricht release gesendet, wenn der Pool für die automatische Freigabe geleert wird).

> Solange ein Objekt mindestens einen Besitzer hat, existiert es weiter (wenn der Beibehaltungszähler auf 0 sinkt, wird ihm die Nachricht dealloc gesendet).

Um die Speicherverwaltung zu meistern, müssen Sie lokal denken. Die Asset-Klasse muss nichts über andere Objekte wissen, die sich auch um ihr label kümmern. Solange eine Asset-Instanz Objekte beibehält, die es behalten will, haben Sie kein Problem. Programmierer, die die Sprache noch nicht beherrschen, machen manchmal den Fehler, anwendungsweit die Kontrolle über Objekte behalten zu wollen. Machen Sie das nicht. Wenn Sie diese Regeln befolgen und immer lokal innerhalb einer Klasse denken, brauchen Sie sich keine Sorgen darüber machen, was der Rest einer Anwendung mit einem Objekt macht.

Wenn man die Idee der Eigentümerschaft befolgt, wird nun deutlich, warum Sie den String in Ihrer description-Methode mit autorelease freigeben müssen: Das Employee-Objekt hat den String erstellt, will ihn aber nicht besitzen. Es will ihn weggeben.

21 Collection-Klassen

Zwei Collection-Klassen haben Sie bereits eingesetzt: NSArray und ihre Unterklasse NSMutableArray. Wie Sie wissen, enthält ein Array eine Sammlung von Zeigern auf andere Objekte. Die Zeiger sind sortiert, und somit greifen Sie anhand eines Index (eines Integers) auf die Objekte in der Collection zu. In diesem Kapitel beschäftigen wir uns eingehend mit Arrays und schauen uns auch andere Collection-Klassen an: NSSet/NSMutableSet und NSDictionary/NSMutableDictionary.

21.1 NSARRAY/NSMUTABLEARRAY

Wenn Sie ein Objekt in ein Array einfügen, beansprucht das Array die Eigentümerschaft des Objekts. Wenn Sie das Objekt aus dem Array entfernen, gibt das Array die Eigentümerschaft auf. Öffnen Sie **BMI-TIME** und schauen Sie sich an, wie man mit dem Employees-Array arbeiten kann. Wir ignorieren mal die ganzen anderen Sachen und nehmen uns Folgendes vor:

```
// Erstellt ein Array von Employee-Objekten
NSMutableArray *employees = [[NSMutableArray alloc] init];

for (int i = 0; i < 10; i++) {

    // Erstellt eine Instanz von Employee
    Employee *person = [[Employee alloc] init];

    // Fügt den Employee ins employees-Array ein
    [employees addObject:person];
}

[employees removeObjectAtIndex:5];
employees = nil;
```

Sie erstellen normalerweise mit alloc/init oder der Klassenmethode array ein leeres, veränderliches Array. Die Erstellung eines veränderlichen Arrays könnte beispielsweise so aussehen:

```
NSMutableArray *employees = [NSMutableArray array];
```

Beachten Sie, dass die Methode addObject: das Objekt am Ende der Liste einfügt. Wenn Objekte eingefügt werden, wächst das Array nach Bedarf, um alle aufzunehmen.

21.1.1   Unveränderliche Objekte

Wenn Sie eine Instanz von NSArray erstellen, weisen Sie dieser Instanz bei der Erstellung alle Objekte zu. Das sieht dann etwa so aus:

```
NSArray *colors = [NSArray arrayWithObjects:@"Orange", @"Yellow", @"Green", nil];
```

Mit dem nil am Ende weisen Sie die Methode an, ihre Arbeit zu beenden. Somit hätte dieses Farben-Array nur drei Strings (wenn Sie nil vergessen, wird Ihr Programm wahrscheinlich abstürzen).

Die meisten Anfängerprogrammierer sind von der Existenz von NSArray überrascht. Warum sollte man eine Liste machen, die nicht verändert werden kann? Dafür gibt es zwei Gründe:

> Sie trauen den Leuten nicht, mit denen Sie arbeiten. Das heißt, die dürfen sich ein Array gerne anschauen, aber Sie sorgen dafür, dass sie es nicht ändern können. Ein etwas behutsameres Vorgehen ist, ihnen ein NSMutableArray zu geben, doch ihnen zu *sagen*, es handele sich um ein NSArray. Nehmen wir beispielsweise die folgende Methode:

```
// Gibt ein Array mit 30 ungeraden Zahlen zurück
- (NSArray *)odds
{
    static NSMutableArray *odds = [[NSMutableArray alloc] init];
    int i = 1;
    while ([odds count] < 30) {
        [odds addObject:[NSNumber numberWithInt:i];
        i += 2;
    }
    return odds;
}
```

Jeder, der diese Methode aufruft, geht davon aus, dass sie ein unveränderliches NSArray zurückgibt. Wenn der Aufrufer versucht, Elemente aus dem zurückgegebenen Objekt zu entfernen oder dort einzufügen, gibt der Compiler eine strenge Warnung aus – auch wenn es sich tatsächlich um eine Instanz von NSMutableArray handelt.

> Der andere Grund ist die Performance: Ein unveränderliches Objekt muss niemals kopiert werden. Bei einem veränderlichen Objekt könnten Sie eine private Kopie machen, damit Sie sicher sind, dass sich ansonsten kein anderer Code des Systems daran zu schaffen macht. Bei unveränderlichen Objekten ist das unnötig. Während also die copy-Methode von NSMutableArray eine neue Kopie von sich macht und einen Zeiger an das neue Array zurückgibt, macht die copy-Methode von NSArray gar nichts: Sie gibt nur einen Zeiger auf sich zurück.

Als Folge davon kommen unveränderliche Objekte in der Objective-C-Programmierung recht häufig vor. In Foundation gibt es viele Klassen, die unveränderliche Instanzen erstellen: NSArray, NSString, NSAttributedString, NSData, NSCharacterSet, NSDictionary, NSSet, NSIndexSet und NSURLRequest. Alle haben sie veränderliche Unterklassen: NSMutableArray, NSMutableString, NSMutableAttributedString etc. NSDate und NSNumber hingegen sind unveränderlich, haben aber keine veränderlichen Unterklassen.

21.1.2 Sortieren

Es gibt verschiedene Möglichkeiten, ein Array zu sortieren, aber am häufigsten wird das anhand eines Arrays mit *Sortierungsdeskriptoren* erledigt. NSMutableArray enthält die folgende Methode:

```
- (void)sortUsingDescriptors:(NSArray *)sortDescriptors;
```

Das Argument ist ein Array mit NSSortDescriptor-Objekten. Ein Sortierungsdeskriptor enthält den Namen einer Eigenschaft der im Array enthaltenen Objekte und die Information, ob diese Eigenschaft in auf- oder absteigender Folge sortiert werden soll. Warum übergeben wir ein Array mit Sortierungs-deskriptoren? Nehmen wir an, Sie wollen eine Liste mit Ärzten nach deren Nachnamen in aufsteigender Folge sortieren. Was passiert, wenn zwei den gleichen Nachnamen tragen? Sie können näher spezifizieren: „Sortiere aufsteigend nach Nachname, und wenn zwei Nachnamen gleich lauten, sortiere aufstei-gend nach Vorname. Falls Vor- und Nachname gleich sind, sortiere nach Postleitzahl."

Die Eigenschaft, nach der Sie sortieren, kann jede Instanzvariable oder das Resultat irgendeiner Metho-de des Objekts sein.

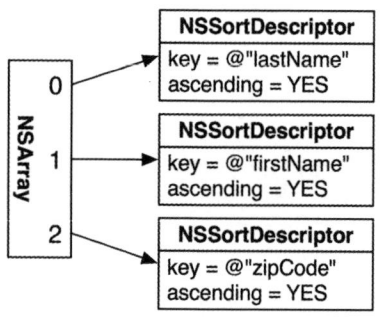

▶   *Abbildung 21.1: Sortieren nach* lastName, *dann* firstName, *dann* zipCode

Kehren wir zum **BMITIME**-Projekt zurück, um das Sortieren in der Praxis zu sehen. In main() sortieren Sie es kurz vorm Loggen des employees-Array mit valueOfAssets. Wenn zwei Angestellte Assets mit dem gleichen Wert besitzen, sollen sie nach employeeID sortiert werden. Bearbeiten Sie main.m:

```
    }

    NSSortDescriptor *voa = [NSSortDescriptor sortDescriptorWithKey:@"valueOfAssets"
                                                          ascending:YES];
    NSSortDescriptor *ei = [NSSortDescriptor sortDescriptorWithKey:@"employeeID"
                                                          ascending:YES];
    [employees sortUsingDescriptors:[NSArray arrayWithObjects:voa, ei, nil]];

    NSLog(@"Employees: %@", employees);
```

Kompilieren Sie das Programm und starten Sie es. Nun sollten die Angestellten korrekt aufgelistet werden:

```
Employees: (
    "<Employee 0: $0 in assets>",
    "<Employee 4: $0 in assets>",
    "<Employee 8: $0 in assets>",
    "<Employee 7: $34 in assets>",
    "<Employee 3: $68 in assets>",
    "<Employee 2: $119 in assets>",
    "<Employee 6: $119 in assets>",
    "<Employee 5: $136 in assets>",
    "<Employee 9: $136 in assets>",
    "<Employee 1: $153 in assets>"
```

21.1.3 Filtern

Es gibt eine Klasse namens `NSPredicate`. Ein *Prädikat* enthält eine Bedingung, die wahr oder falsch sein kann, z. B. „Die `employeeID` ist größer als 75". `NSMutableArray` besitzt eine praktische Methode, um alle Objekte zu verwerfen, die das Prädikat nicht erfüllen:

```
- (void)filterUsingPredicate:(NSPredicate *)predicate;
```

`NSArray` enthält eine Methode, die ein neues Array erstellt, in dem alle Objekte enthalten sind, die das Prädikat erfüllen:

```
- (NSArray *)filteredArrayUsingPredicate:(NSPredicate *)predicate;
```

Nehmen wir an, Sie wollen alle Assets von Angestellten zurückfordern, die momentan Assets im Wert von insgesamt mehr als 70 $ besitzen. Fügen Sie kurz vor Schluss von `main.m` den Code ein:

```
    [employees removeObjectAtIndex:5];

    NSLog(@"allAssets: %@", allAssets);

    NSPredicate *predicate = [NSPredicate predicateWithFormat:
                                        @"holder.valueOfAssets > 70"];
    NSArray *toBeReclaimed = [allAssets filteredArrayUsingPredicate:predicate];
    NSLog(@"toBeReclaimed: %@", toBeReclaimed);
    toBeReclaimed = nil;

    NSLog(@"Giving up ownership of arrays");

    allAssets = nil;
    employees = nil;
}
    return 0;
}
```

Kompilieren Sie das Programm und starten Sie es. Nun sollten Sie eine Liste der Assets bekommen:

```
toBeReclaimed: (
    "<Laptop 1: $17, assigned to <Employee 6: $119 in assets>>",
    "<Laptop 3: $51, assigned to <Employee 5: $136 in assets>>",
    "<Laptop 5: $85, assigned to <Employee 5: $136 in assets>>",
    "<Laptop 6: $102, assigned to <Employee 6: $119 in assets>>",
    "<Laptop 8: $136, assigned to <Employee 9: $136 in assets>>",
    "<Laptop 9: $153, assigned to <Employee 1: $153 in assets>>"
)
```

Der für die Erstellung des Prädikats verwendete Format-String kann sehr komplex sein. Wenn Sie häufig Collections filtern, sollten Sie auf jeden Fall den *Predicate Programming Guide* von Apple lesen.

21.2 NSSET/NSMUTABLESET

Ein Set ist eine unsortierte Collection, und ein bestimmtes Objekt kann darin nur einmal vorkommen. Sets sind in erster Linie dafür praktisch, wenn man die Frage „Ist es darin enthalten?" stellen will. Sie könnten z. B. einen Set mit URLs haben, die nicht jugendfrei sind. Bevor Sie einem Kind eine Webseite zeigen, wollen Sie kurz prüfen, ob sich der URL im Set befindet. Mit Sets geht das unglaublich schnell.

Die Assets eines Angestellten verfügen über keine inhärente Ordnung, und ein Asset sollte nie zweimal in der gleichen assets-Collection eines Angestellten vorkommen. Ändern Sie Ihr Programm, damit es NSMutableSet und nicht NSMutableArray für die assets-Beziehung verwendet.

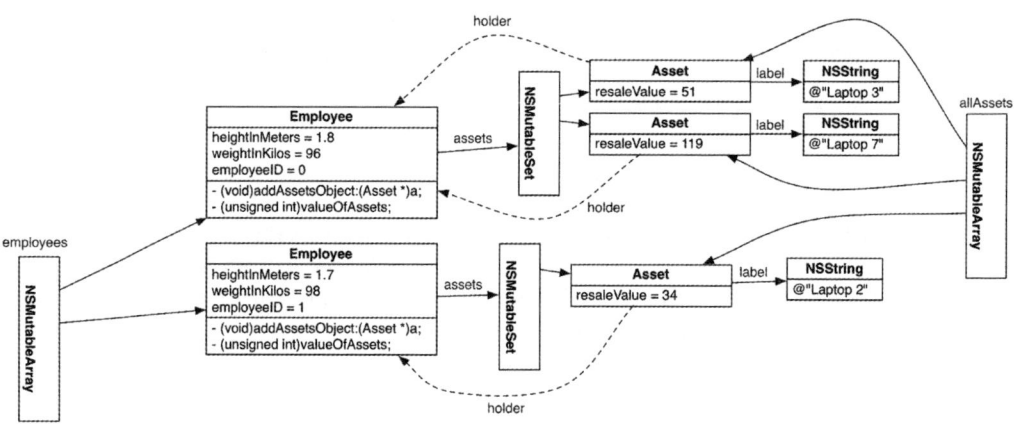

▶   *Abbildung 21.2:* NSMutableSet *für Assets verwenden*

In Employee.h ändern Sie die Deklaration der Variablen:

```
#import "Person.h"
@class Asset;

@interface Employee : Person
{
    int employeeID;
    NSMutableSet *assets;
}
@property int employeeID;
- (void)addAssetsObject:(Asset *)a;
- (unsigned int)valueOfAssets;
@end
```

In Employee.m erstellen Sie eine Instanz der korrekten Klasse:

```
- (void)addAssetsObject:(Asset *)a
{
    if (!assets) {
        assets = [[NSMutableSet alloc] init];
    }
    [assets addObject:a];
    [a setHolder:self];
}
```

Kompilieren Sie das Programm und starten Sie es. Es sollte ebenso funktionieren.

Sie können nicht per Index auf ein Objekt in einem Set zugreifen, weil ein Set nicht geordnet ist. Sie können also nur die Frage stellen: „Ist eines von diesen Dingen hier drin?" NSSet hat eine Methode:

```
- (BOOL)containsObject:(id)x;
```

Wenn Sie einem Set diese Nachricht senden, geht es seine Sammlung an Objekten durch und sucht eines, das gleich x ist. Wird es fündig, gibt es YES zurück, ansonsten NO.

Das führt uns zu einer weitreichenden Frage: Was bedeutet *gleich*? Die Klasse NSObject definiert eine Methode namens isEqual:. Um zu prüfen, ob zwei Objekte gleich sind, nehmen Sie die isEqual:-Methode:

```
if ([myDoctor isEqual:yourTennisPartner]) {
    NSLog(@"my doctor is equal to your tennis partner");
}
```

NSObject hat eine einfache Implementierung von isEqual:. Sie sieht so aus:

```
- (BOOL)isEqual:(id)other
{
    return (self == other);
}
```

Somit entspricht (wenn Sie isEqual: nicht überschrieben haben) das Code-Snippet diesem hier:

```
if (myDoctor == yourTennisPartner) {
    NSLog(@"my doctor is equal to your tennis partner");
}
```

Manche Klassen überschreiben isEqual:. In NSString wird z. B. isEqual: überschrieben, um die einzelnen Zeichen im String zu vergleichen. Für diese Klassen gibt es einen Unterschied zwischen *gleich* und *identisch*. Nehmen wir an, wir haben zwei Zeiger auf Strings:

```
NSString *x = ...
NSString *y = ...
```

x und y sind *identisch*, wenn sie die exakt gleiche Adresse enthalten. x und y sind *gleich*, wenn die Strings, auf die sie zeigen, die gleichen Buchstaben in der gleichen Reihenfolge enthalten.

Somit sind identische Objekte immer gleich. Gleiche Objekte hingegen sind nicht immer identisch.

Ist dieser Unterschied wichtig? Ja. Beispielsweise hat NSMutableArray zwei Methoden:

```
- (NSUInteger)indexOfObject:(id)anObject;
- (NSUInteger)indexOfObjectIdenticalTo:(id)anObject;
```

Die erste geht die Collection durch und fragt jedes Objekt: "isEqual:anObject?" Die zweite geht die Collection durch und fragt jedes Objekt: "== anObject?"

21.3 NSDictionary/NSMutableDictionary

Wie Sie wissen, werden Arrays anhand einer Zahl indexiert. Somit kann man ganz einfach „Gib mir Objekt 10" abfragen. Dictionaries werden durch einen String indexiert. Also formuliert man einfach: „Gib mir das Objekt, das unter dem Schlüssel favoriteColor gespeichert ist." Genauer ausgedrückt ist ein Dictionary eine Sammlung von Schlüssel-Wert-Paaren. Der Schlüssel ist normalerweise ein String, und der Wert kann jede beliebige Art Objekt sein. Diese Schlüssel-Wert-Paare werden in keiner bestimmten Reihenfolge geführt.

Machen wir ein Dictionary mit Managern (*executives*). Der Schlüssel ist der Titel des Managers und der Wert eine Instanz von Employee. Der erste Angestellte wird im Dictionary unter @"CEO" abgelegt, der zweite unter @"CTO". Ändern Sie Ihre Datei main.m: Erstellen Sie NSMutableDictionary und befüllen Sie es. Dann geben Sie das Dictionary mit den Managern aus. Schließlich setzen Sie den Zeiger auf das Dictionary auf `nil`, damit Sie sehen können, wie das Dictionary dealloziert wird.

```objc
// Erstellt ein Array von Employee-Objekten
NSMutableArray *employees = [[NSMutableArray alloc] init];

// Erstellt ein Dictionary mit Managern
NSMutableDictionary *executives = [[NSMutableDictionary alloc] init];

for (int i = 0; i < 10; i++) {

    // Erstellt eine Instanz von Employee
    Employee *person = [[Employee alloc] init];

    // Gibt den Instanzvariablen interessante Werte
    [person setWeightInKilos:90 + i];
    [person setHeightInMeters:1.8 - i/10.0];
    [person setEmployeeID:i];

    // Fügt den Employee ins employees-Array ein
    [employees addObject:person];

    // Ist dies der erste Employee?
    if (i == 0) {
        [executives setObject:person forKey:@"CEO"];
    }

    // Ist dies der zweite Employee?
    if (i == 1) {
        [executives setObject:person forKey:@"CTO"];
    }

}

…

NSLog(@"allAssets: %@", allAssets);

NSLog(@"executives: %@", executives);
executives = nil;

NSPredicate *predicate = [NSPredicate predicateWithFormat:
                                        @"holder.valueOfAssets > 70"];
NSArray *toBeReclaimed = [allAssets filteredArrayUsingPredicate:predicate];
```

```
        NSLog(@"toBeReclaimed: %@", toBeReclaimed);
        toBeReclaimed = nil;

        NSLog(@"Giving up ownership of arrays");

        allAssets = nil;
        employees = nil;
    }
    return 0;
}
```

Kompilieren Sie das Programm und starten Sie es. Das Manager-Dictionary sollte sich wie folgt darstellen:

```
executives = {
    CEO = "<Employee 0: $0 in assets>";
    CTO = "<Employee 1: $153 in assets>";
}
```

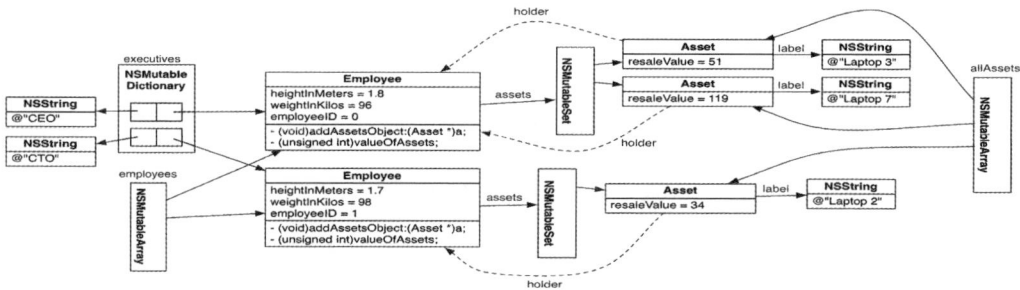

▸   *Abbildung 21.3: Zwei Instanzen von* Employee *in einem* NSMutableDictionary

Die Schlüssel kommen in einem Dictionary jeweils nur einmal vor. Wenn Sie versuchen, unter einem String ein zweites Objekt einzufügen, wird das erste Schlüssel-Wert-Paar ersetzt.

```
// Erstellt Dictionary
NSMutableDictionary *friends = [NSMutableDictionary dictionary];

// Legt Objekt unter dem Schlüssel "bestFriend" ab
[friends setObject:betty forKey:@"bestFriend"];

// Ersetzt dieses Objekt mit neuem besten Freund
[friends setObject:jane forKey:@"bestFriend"];

// Freunde haben nur ein Schlüssel-Wert-Paar (bestFriend => jane)
```

21.4 PRIMITIVE C-TYPEN

Die in diesem Kapitel vorgestellten Collections enthalten nur Objekte. Was machen Sie, wenn Sie eine Collection mit floats oder ints oder Zeiger auf Strukturen brauchen? Sie können häufig vorkommende primitive C-Typen in ein Objekt einhüllen. Es gibt zwei Klassen, die speziell zu diesem Zweck entworfen wurden. NSNumber enthält C-Nummerntypen. NSValue kann einen Zeiger und einige Arten von structs aufnehmen.

Wenn Sie beispielsweise die Zahlen 4 und 5.6 in ein Array stecken wollen, nehmen Sie NSNumber:

```
NSMutableArray *numList = [[NSMutableArray alloc] init];
[numList addObject:[NSNumber numberWithInt:4]];
[numList addObject:[NSNumber numberWithFloat:5.6]];
```

21.5 COLLECTIONS UND NIL

Sie dürfen in keine der bisher vorgestellten Collection-Klassen nil einfügen. Was machen Sie, wenn Sie dieses Konzept des Nichts, also quasi ein „Loch", in einer Collection brauchen? Es gibt eine Klasse namens NSNull, und es gibt exakt eine Instanz von NSNull, und dieses Objekt repräsentiert das Nichts. Hier ein Beispiel:

```
NSMutableArray *hotel = [[NSMutableArray alloc] init];

// Lobby im Erdgeschoss
[hotel addObject:lobby];

// Pool im ersten Stock
[hotel addObject:pool];

// Die zweite Etage wurde noch nicht ausgebaut
[hotel addObject:[NSNull null]];

// Schlafzimmer im dritten Stock
[hotel addObject:bedrooms];
```

21.6 AUFGABE

Machen Sie sich mit den Referenzseiten NSArray, NSMutableArray, NSDictionary und NSMutableDictionary vertraut. Mit diesen Klassen werden Sie täglich arbeiten.

22 Konstanten

Wir haben uns nun sehr ausführlich mit Variablen beschäftigt, die – wie der Name schon sagt – ihre Werte während der Laufzeit des Programms ändern. Es gibt allerdings auch Informationen, die ihren Wert *nicht* verändern. Der mathematische Wert π ändert sich beispielsweise nie. Das bezeichnet man als *Konstante*. Objective-C-Programmierer definieren Konstanten üblicherweise anhand von #define und globalen Variablen.

Erstellen Sie in **Xcode** ein neues **Foundation Command Line Tool** namens **Constants**.

In den C-Standardbibliotheken werden Konstanten mit der Präprozessordirektive #define definiert. Der mathematische Teil der C-Standardbibliothek wird in der Datei math.h deklariert. Eine der dort definierten Konstanten ist M_PI. Verwenden Sie sie in main.m:

```
#import <Foundation/Foundation.h>

int main (int argc, const char * argv[])
{
    @autoreleasepool {

    // Bei literalem NSString für beliebige Unicode-Zeichen die Notation mit \u nehmen
    NSLog(@"\u03c0 is %f", M_PI);

    }
    return 0;
}
```

Nach dem Build und Start des Programms sollten Sie Folgendes sehen:

```
p is 3.141593
```

Um die Definition zu sehen, klicken Sie mit gedrückter ⌘cmd-Taste im Editor auf M_PI. So kommen Sie in math.h zu folgender Zeile:

```
#define M_PI        3.14159265358979323846264338327950288
```

22.1 PRÄPROZESSORDIREKTIVEN

Eine Datei mit einem in C, C++ oder Objective-C geschriebenen Code wird in zwei Durchläufen kompiliert: Zuerst nimmt sich der *Präprozessor* die Datei vor. Sein Output geht dann in den eigentlichen Compiler. Präprozessordirektiven beginnen mit #, und zu den drei am häufigsten vorkommenden gehören #include, #import und #define.

22.2 #INCLUDE UND #IMPORT

#include und #import machen im Wesentlichen das Gleiche: Sie sorgen dafür, dass der Präprozessor eine Datei liest und in seinen Output einfügt. Normalerweise binden Sie eine Datei mit Deklarationen (eine .h-Datei) ein, und diese Deklarationen werden vom Compiler verwendet, um den zu kompilierenden Code zu verstehen.

Wo liegt der Unterschied zwischen #include und #import? #import gewährleistet, dass der Präprozessor eine Datei nur einmal einbindet. Mit #include können Sie die gleiche Datei mehrmals einbinden. C-Programmierer greifen lieber zu #include. Objective-C-Programmierer nehmen eher #import.

Wenn Sie den Namen der zu importierenden Datei angeben, können Sie den Dateinamen in Anführungszeichen oder spitze Klammern setzen. Anführungszeichen zeigen an, dass sich der Header in Ihrem Projektverzeichnis befindet. Die Klammern verweisen darauf, dass der Header sich an einem der Standardstandorte befindet, die der Präprozessor kennt (<math.h> findet sich beispielsweise unter /Developer/SDKs/MacOSX10.7.sdk/usr/include/math.h). Hier folgen zwei Beispiele für #import-Direktiven:

```
// Header einbinden, die ich für Operationen für Pet Store geschrieben habe
#import "PetStore.h"

// Header für die OpenLDAP-Libraries einbinden
#import <ldap.h>
```

In einem Projekt kommt es recht häufig vor, dass eine Sammlung mit Headern in *jeder* Codedatei eingebunden wird. Das führte zu einem Durcheinander am Anfang der Datei, und die Kompilierung dauerte länger. Um das Leben zu vereinfachen und die Kompilierung zu beschleunigen, enthalten die meisten **XCODE**-Projekte eine Datei, in der alle Header aufgelistet sind, die vorkompiliert und eingebunden werden sollen. Im Projekt **CONSTANTS** heißt diese Datei Constants-Prefix.pch.

Wie wird nun eine Konstante aus math.h eingebunden, wenn main.m kompiliert wird? Die Datei main.m enthält folgende Zeile:

```
#import <Foundation/Foundation.h>
```

Die Datei Foundation.h hat diese Zeile:

```
#include <CoreFoundation/CoreFoundation.h>
```

Die Datei CoreFoundation.h hat diese Zeile:

```
#include <math.h>
```

22.3 #DEFINE

#define sagt dem Präprozessor: „Sobald du auf A triffst, ersetze es durch B, bevor der Compiler das zu sehen bekommt." Schauen Sie sich die Zeile aus math.h noch einmal an:

```
#define M_PI        3.14159265358979323846264338327950288
```

In der #define-Direktive separieren Sie beide Teile (das Token und dessen Ersetzung) mit Leerzeichen.

#define kann man tatsächlich auch dafür nutzen, um so etwas wie eine Funktion zu machen. Geben Sie in main.m die größere von zwei Zahlen aus:

```
#import <Foundation/Foundation.h>

int main (int argc, const char * argv[])
{
    @autoreleasepool {

        NSLog(@"\u03c0 is %f", M_PI);
        NSLog(@"%d is larger", MAX(10, 12));

    }
    return 0;
}
```

MAX ist keine Funktion, es ist ein #define. Die einfachste C-Version von MAX ist:

```
#define MAX(A,B)    ((A) > (B) ? (A) : (B))
```

Wenn der Compiler schließlich die Zeile sieht, die Sie gerade eingefügt haben, sieht sie so aus:

```
NSLog(@"%d is larger", ((10) > (12) ? (10) : (12)));
```

Wenn Sie mit #define etwas machen, was einer Funktion ähnelt, anstatt einfach einen Wert zu ersetzen, erstellen Sie ein *Makro*.

22.4 GLOBALE VARIABLEN

Anstatt mit #define zu arbeiten, nehmen Objective-C-Programmierer meist globale Variablen, die konstante Werte enthalten.

Bauen wir das zur Erläuterung in Ihr Programm ein. Zuerst gibt es da eine Klasse namens NSLocale, die Informationen über verschiedene geografische Standorte speichert. Sie können sich eine Instanz der aktuellen Regionaleinstellungen des Users besorgen und ihr dann Fragen stellen. Wenn Sie z. B. wissen wollen, mit welcher Landeswährung der Benutzer arbeitet, formulieren Sie das so:

```
#import <Foundation/Foundation.h>

int main (int argc, const char * argv[])
{
    @autoreleasepool {

        NSLog(@"\u03c0 is %f", M_PI);
        NSLog(@"%d is larger", MAX(10, 12));

        NSLocale *here = [NSLocale currentLocale];
        NSString *currency = [here objectForKey:@"currency"];
        NSLog(@"Money is %@", currency);

    }
    return 0;
}
```

Kompilieren und starten Sie das Programm. Abhängig davon, wo Sie sich befinden, sollten Sie etwas wie folgt sehen:

```
Money is USD
```

Falls Sie sich jedoch beim Schlüssel vertippen und @"Kuruncy" schreiben, bekommen Sie nichts zurück. Um dieses Problem zu verhindern, definiert das Foundation Framework eine globale Variable namens NSLocaleCurrencyCode. Das ist kaum einfacher einzutippen, aber wenn Sie sich da verschreiben, beschwert sich der Compiler. Außerdem funktioniert die Codevervollständigung in XCODE für eine globale Variable korrekt, aber nicht für den String @"currency". Ändern Sie Ihren Code, um die Konstante zu verwenden:

```
#import <Foundation/Foundation.h>

int main (int argc, const char * argv[])
{
    @autoreleasepool {

        NSLog(@"\u03c0 is %f", M_PI);
        NSLog(@"%d is larger", MAX(10, 12));

        NSLocale *here = [NSLocale currentLocale];
        NSString *currency = [here objectForKey:NSLocaleCurrencyCode];
        NSLog(@"Money is %@", currency);

    }
    return 0;
}
```

Als die Klasse NSLocale geschrieben wurde, erschien diese globale Variable an zwei Stellen. In NSLocale.h wurde die Variable etwa so deklariert:

```
extern NSString const *NSLocaleCurrencyCode;
```

Das const bedeutet, dass dieser Zeiger über das gesamte Leben des Programms hinweg nicht verändert wird. Das extern bedeutet: „Ich verspreche, dass dies existiert, aber in einer anderen Datei definiert wird." Und natürlich gibt es in der Datei NSLocale.m eine Zeile wie diese:

```
NSString const *NSLocaleCurrencyCode = @"currency";
```

22.4.1 enum

Oft werden Sie einen Set mit Konstanten definieren müssen. Nehmen wir beispielsweise an, Sie entwickeln einen Mixer namens *Blender* mit fünf Geschwindigkeitsstufen: *Stir*, *Chop*, *Liquify*, *Pulse* und *Ice Crush*. Ihre Klasse Blender hat dann eine Methode namens setSpeed:. Es wäre am besten, wenn der Typ anzeigt, dass nur eine der fünf Stufen erlaubt ist. Dafür müssen Sie eine Enumeration definieren:

```
enum BlenderSpeed {
    BlenderSpeedStir = 1,
    BlenderSpeedChop = 2,
    BlenderSpeedLiquify = 5,
    BlenderSpeedPulse = 9,
    BlenderSpeedIceCrush = 15
};
```

```
@interface Blender : NSObject
{
    // Geschwindigkeit muss eine der 5 Stufen sein
    enum BlenderSpeed speed;
}

// setSpeed: erwartet eine der 5 Stufen
- (void)setSpeed:(enum BlenderSpeed)x;
@end
```

Die Entwickler kriegen müde Finger, wenn sie immer enum BlenderSpeed eintippen müssen, also nutzen sie oft typedef, um eine Kurzschreibweise dafür zu erstellen:

```
typedef enum  {
    BlenderSpeedStir = 1,
    BlenderSpeedChop = 2,
    BlenderSpeedLiquify = 5,
    BlenderSpeedPulse = 9,
    BlenderSpeedIceCrush = 15
} BlenderSpeed;

@interface Blender : NSObject
{
    // Geschwindigkeit muss eine der 5 Stufen sein
    BlenderSpeed speed;
}

// setSpeed: erwartet eine der 5 Stufen
- (void)setSpeed:(BlenderSpeed)x;
@end
```

Oft wird es Ihnen egal sein, welche Zahlen die fünf Stufen repräsentieren – Hauptsache, sie unterscheiden sich voneinander. Sie können die Werte weglassen, und der Compiler denkt sich dann welche für Sie aus:

```
typedef enum  {
    BlenderSpeedStir,
    BlenderSpeedChop,
    BlenderSpeedLiquify,
    BlenderSpeedPulse,
    BlenderSpeedIceCrush
} BlenderSpeed;
```

22.5 #DEFINE UND GLOBALE VARIABLEN

Wenn man bedenkt, dass man eine Konstante anhand von #define oder einer globalen Variablen definieren kann (wozu der Einsatz von enum gehört), wie kommt es dazu, dass Objective-C-Programmierer dazu neigen, eher globale Variablen zu nutzen? In manchen Fällen sprechen Performancevorteile für globale Variablen. Sie können beispielsweise == statt isEqual: nehmen, um Strings zu vergleichen, wenn Sie konsistent die globale Variable einsetzen (und eine arithmetische Operation ist schneller als eine Nachricht, die gesendet werden muss). Außerdem kann man im Debugger mit globalen Variablen einfacher arbeiten.

Sie sollten nicht #define, sondern globale Variablen und enum für Konstanten nehmen.

Dateien mit NS-String und NSData schreiben

23

Das Foundation Framework bietet dem Entwickler ein paar einfache Möglichkeiten, aus Dateien zu lesen und hineinzuschreiben. In diesem Kapitel probieren Sie ein paar davon aus.

23.1 EINEN NSSTRING IN EINE DATEI SCHREIBEN

Schauen wir uns zuerst einmal an, wie man die Inhalte eines NSString in eine Datei bringt. Wenn Sie einen String in eine Datei schreiben, müssen Sie angeben, mit welcher *String-Codierung* Sie arbeiten. In der String-Codierung wird beschrieben, wie jedes Zeichen als Byte-Array gespeichert wird. ASCII ist eine String-Codierung, die definiert, dass der Buchstabe ‚A' als 01000001 gespeichert wird. In UTF-16 wird der gleiche Buchstabe als 0000000001000001 gespeichert.

Das Foundation Framework unterstützt etwa 20 verschiedene String-Codierungen. UTF kann mit einer unglaublichen Sammlung von Schreibsystemen umgehen. Das gibt es in zwei Spielarten: UTF-16 verwendet zwei oder mehr Bytes für jedes Zeichen, und UTF-8 nutzt ein Byte für die ersten 128 ASCII-Zeichen und zwei oder mehr für andere Zeichen. Für die meisten Zwecke ist UTF-8 ganz passend.

Erstellen Sie ein neues Projekt: ein **FOUNDATION COMMAND LINE TOOL** namens **STRINGZ**. Setzen Sie in main() Methoden aus der NSString-Klasse ein, um einen String zu erstellen und ihn ins Dateisystem zu schreiben.

```
#import <Foundation/Foundation.h>

int main (int argc, const char * argv[])     {
    @autoreleasepool {

        NSMutableString *str = [[NSMutableString alloc] init];
        for (int i = 0; i < 10; i++) {
            [str appendString:@"Aaron is cool!\n"];
        }
        [str writeToFile:@"/tmp/cool.txt"
              atomically:YES
                encoding:NSUTF8StringEncoding
                   error:NULL];
```

```
    NSLog(@"done writing /tmp/cool.txt");

    }
    return 0;
}
```

Dieses Programm erstellt eine Textdatei, die Sie in jedem Texteditor lesen und bearbeiten können. Den String /tmp/cool.txt nennt man auch Dateipfad. Dateipfade können absolut oder relativ sein: Absolute Pfade beginnen mit einem /, mit dem die oberste Ebene des Dateisystems gemeint ist, während relative Pfade im Arbeitsverzeichnis des Programms starten. Relative Pfade beginnen nicht mit einem /. Bei der Objective-C-Programmierung werden Sie feststellen, dass wir fast immer absolute Pfade verwenden, weil normalerweise nicht bekannt ist, wo sich das Arbeitsverzeichnis des Programms befindet (um im **FINDER** das Verzeichnis /tmp zu finden, gehen Sie über **Go → GO TO FOLDER**).

23.2 NSERROR

Wie Ihnen wahrscheinlich klar ist, können alle möglichen Dinge schiefgehen, wenn Sie einen String in eine Datei schreiben: Der Benutzer kann beispielsweise keinen Schreibzugriff auf das Verzeichnis haben, in dem die Datei landen soll. Oder das Verzeichnis existiert gar nicht. Oder das Dateisystem ist voll. Für solche Situationen, in denen eine Operation vielleicht nicht vollständig beendet werden kann, braucht die Methode neben dem booleschen Wert für Erfolg oder Misserfolg eine Möglichkeit, um eine Beschreibung dessen zurückzugeben, was verkehrt gelaufen ist.

Wie Sie aus Kapitel 9 wissen, können Sie eine Referenzübergabe nehmen, wenn eine Funktion neben dem Rückgabewert noch etwas anderes zurückgeben soll. Sie übergeben der Funktion (oder der Methode) eine Referenz auf eine Variable, wo sie einen Wert direkt speichern oder manipulieren kann. Die Referenz ist die Speicheradresse für diese Variable.

Für die Fehlerbehandlung nehmen viele Methoden einen NSError-Referenzzeiger. Erweitern Sie das obige Beispiel durch eine Fehlerbehandlung:

```
#import <Foundation/Foundation.h>

int main (int argc, const char * argv[])    {
    @autoreleasepool {

        NSMutableString *str = [[NSMutableString alloc] init];
        for (int i = 0; i < 10; i++) {
            [str appendString:@"Aaron is cool!\n"];
        }

        // Deklariert einen Zeiger auf ein NSError-Objekt, instanziiert ihn aber nicht.
        // Die Instanz NSError wird nur erstellt, falls es tatsächlich einen Fehler gibt.
        NSError *error = nil;
```

```
    // NSError-Zeiger als Referenz an NSString-Methode übergeben
    BOOL success = [str writeToFile:@"/tmp/cool.txt"
                         atomically:YES
                           encoding:NSUTF8StringEncoding
                              error:&error];

    // Testet den zurückgegebenen BOOL und fragt den NSError ab,
    // falls Schreiben fehlschlägt
    if (success) {
        NSLog(@"done writing /tmp/cool.txt");
    } else {
        NSLog(@"writing /tmp/cool.txt failed: %@", [error localizedDescription]);
    }

}
    return 0;
}
```

Kompilieren und starten Sie das Programm. Ändern Sie den Code nun, um der write-Methode einen Dateipfad zu übergeben, der nicht existiert, z. B. @"/viel/zu/schade.txt". Sie sollten eine freundliche Fehlermeldung bekommen.

Beachten Sie, dass Sie in diesem Code einen Zeiger auf eine Instanz von NSError deklariert haben, aber kein NSError-Objekt erstellt – oder *instanziiert* – haben, das diesem Zeiger zugewiesen wird.

Warum nicht? Sie sollten es unterlassen, ein unnötiges Fehlerobjekt zu erstellen, wenn es keinen Fehler gibt. Falls ein Fehler auftritt, wird writeToFile:atomically:encoding:error: verantwortlich dafür sein, eine neue NSError-Instanz zu erstellen, und dann den von Ihnen deklarierten error-Zeiger so modifizieren, dass er auf das neue Fehlerobjekt zeigt. Dann können Sie das Objekt über diesen error-Zeiger fragen, was falsch gelaufen ist.

Diese an Bedingungen geknüpfte Erstellung des NSError erfordert, dass Sie eine Referenz an error (&error) übergeben, weil es dafür noch kein Objekt gibt. Doch anders als die Referenzübergabe, die Sie in Kapitel 9 vorgenommen haben, wo die Referenz einer primitiven C-Variablen übergeben wurde, übergeben Sie hier die Adresse einer Zeigervariablen. Im Wesentlichen übergeben Sie die Adresse einer anderen Adresse (die dann womöglich die Adresse eines NSError-Objekts werden kann).

Um unsere Spionagemetapher aus Kapitel 9 noch einmal aufzugreifen: Sie teilen Ihrem Spion sozusagen mit: „Falls etwas schiefgeht, schreibe einen vollständigen Bericht (der dann aber zu groß ist, um noch ins Metallrohr zu passen) und verstecke ihn in der Bücherei in einem Buch. Ich muss wissen, wo du ihn versteckt hast, also pack die Signaturnummer des Buches mit ins Rohr." So geben Sie dem Spion einen Ablageort an, an dem er die Adresse des verfassten Berichts ablegen kann.

Werfen wir einen Blick in die Klasse NSString, wo writeToFile:atomically:encoding:error: deklariert wird:

```
- (BOOL)writeToFile:(NSString *)path
        atomically:(BOOL)useAuxiliaryFile
          encoding:(NSStringEncoding)enc
             error:(NSError **)error
```

Beachten Sie das doppelte Sternchen. Wenn Sie diese Methode aufrufen, sorgen Sie für einen Zeiger auf einen Zeiger, der auf eine Instanz von NSError deutet.

Methoden, die einen NSError als Referenz übergeben, geben immer einen Wert zurück, der anzeigt, ob es einen Fehler gegeben hat oder nicht. Diese Methode gibt beispielsweise NO zurück, falls ein Fehler auftritt. Versuchen Sie nicht, auf den NSError zuzugreifen, außer der Rückgabewert zeigt an, dass ein Fehler aufgetreten ist; falls das NSError-Objekt nicht wirklich existiert, wird dieser Zugriffsversuch das Programm abstürzen lassen.

23.3 Dateien mit NSString lesen

Es läuft recht ähnlich ab, eine Datei in einen String zu lesen:

```
#import <Foundation/Foundation.h>

int main (int argc, const char * argv[])    {
    @autoreleasepool {

        NSError *error = nil;
        NSString *str = [[NSString alloc] initWithContentsOfFile:@"/etc/resolv.conf"
                                          encoding:NSASCIIStringEncoding
                                             error:&error];
        if (!str) {
            NSLog(@"read failed: %@", [error localizedDescription]);
        } else {
            NSLog(@"resolv.conf looks like this: %@", str);
        }

    }
    return 0;
}
```

23.4 Ein NSData-Objekt in eine Datei schreiben

Ein NSData-Objekt repräsentiert einen Bytepuffer. Wenn Sie z. B. Daten von einem URL holen, bekommen Sie eine Instanz von NSData. Und Sie können ein NSData auffordern, sich selbst in eine Datei zu schreiben. Erstellen Sie ein **Foundation Command Line Tool** namens **ImageFetch**, das ein Bild von der Google-Website in eine Instanz von NSData holt. Dann lassen Sie NSData seinen Bytepuffer in eine Datei schreiben:

```
#import <Foundation/Foundation.h>

int main (int argc, const char * argv[])
{
    @autoreleasepool {

        NSURL *url = [NSURL URLWithString:
                            @"http://www.google.com/images/logos/ps_logo2.png"];
        NSURLRequest *request = [NSURLRequest requestWithURL:url];
        NSError *error = nil;
        NSData *data = [NSURLConnection sendSynchronousRequest:request
                                        returningResponse:NULL
                                                    error:&error];

        if (!data) {
            NSLog(@"fetch failed: %@", [error localizedDescription]);
            return 1;
        }

        NSLog(@"The file is %lu bytes", [data length]);


        BOOL written = [data writeToFile:@"/tmp/google.png"
                                 options:0
                                   error:&error];

        if (!written) {
            NSLog(@"write failed: %@", [error localizedDescription]);
            return 1;
        }

        NSLog(@"Success!");

    }
    return 0;
}
```

Kompilieren Sie das Programm und starten Sie es. Öffnen Sie die entstandene Bilddatei in **Preview**.

Beachten Sie, dass Sie der Methode `writeToFile:options:error:` eine Zahl geben, mit der die Optionen gesetzt werden, die man beim Speicherungsprozess verwenden kann. Die häufigste Option ist `NSDataWritingAtomic`. Nehmen wir an, dass bereits ein Bild geholt wurde und Sie es nun durch eine neuere Version ersetzen wollen. Während das neue Bild geschrieben wird, fällt der Strom aus. Eine halb geschriebene Datei ist wertlos. In Fällen, wo eine halb geschriebene Datei schlimmer ist als gar keine, können Sie das Schreiben atomisiert machen. Fügen Sie diese Option ein:

```
NSLog(@"The file is %lu bytes", [data length]);

BOOL written = [data writeToFile:@"/tmp/google.png"
                         options:NSDataWritingAtomic
                           error:&error];

if (!written) {
    NSLog(@"write failed: %@", [error localizedDescription]);
    return 1;
}
```

Nun werden die Daten in eine temporäre Datei geschrieben, und nach Abschluss des Schreibens wird die Datei umbenannt und erhält ihren korrekten Namen. Auf diese Weise bekommen Sie entweder die ganze Datei oder gar nichts.

23.5 NSData aus einer Datei lesen

Sie können eine Instanz von `NSData` auch anhand der Inhalte einer Datei erstellen. Fügen Sie zwei Zeilen in das Programm ein:

```
#import <Foundation/Foundation.h>

int main (int argc, const char * argv[])
{
    @autoreleasepool {

        NSURL *url = [NSURL URLWithString:
                          @"http://www.google.com/images/logos/ps_logo2.png"];
        NSURLRequest *request = [NSURLRequest requestWithURL:url];
        NSError *error;

        // Diese Methode wird blockiert, bis alle Daten geholt worden sind
        NSData *data = [NSURLConnection sendSynchronousRequest:request
                                             returningResponse:NULL
                                                         error:&error];
```

```
        if (!data) {
            NSLog(@"fetch failed: %@", [error localizedDescription]);
            return 1;
        }

        NSLog(@"The file is %lu bytes", [data length]);


        BOOL written = [data writeToFile:@"/tmp/google.png"
                                 options:NSDataWritingAtomic
                                   error:&error];

        if (!written) {
            NSLog(@"write failed: %@", [error localizedDescription]);
            return 1;
        }

        NSLog(@"Success!");

        NSData *readData = [NSData dataWithContentsOfFile:@"/tmp/google.png"];
        NSLog(@"The file read from the disk has %lu bytes", [readData length]);

    }
    return 0;
}
```

Kompilieren Sie das Programm und starten Sie es.

24

Callbacks

Bisher war der Code der Chef. Er hat Nachrichten an Foundation-Standardobjekte wie Instanzen von NSString und NSArray gesendet und ihnen mitgeteilt, was sie zu machen haben. Somit waren Ihre Programme mit ihrer Arbeit in Millisekunden fertig.

Ihr Dasein war bisher also sehr angenehm und einfach. Doch in der realen Welt laufen Anwendungen stundenlang, und Ihre Objekte agieren als Sklaven jener Ereignisse oder Events, die vom Benutzer, der Uhr, dem Netzwerk usw. hereinströmen.

In einer realen Anwendung muss es ein Objekt geben, das auf Ereignisse wie Mausbewegungen, Berührungen, Timer oder Netzwerkaktivitäten wartet. Bei Mac OS X und iOS ist dieses Objekt eine Instanz von NSRunLoop. Der Runloop wartet ab, bis etwas passiert, und dann schickt er eine Nachricht an ein anderes Objekt.

Wir sprechen davon, dass der Runloop einen *Callback* (Rückruf) auslöst, wenn etwas geschieht. Für Objective-C-Programmierer kann ein Callback drei Formen annehmen (da es sich um sehr allgemeine Konzepte handelt, spreche ich von x und meine damit, dass „etwas ganz Spezifisches" passiert – die Details ergänze ich dann in den folgenden Abschnitten).

> Ziel-Aktion-Paare: Bevor die Wartezeit beginnt, sagen Sie: „Wenn x passiert, sende diese spezielle Nachricht an jenes spezielle Objekt." Das Objekt, das die Nachricht empfängt, ist das *Ziel* (*target*). Der Selektor für die Nachricht ist die *Aktion* (*action*).

> Hilfsobjekte: Bevor die Wartezeit beginnt, sagen Sie: „Hier ist ein Hilfsobjekt, das konform mit deinem Protokoll ist. Schick ihm Nachrichten, wenn etwas passiert." (Mehr über Protokolle in Kapitel 25.) Hilfsobjekte nennt man auch oft *Delegates* oder *Datenquellen*.

> Benachrichtigungen: Es gibt ein als Benachrichtigungscenter (*notification center*) bezeichnetes Objekt. Bevor die Wartezeit beginnt, teilen Sie dem Benachrichtigungscenter mit: „Das Objekt wartet auf diese Art Benachrichtigungen. Wenn eine dieser Benachrichtigungen eintrifft, sende dem Objekt diese Nachricht." Wenn x passiert, postet ein Objekt im Benachrichtigungscenter eine Benachrichtigung, und von dort wird sie dann an Ihr Objekt weitergeleitet.

In diesem Kapitel implementieren Sie alle drei Arten von Callbacks und lernen, unter welchen Umständen sie jeweils eingesetzt werden.

24.1 ZIEL-AKTION-PAARE

Timer nutzen einen Ziel-Aktion-Mechanismus. Sie erstellen einen Timer mit einer bestimmten Laufzeit, einem Ziel und einer Aktion. Nach Ablauf der Zeit sendet der Timer die Aktionsnachricht an das Ziel.

Sie erstellen nun ein Programm mit einem Runloop und einem Timer. Alle zwei Sekunden wird der Timer die Aktionsnachricht an das Ziel senden. Sie erstellen eine Klasse, und eine Instanz davon ist dann das Ziel.

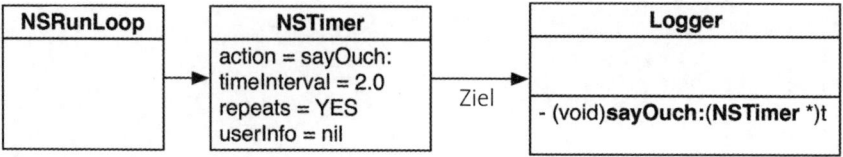

▸   *Abbildung 24.1:* Logger *ist das Ziel von* NSTimer.

Erstellen Sie in **XCODE** ein neues Projekt: ein **FOUNDATION COMMAND LINE TOOL** namens **CALLBACKS**. Zuerst einmal besorgen Sie sich ein Runloop und schicken es an den Start. Bearbeiten Sie main.m:

```
#import <Foundation/Foundation.h>

int main (int argc, const char * argv[])
{
    @autoreleasepool {

        [[NSRunLoop currentRunLoop] run];

    }
    return 0;
}
```

Kompilieren Sie das Programm und starten Sie es. Beachten Sie, dass der Methodenstart nie zurückkehrt. Der Runloop ist eine Endlosschleife, die darauf wartet, dass etwas passiert. Sie müssen das Programm schon selbst beenden (wählen Sie **PRODUCT → STOP**).

Nun erstellen Sie eine eigene Klasse, die dem Timer als Ziel dient. Erstellen Sie eine neue Datei: eine Objective-C-Klasse namens Logger, die eine Unterklasse von NSObject ist (um an die Klassenvorlage zu kommen, wählen Sie **FILE → NEW → NEW FILE**). In Logger.h deklarieren Sie die Aktionsmethode:

```
#import <Foundation/Foundation.h>

@interface Logger : NSObject
- (void)sayOuch:(NSTimer *)t;
@end
```

Beachten Sie, dass die Aktionsmethode ein Argument annimmt: das Objekt, das die Aktionsnachricht sendet. In diesem Fall ist es das Timer-Objekt.

Implementieren Sie eine einfache Methode namens sayOuch: in Logger.m:

```
#import "Logger.h"

@implementation Logger

- (void)sayOuch:(NSTimer *)t
{
    NSLog(@"Ouch!");
}

@end
```

An diesem Punkt müssen wir mal einen kurzen Abstecher machen und über *Selektoren* sprechen. Erinnern Sie sich daran: Wenn Sie eine Nachricht an ein Objekt senden, wird die Klasse des Objekts gefragt, ob sie eine Methode dieses Namens hat. Die Suche durchläuft die Vererbungshierarchie, bis eine Klasse mit „Richtig, ich besitze eine Methode mit diesem Namen" antwortet.

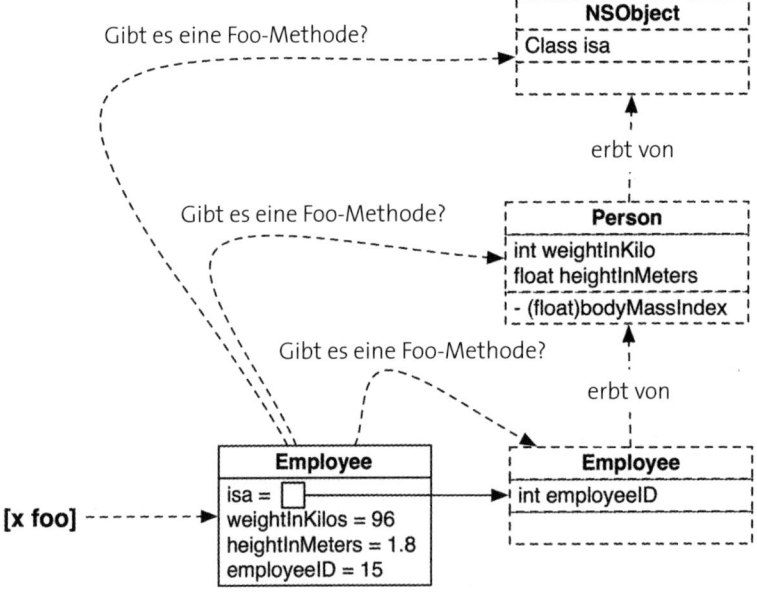

▶ *Abbildung 24.2: Die Suche nach einer Methode mit dem richtigen Namen*

Wie Sie sich denken können, muss dieser Suchlauf ungemein flott vonstatten gehen. Hätten wir den eigentlichen Namen der Methode genommen (der sehr lang sein kann), dann wäre der Suchlauf wirklich langsam. Um alles zu beschleunigen, weist der Compiler jedem Methodennamen, den er findet, eine eindeutige Zahl zu. Zur Laufzeit nehmen wir statt des Methodennamens diese Zahl.

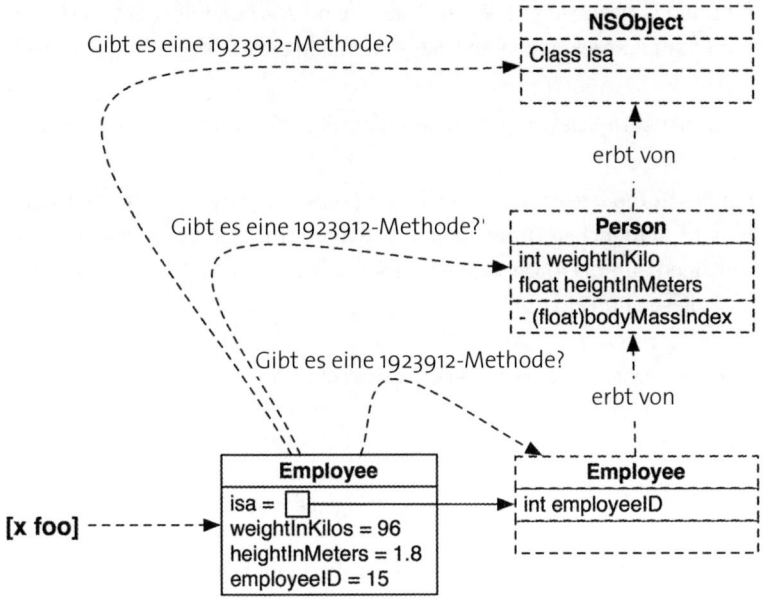

▶ *Abbildung 24.3: Wie es wirklich funktioniert*

Diese eindeutige Zahl, die eine bestimmte Methode repräsentiert, bezeichnet man als *Selektor*. Um einen Timer zu erstellen, der an den Logger die Nachricht sayOuch: sendet, müssen Sie den Compiler auffordern, seinen Selektor nachzuschlagen. Das wird über die Compiler-Direktive @selector erledigt.

In main.m erstellen Sie eine Instanz von Logger und machen sie zum Ziel einer Instanz von NSTimer. Die Aktion ist dann der Selektor für sayOuch:.

```
#import <Foundation/Foundation.h>
#import "Logger.h"

int main (int argc, const char * argv[])
{
    @autoreleasepool {

        Logger *logger = [[Logger alloc] init];

        NSTimer *timer = [NSTimer scheduledTimerWithTimeInterval:2.0
                                                   target:logger
                                                 selector:@selector(sayOuch:)
                                                 userInfo:nil
                                                  repeats:YES];


        [[NSRunLoop currentRunLoop] run];

    }
    return 0;
}
```

Kompilieren Sie das Programm und starten Sie es (Sie bekommen eine Warnung über eine nicht verwendete Variable, die Sie momentan ignorieren können). Sie sollten alle zwei Sekunden sehen, wie in der Konsole Ouch! erscheint.

Beachten Sie, dass der Doppelpunkt zum Selektor gehört. @selector(sayOuch) ist *nicht* gleichbedeutend mit @selector(sayOuch:).

Schauen Sie sich die Warnung des Compilers noch einmal an. Sie bedeutet: „Hey, du hast die Variable timer erstellt, aber nicht benutzt." In manchen Umgebungen wie dieser müssen Sie eine Variable als absichtlich unbenutzt kennzeichnen, um die Warnungen zu unterdrücken. Das machen Sie mit dem Modifikator __unused. Fügen Sie diesen nun ein.

```
__unused NSTimer *timer = [NSTimer scheduledTimerWithTimeInterval:2.0
                                                   target:logger
                                                   selector:@selector(sayOuch:)
                                                   userInfo:nil
                                                   repeats:YES];
```

Kompilieren Sie das Programm erneut, und es sollte keine Warnung erscheinen.

24.2 Hilfsobjekte

Timer sind simpel gestrickt. Sie machen nur eine Sache: Feuern! Somit passt eine Ziel-Aktion sehr gut. Viele der einfachen Steuerelemente der Benutzeroberfläche wie Schaltflächen und Schieberegler arbeiten ebenfalls mit dem Ziel-Aktion-Mechanismus. Wie geht man vor, wenn man etwas Komplexeres will?

In Kapitel 23 haben Sie mit einer NSURLConnection-Methode die Daten von einem Webserver geholt. Das hat gut funktioniert, aber bei dieser Methode gibt es zwei Probleme:

> Während die Methode wartet, bis alle Daten eingetroffen sind, blockiert sie den Hauptthread. Wenn Sie sie in einer echten Anwendung einsetzen, würde die Benutzeroberfläche erst dann wieder reagieren, wenn die Daten abgeholt wurden.

> Sie hat keine Möglichkeit für einen Callback, falls der Webserver beispielsweise einen Usernamen und ein Passwort verlangt.

Aus diesen Gründen arbeiten wir normalerweise asynchron mit einer NSURLConnection. Damit ist gemeint, wir beginnen mit dem Holen der Daten und warten dann auf Callbacks, während die Daten eintreffen oder der Webserver Zugangsinformationen verlangt oder der Abholvorgang misslingt.

Wie bekommen Sie diese Callbacks? Sie versorgen NSURLConnection mit einem Hilfsobjekt. Wenn etwas passiert, werden über die Verbindung Nachrichten an das Hilfsobjekt gesendet. Was für Nachrichten? Der Programmierer, der NSURLConnection geschrieben hat, erfand ein *Protokoll* (eine Liste mit Methodendeklarationen), die das Hilfsobjekt implementieren kann. Hier folgen ein paar der Methoden in diesem Protokoll:

```
-  (NSURLRequest *)connection:(NSURLConnection *)c
             willSendRequest:(NSURLRequest *)req
             redirectResponse:(NSURLResponse *)res;

-  (void)connection:(NSURLConnection *)sender
        didReceiveAuthenticationChallenge:(NSURLAuthenticationChallenge *)ch;

-  (void)connection:(NSURLConnection *)sender
    didReceiveData:(NSData *)data;

-  (void)connectionDidFinishLoading:(NSURLConnection *)sender;

-  (void)connection:(NSURLConnection *)sender didFailWithError:(NSError *)error;

-  (NSCachedURLResponse *)connection:(NSURLConnection *)sender
                 willCacheResponse:(NSCachedURLResponse *)cachedResponse;
```

Wie Sie sehen, hat NSURLConnection ein weitaus erfüllteres Leben als ein NSTimer. Nun werden Sie ein Objekt erstellen, das einige oder alle diese Methoden implementiert, und dieses Objekt dann NSURLConnection als Hilfsobjekt vorstellen. Genauer gesagt hat NSURLConnection einen Zeiger namens delegate.

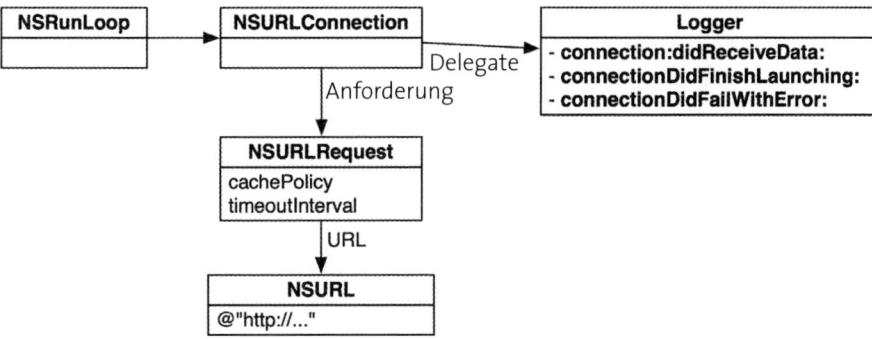

▶   *Abbildung 24.4:* **Logger** *ist der Delegate von* NSURLConnection.

In main() erstellen Sie eine NSURLConnection und machen die Instanz von Logger zu ihrem Delegate:

```
#import <Foundation/Foundation.h>
#import "Logger.h"

int main (int argc, const char * argv[])
{
    @autoreleasepool {

        Logger *logger = [[Logger alloc] init];
```

```
        NSURL *url = [NSURL URLWithString:
                    @"http://www.gutenberg.org/cache/epub/205/pg205.txt"];

        NSURLRequest *request = [NSURLRequest requestWithURL:url];

        __unused NSURLConnection *fetchConn
                                = [[NSURLConnection alloc] initWithRequest:request
                                                                   delegate:logger
                                                            startImmediately:YES];

        __unused NSTimer *timer
                    = [NSTimer scheduledTimerWithTimeInterval:2.0
                                                       target:logger
                                                     selector:@selector(sayOuch:)
                                                     userInfo:nil
                                                      repeats:YES];

        [[NSRunLoop currentRunLoop] run];

    }
    return 0;
}
```

Die Instanz von Logger braucht eine Instanz von NSMutableData, um die Bytes beim Ankommen aufzunehmen. Fügen Sie Logger.h eine Instanzvariable hinzu:

```
#import <Foundation/Foundation.h>

@interface Logger : NSObject {
    NSMutableData *incomingData;
}
- (void)sayOuch:(NSTimer *)t;
@end
```

Nun implementieren Sie in Logger.m einige Delegate-Methoden:

```
#import "Logger.h"

@implementation Logger

- (void)sayOuch:(NSTimer *)t
{
    NSLog(@"Ouch!");
}
```

```
// Wird jedes Mal aufgerufen, sobald Daten eintreffen
- (void)connection:(NSURLConnection *)connection
    didReceiveData:(NSData *)data
{
    NSLog(@"received %lu bytes", [data length]);

    // Erstellt ein "mutable data", falls es noch nicht existiert
    if (!incomingData) {
        incomingData = [[NSMutableData alloc] init];
    }

    [incomingData appendData:data];
}

// Wird aufgerufen, wenn die letzten Daten verarbeitet wurden
- (void)connectionDidFinishLoading:(NSURLConnection *)connection
{
    NSLog(@"Got it all!");
    NSString *string = [[NSString alloc] initWithData:incomingData
                                        encoding:NSUTF8StringEncoding];
    incomingData = nil;
    NSLog(@"string has %lu characters", [string length]);

    // Kommentarzeichen in nächster Zeile entfernen,
    // um die gesamte empfangene Datei zu sehen
    // NSLog(@"The whole string is %@", string);

}

// Wird aufgerufen, wenn das Holen der Daten fehlschlägt
- (void)connection:(NSURLConnection *)connection
  didFailWithError:(NSError *)error
{
    NSLog(@"connection failed: %@", [error localizedDescription]);
    incomingData = nil;
}


@end
```

Beachten Sie, dass Sie nicht alle Methoden des Protokolls implementiert haben – nur die, die Ihnen wichtig waren.

Kompilieren Sie das Programm und starten Sie es. Sie sollten nun sehen, dass die Daten in vernünftigen Größen vom Webserver kommen. Schließlich wird der Delegate dann informiert, dass der Vorgang abgeschlossen ist.

Dies sind die bisherigen Regeln für Callbacks: Wenn ein Callback zu einem Objekt gesendet wird, setzt Apple Ziel-Aktion-Paare ein. Wenn eine Sammlung von Callbacks an ein Objekt geschickt wird, verwendet Apple ein Hilfsobjekt mit einem Protokoll (um Protokolle geht es im nächsten Kapitel). Diese Hilfsobjekte bezeichnet man als Delegates oder Datenquellen.

Was passiert, wenn der Callback sich an mehrere Objekte richten muss?

24.3 Benachrichtigungen

Wenn der Benutzer auf seinem Mac die Zeitzone ändert, wollen wahrscheinlich viele Objekte Ihres Programms wissen, dass sich da etwas verändert hat. Alle können sich als Beobachter im Benachrichtigungscenter registrieren lassen. Wenn sich die Zeitzone ändert, wird die Benachrichtigung NSSystem TimeZoneDidChangeNotification im Center gepostet und von dort an alle relevanten Beobachter weitergeleitet.

In main.m registrieren Sie die Instanz von Logger, um eine Benachrichtigung zu empfangen, wenn sich die Zeitzone verändert hat:

```
#import <Foundation/Foundation.h>
#import "Logger.h"

int main (int argc, const char * argv[])
{
    @autoreleasepool {

        Logger *logger = [[Logger alloc] init];

        [[NSNotificationCenter defaultCenter]
                    addObserver:logger
                       selector:@selector(zoneChange:)
                           name:NSSystemTimeZoneDidChangeNotification
                         object:nil];

        NSURL *url = [NSURL URLWithString:
                         @"http://www.gutenberg.org/cache/epub/205/pg205.txt"];
        NSURLRequest *request = [NSURLRequest requestWithURL:url];
```

```
    __unused NSURLConnection *fetchConn
                          = [[NSURLConnection alloc] initWithRequest:request
                                                          delegate:logger
                                                   startImmediately:YES];


    __unused NSTimer *timer
                  = [NSTimer scheduledTimerWithTimeInterval:2.0
                                              target:logger
                                            selector:@selector(sayOuch:)
                                            userInfo:nil
                                             repeats:YES];


    [[NSRunLoop currentRunLoop] run];

}
return 0;
}
```

Nun implementieren Sie die Methode, die in Logger.m aufgerufen wird:

```
- (void)zoneChange:(NSNotification *)note
{
    NSLog(@"The system time zone has changed!");
}
```

Kompilieren Sie das Programm und starten Sie es. Während es läuft, öffnen Sie **System Preferences** und ändern Sie die Zeitzone für Ihr System. Sie sollten feststellen, dass Ihre Methode zoneChange: aufgerufen wird (auf manchen Systemen wird sie scheinbar doppelt aufgerufen, was aber kein Grund zur Sorge ist).

24.4 WELCHE CALLBACKS SOLL MAN NEHMEN?

In diesem Kapitel haben Sie drei Arten von Callbacks kennengelernt. Wonach entscheidet Apple, welcher Callback in einer bestimmten Situation eingesetzt wird?

> Objekte, die nur eines machen (wie NSTimer), nehmen Ziel-Aktion.

> Objekte, deren Leben etwas komplizierter ist (wie NSURLConnection), verwenden Hilfsobjekte, und der am häufigsten vorkommende Typ davon ist der Delegate.

> Objekte, die Callbacks in mehreren anderen Objekten (wie NSTimeZone) auslösen müssen, arbeiten mit Benachrichtigungen.

24.5 CALLBACKS UND OBJEKTBESITZ

Bei all diesen Callbacks besteht die Gefahr, dass Objekte, die auf die Callbacks warten, vielleicht nicht korrekt dealloziert werden. Somit wurde Folgendes beschlossen:

> Benachrichtigungscenter besitzen ihre Beobachter nicht. Falls ein Objekt ein Beobachter ist, wird es sich normalerweise selbst über seine `dealloc`-Methode aus dem Benachrichtigungscenter entfernen:

```
- (void)dealloc
{
    [[NSNotificationCenter defaultCenter] removeObserver:self];
}
```

> Objekte besitzen ihre Delegates oder Datenquellen nicht. Wenn Sie ein Objekt erstellen, das ein Delegate oder eine Datenquelle ist, sollte sich Ihr Objekt selbst über seine `dealloc`-Methode „abmelden":

```
- (void)dealloc
{
    [windowThatBossesMeAround setDelegate:nil];
    [tableViewThatBegsForData setDataSource:nil];
}
```

> Objekte besitzen ihre Ziele nicht. Wenn Sie ein Objekt erstellen, das ein Ziel ist, sollte es den Zielzeiger in seiner `dealloc`-Methode auf null setzen:

```
- (void)dealloc
{
    [buttonThatKeepsSendingMeMessages setTarget:nil];
}
```

In diesem Programm kommt keines dieser Probleme vor, weil Ihr Logger-Objekt erst dann dealloziert wird, wenn das Programm beendet wird. (Außerdem war es bei mir der Glücksstreffer, dass ich in dieser Übung zwei gut dokumentierte Ausnahmen von den Regeln verwenden konnte: Eine `NSURLConnection` besitzt ihren Delegate, und ein `NSTimer` besitzt sein Ziel.)

Protokolle

25

An diesem Punkt ist es notwendig, dass ich über ein etwas abstraktes Konzept spreche. Jemand hat mal gesagt: „Sie sollten stets daran denken, dass der, der Sie sind, sich von dem unterscheidet, was Sie tun." Das Gleiche gilt für Objekte: Die Klasse eines Objekts unterscheidet sich von seiner *Rolle* in einem funktionierenden System. Ein Objekt kann z. B. eine Instanz von `NSMutableArray` sein, aber seine Rolle in einer Anwendung könnte eine Druckerwarteschlange sein.

So wie das Beispiel mit einem Array als Druckerwarteschlange sind wirklich hervorragende Klassen allgemeiner als die Rolle, die sie vielleicht in einer speziellen Anwendung spielen. Somit können Instanzen dieser Klasse auf mehrere verschiedene Weisen verwendet werden.

Wir haben darüber gesprochen, wie man eine Klasse spezifiziert. Ist es möglich, eine Rolle zu spezifizieren? Bis zu einem gewissen Grad können wir anhand des Konstrukts `@protocol` eine Rolle näher angeben.

In einer iOS-Anwendung stellen Sie beispielsweise häufig Daten in einer Instanz der Klasse `UITableView` dar. Jedoch enthält das Objekt `UITableView` nicht die dargestellten Daten, sondern muss sie aus einer anderen Quelle besorgen. Sie müssen ihm sagen: „Hier ist das Objekt, das die Rolle Ihrer Datenquelle erfüllen wird."

UITableView

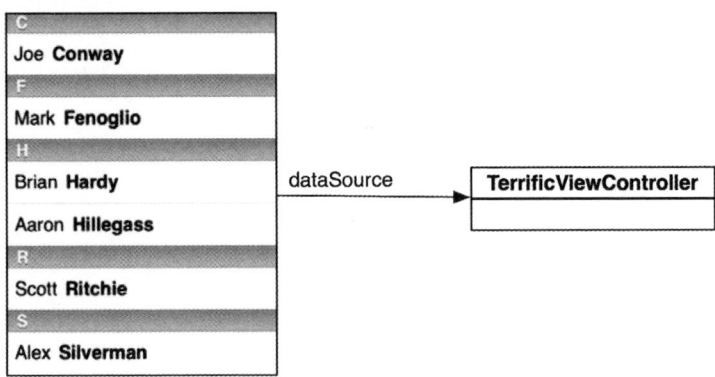

▶ *Abbildung 25.1:* `UITableView`*-Datenquelle*

Wie hat der Entwickler, der die `UITableView`-Klasse erstellt hat, die Rolle der Datenquelle von `UITableView` spezifiziert? Er schuf ein *Protokoll*. Dabei handelt es sich um eine Liste von Methodendeklarationen. Manche Methoden sind erforderlich und andere optional. Wenn Ihr Objekt die Rolle ausfüllen soll, muss es die erforderlichen Methoden implementieren und kann wählen, ob die optionalen Methoden implementiert werden.

Das Datenquellenprotokoll für `UITableView` heißt `UITableViewDataSource` und folgt hier (Kommentare von mir):

```
// So wie Klassen können Protokolle von anderen Protokollen erben
// Dieses Protokoll erbt vom NSObject-Protokoll
@protocol UITableViewDataSource <NSObject>

// Die folgenden Methoden müssen von jeder Tabellenansicht-Datenquelle implementiert werden
@required

// Eine Tabellenansicht hat Abschnitte, und jeder kann mehrere Zeilen haben
- (NSInteger)tableView:(UITableView *)tv numberOfRowsInSection:(NSInteger)section;

// Dieser Indexpfad besteht aus zwei Integern (einem für Abschnitt und einem für Zeile)
// Die jeweilige Tabellenansichtszelle sieht der Benutzer in diesem Abschnitt bzw. dieser Zeile
- (UITableViewCell *)tableView:(UITableView *)tv
        cellForRowAtIndexPath:(NSIndexPath *)ip;


// Diese Methoden können von der Tabellenansicht-Datenquelle implementiert werden (oder auch nicht)
@optional

// Implementiert die Datenquelle diese Methode nicht, hat die Tabellenansicht nur einen Abschnitt
- (NSInteger)numberOfSectionsInTableView:(UITableView *)tv;

// Zeilen können gelöscht und verschoben werden
- (BOOL)tableView:(UITableView *)tv canEditRowAtIndexPath:(NSIndexPath *)ip;

- (BOOL)tableView:(UITableView *)tv canMoveRowAtIndexPath:(NSIndexPath *)ip;

- (void)tableView:(UITableView *)tv
commitEditingStyle:(UITableViewCellEditingStyle)editingStyle
 forRowAtIndexPath:(NSIndexPath *)ip;

- (void)tableView:(UITableView *)tv
moveRowAtIndexPath:(NSIndexPath *)sourceIndexPath
       toIndexPath:(NSIndexPath *)destinationIndexPath;

// Um Papier und Druckerschwärze zu sparen, lasse ich ein paar optionale Methodendeklarationen weg.

@end
```

(Wie Klassen haben auch Protokolle ihre Referenzseiten in der *Developer Documentation* von Apple, sodass Sie danach suchen und schauen können, welche Methoden ein Protokoll enthält.)

Wenn Sie eine Klasse erstellen, die die Rolle der Datenquelle von `UITableView` erfüllen soll, sagen Sie in der Header-Datei explizit: „Diese Klasse ist konform mit dem Protokoll `UITableViewDataSource`." Die sieht so aus:

```
@interface TerrificViewController : UIViewController <UITableViewDataSource>
...
@end
```

Das heißt also: „`TerrificViewController` ist eine Unterklasse von `UIViewController` und konform mit dem `UITableViewDataSource`-Protokoll."

Wenn Ihre Klasse konform mit mehreren Protokollen ist, listen Sie sie in den spitzen Klammern mit auf:

```
@interface TerrificViewController : UIViewController
      <UITableViewDataSource, UITableViewDelegate, UITextFieldDelegate>
```

Dann müssen Sie in der Datei `TerrificController.m` die erforderlichen Methoden in jedes Protokoll implementieren. Wenn Sie vergessen, eine der erforderlichen Methoden zu implementieren, bekommen Sie eine ernste Warnung vom Compiler.

Sie sollten sich auch die optionalen Methoden anschauen und jene heraussuchen, die Sie implementieren wollen. Wenn sie implementiert wurden, werden sie automatisch zum passenden Zeitpunkt aufgerufen.

Schlussbemerkung: In Kapitel 24 haben Sie im Programm **CALLBACKS** eine Instanz von `Logger` zum Delegate eines `NSURLConnection`-Objekts gemacht. Doch in `Logger.h` haben Sie nicht deklariert, dass `Logger` konform mit einem Protokoll ist. Während ich dies hier schreibe, gibt es kein formales Protokoll für `NSURLConnection`-Delegates. Ich wäre nicht überrascht, wenn sich das ändert (falls Sie eine Warnung beim Kompilieren von **CALLBACKS** bekommen, die etwa „Dieses Objekt ist nicht konform mit dem Protokoll `NSURLConnectionDelegate`" lautet, wurde diese Änderung bereits vollzogen).

26 Eigenschaften-listen

Manchmal brauchen Sie ein Dateiformat, das sowohl vom Computer als auch von Menschen gelesen werden kann. Nehmen wir beispielsweise an, Sie brauchen eine Datei mit einer Beschreibung Ihres Aktienportfolios. Wenn Sie neue Aktien einfügen, wäre es schön, wenn Sie diese Datei einfach per Hand bearbeiten können. Doch es wäre gleichzeitig gut, wenn diese Datei auch von Ihren Programmen gelesen werden kann. Wenn Objective-C-Programmierer vor diesem Problem stehen, nutzen die meisten eine *Eigenschaftenliste*, oft auch *Property List* genannt.

Dabei handelt es sich um eine Kombination von zwei oder mehreren der folgenden Dinge:

> NSArray

> NSDictionary

> NSString

> NSData

> NSDate

> NSNumber (Integer, Float oder boolescher Wert)

Ein Array aus Dictionaries mit String-Schlüsseln und Datenobjekten ist z. B. eine solche Eigenschaftenliste.

Es ist wirklich sehr einfach, eine solche Liste in eine Datei zu schreiben und daraus zu lesen. Erstellen Sie in XCODE ein neues Projekt: ein FOUNDATION COMMAND LINE TOOL namens STOCKZ, und fügen Sie folgenden Code ein:

```
#import <Foundation/Foundation.h>

int main(int argc, const char * argv[])
{
    @autoreleasepool {

        NSMutableArray *stocks = [[NSMutableArray alloc] init];
```

```
NSMutableDictionary *stock;

stock = [NSMutableDictionary dictionary];
[stock setObject:@"AAPL"
        forKey:@"symbol"];
[stock setObject:[NSNumber numberWithInt:200]
        forKey:@"shares"];
[stocks addObject:stock];

stock = [NSMutableDictionary dictionary];
[stock setObject:@"GOOG"
        forKey:@"symbol"];
[stock setObject:[NSNumber numberWithInt:160]
        forKey:@"shares"];
[stocks addObject:stock];

[stocks writeToFile:@"/tmp/stocks.plist"
        atomically:YES];

    }
    return 0;
}
```

(Beachten Sie, dass ich den Zeiger stock wiederverwendet habe. Ich zeige damit auf das erste Dictionary und dann auf das zweite.)

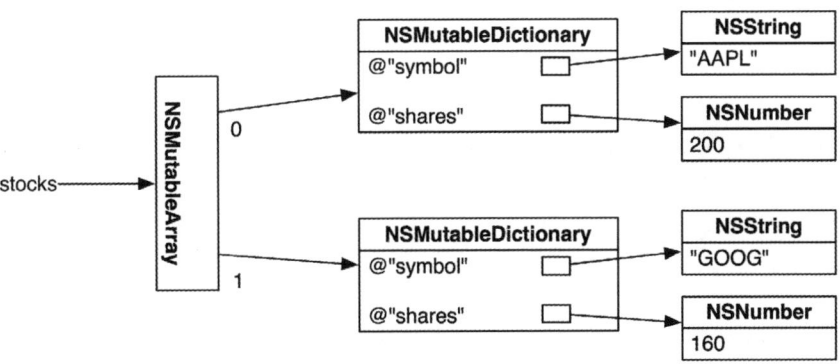

▶   *Abbildung 26.1: Ein Array mit Dictionaries*

193

Wenn Sie das Programm starten, bekommen Sie eine Datei namens `stocks.plist`. Wenn Sie diese in einem Editor öffnen, sieht sie so aus:

```
<?xml version="1.0" encoding="UTF-8"?>
<!DOCTYPE plist PUBLIC
  "-//Apple//DTD PLIST 1.0//EN" "http://www.apple.com/DTDs/PropertyList-1.0.dtd">
<plist version="1.0">
<array>
    <dict>
        <key>shares</key>
        <integer>200</integer>
        <key>symbol</key>
        <string>AAPL</string>
    </dict>
    <dict>
        <key>shares</key>
        <integer>160</integer>
        <key>symbol</key>
        <string>GOOG</string>
    </dict>
</array>
</plist>
```

Schön, nicht wahr? Kann man als Mensch gut lesen. XML. Nur eine Zeile Code.

Wenn Sie eine Eigenschaftenliste per Hand erstellen wollen, sollten Sie vorher wissen, dass es bei Xcode einen eingebauten Editor speziell für solche Listen gibt.

Nun fügen Sie den Code ein, der die Datei einliest:

```
int main(int argc, const char * argv[])
{
    @autoreleasepool {

        NSMutableArray *stocks = [[NSMutableArray alloc] init];

        NSMutableDictionary *stock;

        stock = [NSMutableDictionary dictionary];
        [stock setObject:@"AAPL"
                forKey:@"symbol"];
        [stock setObject:[NSNumber numberWithInt:200]
                forKey:@"shares"];
        [stocks addObject:stock];
```

```
        stock = [NSMutableDictionary dictionary];
        [stock setObject:@"GOOG"
                  forKey:@"symbol"];
        [stock setObject:[NSNumber numberWithInt:160]
                  forKey:@"shares"];
        [stocks addObject:stock];

        [stocks writeToFile:@"/tmp/stocks.plist"
                  atomically:YES];

        NSArray *stockList = [NSArray arrayWithContentsOfFile:@"/tmp/stocks.plist"];

        for (NSDictionary *d in stockList) {
            NSLog(@"I have %@ shares of %@",
                   [d objectForKey:@"shares"], [d objectForKey:@"symbol"]);
        }

    }
    return 0;
}
```

Kompilieren Sie das Programm und starten Sie es.

26.1 Aufgabe

Schreiben Sie ein Tool, das eine Eigenschaftenliste erstellt, die alle diese acht Typen enthält: Array, Dictionary, String, Daten, Datum/Zeit, Integer, Float, boolescher Wert.

Teil IV

Ereignisgesteuerte Anwendungen

Nun kommen wir zu dem Thema, auf das Sie schon die ganze Zeit warten und das der Grund ist, warum Sie dieses Buch lesen: das Schreiben von iOS- und Cocoa-Apps. In den nächsten beiden Kapiteln bekommen Sie einen Einblick in die Anwendungsentwicklung. Ihre Anwendungen werden ein GUI (Graphical User Interface) bekommen und ereignisgesteuert sein.

Bei einem Befehlszeilenprogramm führen Sie das Programm aus, das dann sein eigenes Ding macht, bis alles beendet ist. Eine *ereignisgesteuerte Anwendung* ist anders. Sie wird gestartet und hält dann einen Runloop bereit, der auf Ereignisse wartet. Gibt es ein Ereignis, wird die Anwendung aktiv, führt Methoden aus, sendet Nachrichten etc.

Zuerst werden Sie eine iOS-Anwendung schreiben und dann eine ähnliche Cocoa-Anwendung. Cocoa ist die Sammlung von Apple-Frameworks, mit denen Sie Anwendungen auf dem Mac schreiben. Mit einem davon sind Sie bereits vertraut: Foundation.

Um iOS-Anwendungen zu schreiben, werden Sie mit einer anderen Gruppe Frameworks arbeiten, die sich Cocoa Touch nennt. Cocoa und Cocoa Touch haben bestimmte Frameworks gemeinsam, z. B. Foundation. Andere sind für die jeweilige Plattform spezifisch.

27 Ihre erste iOS-Anwendung

In diesem Kapitel werden Sie Ihre erste iOS-Anwendung erstellen: eine einfache To-do-Liste namens ITAHDOODLE, in der die Daten als Eigenschaftenliste gespeichert werden. So wird ITAHDOODLE aussehen, wenn Sie mit der Anwendung fertig sind:

▶ *Abbildung 27.1: Die Anwendung ITAHDOODLE*

Alle iOS-Anwendungen sind ereignisgesteuert. Der Runloop wartet auf Ereignisse. Die wartende Anwendung reagiert dann auf Ereignisse, die vom Benutzer (z. B. Tippen auf eine Schaltfläche) oder dem System (z. B. Warnung über mangelnden Speicher) generiert werden.

27.1 ERSTE SCHRITTE FÜR ITAHDOODLE

In **XCODE** wählen Sie **FILE → NEW → NEW PROJECT**. Im **IOS**-Abschnitt (nicht dem **MAC OS X**-Abschnitt) klicken Sie auf **APPLICATION**. Nun können Sie sich für eine Vorlage entscheiden: Wählen Sie **EMPTY APPLICATION**.

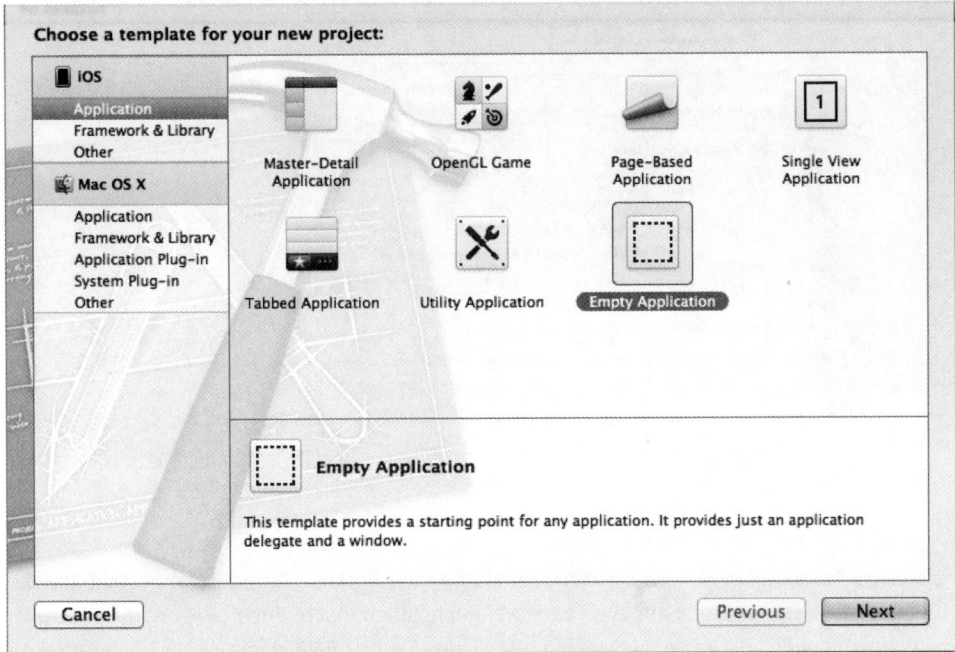

▶ *Abbildung 27.2: Eine neue i0S-Anwendung erstellen*

Die Projektvorlagen in **XCODE** erleichtern Ihre Arbeit. Sie enthalten Boilerplate-Code, der die Entwicklung beschleunigt. Allerdings entscheiden wir uns hier für die Vorlage **EMPTY APPLICATION**, die praktisch einer komplett leeren Vorlage gleicht. Wenn Sie es **XCODE** überlassen, zu viel Boilerplate-Code zu generieren, erweisen Sie sich einen Bärendienst und lernen nicht, wie die Interna funktionieren.

Außerdem ändern sich die Namen dieser Vorlagen oft, wenn neue **XCODE**-Releases erscheinen. Also machen Sie sich keine Sorgen, wenn die vorgeschlagenen Vorlagen nicht genauso aussehen wie in Abbildung 27.2: Eine neue i0S-Anwendung erstellen. Suchen Sie nach der Vorlage, die am einfachsten klingt, und überarbeiten Sie den Code dann so, dass er zum Code in diesem Buch passt. Wenn Sie Schwierigkeiten bekommen, Ihren Code oder Ihre Projektvorlagen abzugleichen, besuchen Sie das Forum der Big Nerd Ranch (*forums.bignerdranch.com*) für dieses Buch, wo Sie Hilfe bekommen.

Nachdem Sie die Vorlage **EMPTY APPLICATION** gewählt haben, klicken Sie auf **NEXT** und geben diesem Projekt den Namen **ITAHDOODLE**. **COMPANY IDENTIFIER** und **BUNDLE IDENTIFIER** machen gemeinsam jede App im App Store unverwechselbar. Bei beiden handelt es sich um Strings in „Reverse Domain"-Notation. Big Nerd Ranch verwendet z. B. com.bignerdranch als seinen **COMPANY IDENTIFIER**.

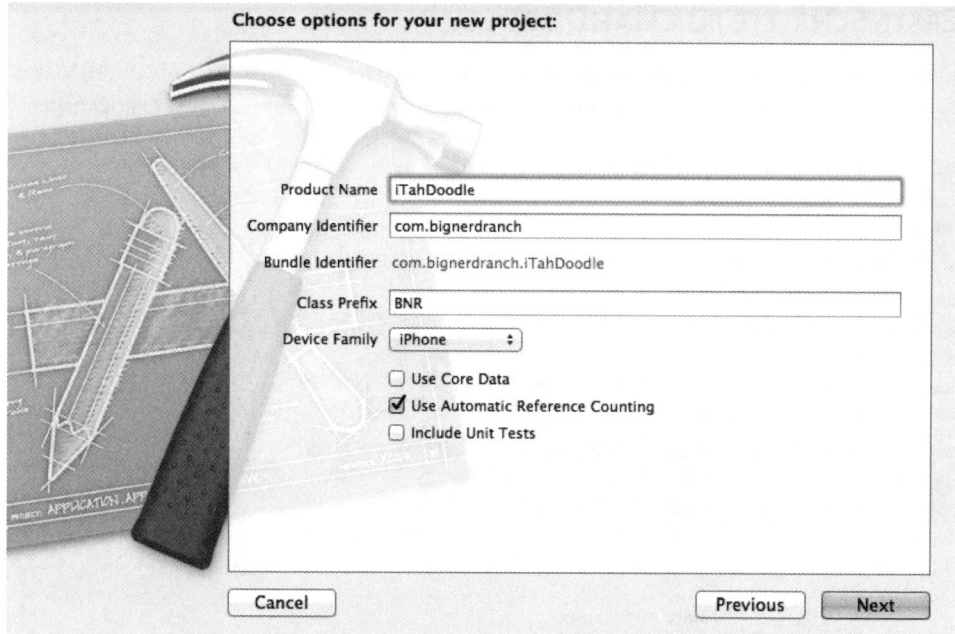

Choose options for your new project:

Product Name: iTahDoodle

Company Identifier: com.bignerdranch

Bundle Identifier: com.bignerdranch.iTahDoodle

Class Prefix: BNR

Device Family: iPhone

☐ Use Core Data
☑ Use Automatic Reference Counting
☐ Include Unit Tests

Cancel · Previous · Next

▶ *Abbildung 27.3: Das* **iTahDoodle**-*Projekt konfigurieren*

Was Sie als **Class Prefix** eingeben, wird dann dem Namen der initialen Klasse vorangestellt, die die Vorlage für Sie erstellt. Dieses Präfix aus zwei oder drei Buchstaben macht Ihre Klassennamen deutlich unterscheidbar von denen von Apple oder anderen (nehmen Sie hier **BNR**, damit unser Code synchron bleibt).

Beachten Sie, dass der Code von Apple Präfixe beinhaltet. Alle Klassen von Apple, die Sie bisher gesehen haben, beginnen mit dem Präfix NS, das für NeXTSTEP steht (für diese Plattform wurde das Foundation Framework ursprünglich designt). In diesem Kapitel werden Sie auch mit Klassen aus dem UIKit-Framework arbeiten, die mit UI beginnen.

Machen Sie **iTahDoodle** schließlich zu einer **iPhone**-Anwendung (im Gegensatz zu **iPad** oder **Univer-sal**). **iTahDoodle** wird mit Automatic Reference Counting arbeiten, aber keine Core Data oder Unit-Tests verwenden.

27.2 BNRAppDelegate

Als **Xcode** Ihr Projekt anhand der Vorlage **Empty Application** einrichtete, wurde auch gleichzeitig eine Klasse erstellt, und zwar BNRAppDelegate. Dieses „AppDelegate" ist der Startpunkt Ihrer Anwendung, und jede iOS-Anwendung besitzt so einen. Diese eine Instanz von BNRAppDelegate ist verantwortlich für die Verarbeitung von Ereignissen sowie die Koordination der Arbeit der anderen Objekte in der Anwendung.

Öffnen Sie BNRAppDelegate.h und fügen Sie vier Instanzvariablen und eine Instanzmethode ein. Die ersten drei Instanzvariablen sind Zeiger auf Objekte, die der Benutzer sieht und mit denen er interagieren kann: eine Tabellenansicht, die alle zu erledigenden Aufgaben (Tasks) darstellt, ein Textfeld, in das Sie eine neue Aufgabe eingeben können, und eine Schaltfläche, die die neue Aufgabe in die Tabelle einfügt. Das vierte Objekt ist ein veränderliches Array. Darin werden Sie die Aufgaben als Strings speichern.

```
#import <UIKit/UIKit.h>

@interface BNRAppDelegate : UIResponder
<UIApplicationDelegate>
{
    UITableView *taskTable;
    UITextField *taskField;
    UIButton *insertButton;

    NSMutableArray *tasks;
}

- (void)addTask:(id)sender;

@property (strong, nonatomic) UIWindow *window;

@end
```

Beachten Sie, dass die Datei UIKit.h von der Vorlage importiert wurde. UIKit ist das Framework, das die meisten der iOS-spezifischen Klassen wie UITableView, UITextField und UIButton enthält. Außerdem ist BNRAppDelegate konform mit dem Protokoll UIApplicationDelegate.

Sie haben sicherlich bemerkt, dass wir Foundation.h nicht importiert haben. Wie können wir dann mit NSMutableArray arbeiten? Bei dieser Vorlage ist der Header des Foundation Framework Teil der vorkompilierten Header-Datei für dieses Projekt, und somit stehen die Foundation-Klassen zur Verfügung (wenn Sie mir nicht glauben, klicken Sie im Projektnavigator unter **Supporting Files** auf iTahDoodle-Prefix.pch und schauen Sie selbst nach).

27.3 Eine C-Hilfsfunktion einfügen

Wir können den Deklarationen der Instanzvariablen entnehmen, dass die **iTahDoodle**-Anwendung mindestens vier weitere Objekte enthalten wird. Doch bevor wir zu diesen Objekten kommen, werden Sie eine C-Funktion schreiben. In Objective-C erledigen wir unsere Aufgaben meist eher mit Methoden als mit Funktionen. Wenn wir also eine C-Funktion in einer Objective-C-Anwendung einsetzen, sprechen wir davon oft als *Helfer*funktion.

ITahDoodle wird die Aufgaben des Users als Eigenschaftenliste speichern, und zwar als XML-Datei. Somit müssen Sie irgendwie den Standort dieser Datei herausfinden, während Ihre Anwendung läuft. Sie werden dazu eine C-Funktion schreiben, die diesen Dateipfad als NSString zurückgibt.

Um eine Helferfunktion in Ihre Anwendung einzufügen, müssen Sie sie zuerst in BNRAppDelegate.h deklarieren.

```
#import <UIKit/UIKit.h>

// Deklariert eine Helferfunktion, mit der wir den Dateipfad zu dem
// Standort auf der Festplatte erhalten, wo die To-do-Liste gespeichert wird
NSString *docPath(void);

@interface BNRAppDelegate : UIResponder
<UIApplicationDelegate>
{
    UITableView *taskTable;
    UITextField *taskField;
    UIButton *insertButton;

    NSMutableArray *tasks;
}

- (void)addTask:(id)sender;

@property (strong, nonatomic) UIWindow *window;

@end
```

Beachten Sie, dass Sie docPath() über der Klassendeklaration deklarieren. Das liegt daran, dass docPath() zwar in der Datei BNRAppDelegate.h deklariert wird, aber nicht Bestandteil der Klasse BNRAppDelegate ist. Tatsächlich könnte diese Funktion im ITahDoodle-Projekt auch ihr eigenes Dateipaar haben. Doch weil es in ITahDoodle nur eine dieser Helferfunktionen gibt, packen wir diese in die Klassendateien des App-Delegates, um es möglichst einfach zu halten.

Nun öffnen Sie BNRAppDelegate.m und implementieren Sie Ihre Helferfunktion. Noch einmal: Weil docPath() nicht Teil der Klasse ist, implementieren Sie sie *nach* dem #import, aber *vor* der Zeile mit @implementation (dort beginnt die Implementierung der Klasse).

```
#import "BNRAppDelegate.h"


// Helferfunktion, um den Pfad zu der auf Festplatte gespeicherten To-do-Liste zu holen
NSString *docPath()
{
```

```
NSArray *pathList = NSSearchPathForDirectoriesInDomains(NSDocumentDirectory,
                                        NSUserDomainMask, YES);
    return [[pathList objectAtIndex:0] stringByAppendingPathComponent:@"data.td"];
}
```

`@implementation`

Die Funktion docPath() ruft eine weitere C-Funktion auf, und zwar NSSearchPathForDirectories InDomains(). Diese Funktion sucht nach Verzeichnissen, die zu speziellen Kriterien passen, und gibt sie als Array zurück. Machen Sie sich keine Gedanken darüber, welche Argumente Sie nehmen sollen: In praktisch allen iOS-Anwendungen, die Sie jemals schreiben werden, übergeben Sie immer die exakt gleichen Argumente und bekommen ein Array mit genau einem Element zurück (wenn Sie neugierig sind, wie das funktioniert, schlagen Sie NSSearchPathForDirectoriesInDomains() in der *Foundation Functions Reference* in der *Developer Documentation* nach).

27.4 OBJEKTE IN ITAHDOODLE

Nun kehren wir zu unseren Objekten zurück. Sie kennen bereits die fünf Objekte, aus denen die ITAH-DOODLE-Anwendung besteht. Da gibt es die Instanz BNRAppDelegate, und dieses Objekt hat Zeiger auf vier weitere: die Instanzen von UITableView, UITextField, UIButton und NSMutableArray.

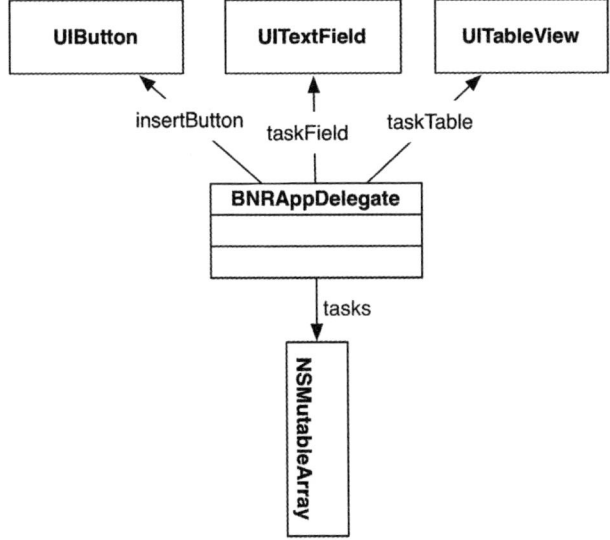

▶   *Abbildung 27.4: Objektdiagramm für* **ITAHDOODLE**

Bevor wir damit weitermachen, diese Objekte zu konfigurieren und zu verbinden, nehmen wir uns Objekte und ihre Beziehung mal etwas theoretischer vor.

27.5 MODELL-PRÄSENTATION-CONTROLLER

Das Entwurfsmuster Modell-Präsentation-Controller (Model-View-Controller, MVC) konzentriert sich auf das Konzept, dass jede von Ihnen erstellte Klasse einer von drei Jobkategorien zuzuordnen sei: Modell, Präsentation oder Controller. Dies ist kurz gefasst deren Arbeitsaufteilung:

> *Modelle* sind dafür verantwortlich, Daten zu speichern und anderen Objekten zur Verfügung zu stellen. Modelle wissen nichts über die Benutzeroberfläche oder wie sie auf dem Bildschirm dargestellt werden; ihr einziger Zweck ist das Aufnehmen und Verwalten der Daten. NSString, NSDate und NSArray sind traditionelle Modellobjekte. In ıTAHDOODLE ist das NSMutableArray Ihr bisher einziges Modellobjekt, in dem Aufgaben gespeichert werden. Allerdings wird jede einzelne Aufgabe als Instanz von NSString beschrieben, und diese werden ebenfalls Modellobjekte.

> *Präsentationen* (auch *Ansichten* genannt) sind die visuellen Elemente einer Anwendung. Präsentationen wissen, wie sie auf dem Bildschirm darzustellen sind und wie man auf Benutzereingaben reagiert. Sie wissen nichts über die eigentlichen Daten, die sie darstellen, oder wie sie strukturiert sind bzw. gespeichert werden. UIView und deren verschiedene Unterklassen wie UIWindow sind übliche Beispiele für Präsentationsobjekte. In ıTAHDOODLE sind Ihre Präsentationsobjekte die Instanzen von UITableView, UITextView und UIButton. Eine einfache Faustregel lautet: Wenn Sie es anschauen können, handelt es sich um eine Präsentation.

> *Controller* führen die notwendige Logik aus, um die verschiedenen Teile Ihrer Anwendung zu verbinden und zu betreiben. Sie verarbeiten Ereignisse und koordinieren die anderen Objekte in Ihrer Anwendung. Controller sind sozusagen die wahren Arbeitspferde jeder Anwendung. Während hier in ıTAHDOODLE BNRAppDelegate der einzige Controller ist, gibt es in einer komplexen Anwendung verschiedene Controller, die Modell- und Präsentationsobjekte sowie andere Controller koordinieren.

Abbildung 27.5 zeigt den Fluss der Steuerung zwischen Objekten in Reaktion auf ein Benutzerereignis wie das Tippen auf eine Schaltfläche. Beachten Sie, dass Modelle und Präsentationen nicht direkt miteinander sprechen: Controller sitzen genau dazwischen und empfangen Nachrichten von anderen Objekten und verteilen Instruktionen weiter.

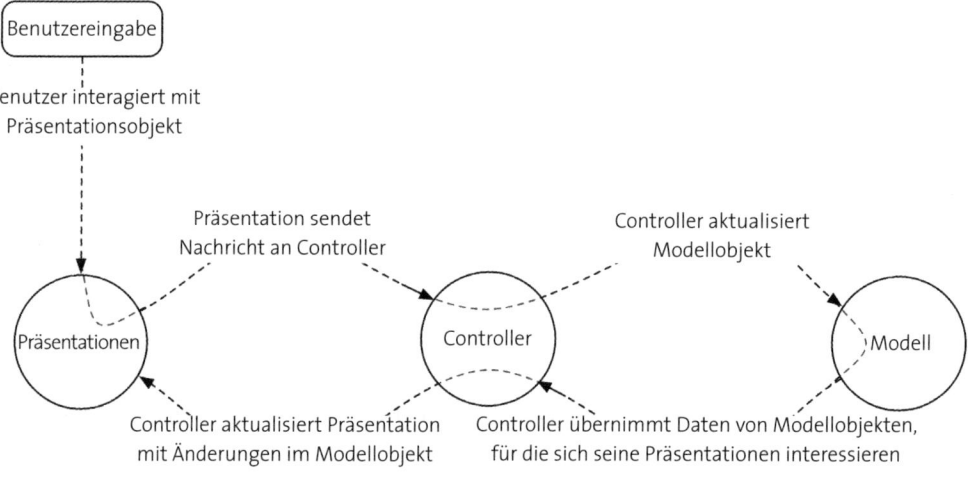

▶ *Abbildung 27.5: MVC-Fluss mit Benutzereingabe*

Es ist überaus wichtig, die Aufteilung der Verantwortlichkeiten nicht zu unterschätzen, die durch das MVC-Muster vorgegeben wird. Die meisten Touch-APIs in Cocoa und Cocoa Touch wurden vor dem Hintergrund von MVC geschrieben, und das sollte auch für Ihren Code gelten. Nun kehren wir zu unserem Controller zurück: der Instanz von BNRAppDelegate.

27.6 Das Anwendungs-Delegate

Wenn eine iOS-Anwendung zum ersten Mal gestartet wird, gibt es hinter den Kulissen eine Menge Einrichtungsarbeiten. Während dieser Phase wird eine Instanz von UIApplication erstellt, die den Status Ihrer Anwendung steuert und als Verbindung zum Betriebssystem agiert. Außerdem wird eine Instanz von BNRAppDelegate erstellt und als delegate der Instanz UIApplication festgelegt (was auch die Bezeichnung „App-Delegate" erklärt).

Während die Anwendung gestartet wird, ist sie zum Arbeiten oder für Input noch nicht bereit. Wenn sich das ändert, sendet die UIApplication-Instanz ihrem Delegate die Nachricht application: didFinishLaunchingWithOptions:. Diese Methode ist sehr wichtig. Dorthin kommt alles, was passiert bzw. parat sein muss, bevor der Benutzer mit der Anwendung interagiert.

Bei **iTahDoodle** gehört zu den Dingen, die wir in dieser Methode tun müssen, die Eigenschaftenliste zu finden und sie in ein Array zu laden. Beachten Sie, dass es in BNRAppDelegate.m bereits einen Stub für die Methode application:didFinishLaunchingWithOptions: gibt. Finden Sie diesen und ersetzen Sie den Code zwischen den Klammern mit Folgendem:

```
#pragma mark - Application delegate callbacks

- (BOOL)application:(UIApplication *)application
didFinishLaunchingWithOptions:(NSDictionary *)launchOptions
{
  // Versucht, einen vorhandenen To-do-Datensatz von einem
  // auf Festplatte gespeicherten Array zu laden
    NSArray *plist = [NSArray arrayWithContentsOfFile:docPath()];
    if (plist) {
        // Ist ein Datensatz verfügbar, wird er in unsere Instanzvariable kopiert
        tasks = [plist mutableCopy];
    } else {
        // Anderenfalls für den Anfang einfach einen leeren Datensatz erstellen
        tasks = [[NSMutableArray alloc] init];
    }
}
```

Wundern Sie sich über das #pragma mark zu Beginn dieses Codes? Objective-C-Programmierer nutzen dieses Konstrukt oft, um ihre Methoden innerhalb einer Klasse zu gruppieren. **Xcode** kennt das natürlich auch. Suchen Sie in der Navigationsleiste oben im Editor das Element rechts neben **BNRAppDelegate.m** (aktuell lautet dieses Element wahrscheinlich gerade **@implementation AppDelegate**, was aber davon abhängt, wo im Code sich Ihr Cursor befindet). Klicken Sie auf dieses Element, und **Xcode** zeigt Ihnen eine Liste von Standorten in dieser Datei. Wenn Sie auf eines davon klicken, landen Sie direkt dort, wo es sich im Code befindet. Sie sehen, dass sich das Pragmazeichen in dieser Liste befindet. Das ist sehr praktisch, wenn Sie viele Methoden in einer Klasse haben.

27.7 PRÄSENTATIONEN EINRICHTEN

Bevor die Anwendung einsatzbereit ist, müssen wir noch die Präsentationsobjekte einrichten. Dazu gehört, sie zu erstellen, zu konfigurieren und auf den Bildschirm zu bringen. Das hört sich sinnvoll an, nicht wahr? Der Benutzer kann auf keine Schaltfläche tippen, die nicht existiert oder nicht auf dem Bildschirm sichtbar ist.

In ɪTᴀʜDᴏᴏᴅʟᴇ richten Sie Ihre Präsentationen programmatisch in `application:didFinishLaunching WithOptions:` ein. Zum Einrichten von Präsentationen gibt es auch ein visuelles Drag&Drop-Tool, das wir im nächsten Kapitel nutzen.

Ich möchte Sie schon vorab warnen, dass es nun mit dem Code richtig dicke kommt. Die detaillierte Syntax, um Präsentationen zu erstellen und auf dem Bildschirm auszugeben, ist ein Thema für ein Buch speziell über die iOS-Anwendungsprogrammierung. Versuchen Sie, wenn Sie den Code eintippen, das Wesentliche dessen nachzuvollziehen, was passiert. Sie erstellen jedes Objekt und konfigurieren es dann, indem bestimmte Eigenschaften für das Objekt angegeben werden. Als Nächstes werden die konfigurierten Präsentationsobjekte als *Subviews* des Fensterobjekts eingefügt, und schließlich wird das Fenster auf den Bildschirm platziert.

```
#pragma mark - Application delegate callbacks

- (BOOL)application:(UIApplication *)application
didFinishLaunchingWithOptions:(NSDictionary *)launchOptions
{
    // Versucht, einen vorhandenen To-do-Datensatz von
    // einem auf Festplatte gespeicherten Array zu laden
    NSArray *plist = [NSArray arrayWithContentsOfFile:docPath()];
    if (plist) {
        // Ist ein Datensatz verfügbar, wird er in unsere Instanzvariable kopiert
        tasks = [plist mutableCopy];
    } else {
        // Anderenfalls für den Anfang einfach einen leeren Datensatz erstellen
        tasks = [[NSMutableArray alloc] init];
    }

    // Erstellt und konfiguriert die UIWindow-Instanz
    // Ein CGRect ist ein struct mit Ursprung (x,y) und Größe (width,height)
    CGRect windowFrame = [[UIScreen mainScreen] bounds];
    UIWindow *theWindow = [[UIWindow alloc] initWithFrame:windowFrame];
    [self setWindow:theWindow];
```

```
// Definiert die Frame-Rechtecke der drei UI-Elemente
// CGRectMake() erstellt ein CGRect aus (x, y, width, height)
CGRect tableFrame = CGRectMake(0, 80, 320, 380);
CGRect fieldFrame = CGRectMake(20, 40, 200, 31);
CGRect buttonFrame = CGRectMake(228, 40, 72, 31);

// Erstellt und konfiguriert die Tabellenansicht
taskTable = [[UITableView alloc] initWithFrame:tableFrame
                                         style:UITableViewStylePlain];
[taskTable setSeparatorStyle:UITableViewCellSeparatorStyleNone];

// Erstellt und konfiguriert das Textfeld zum Eintippen neuer Aufgaben
taskField = [[UITextField alloc] initWithFrame:fieldFrame];
[taskField setBorderStyle:UITextBorderStyleRoundedRect];
[taskField setPlaceholder:@"Type a task, tap Insert"];

// Erstellt und konfiguriert eine Insert-Schaltfläche mit abgerundeten Ecken
insertButton = [UIButton buttonWithType:UIButtonTypeRoundedRect];
[insertButton setFrame:buttonFrame];

// Schaltflächen funktionieren mit einem Ziel-Aktion-Callback
// Konfiguriert die Aktion der Insert-Schaltfläche,
// dass die Methode –addTask: dieses Objekts aufgerufen wird
[insertButton addTarget:self
                 action:@selector(addTask:)
       forControlEvents:UIControlEventTouchUpInside];

// Gibt der Schaltfläche eine Bezeichnung
[insertButton setTitle:@"Insert"
              forState:UIControlStateNormal];

// Fügt unsere 3 UI-Elemente ins Fenster ein
[[self window] addSubview:taskTable];
[[self window] addSubview:taskField];
[[self window] addSubview:insertButton];

// Finalisiert Fenster und gibt es auf Bildschirm aus
[[self window] setBackgroundColor:[UIColor whiteColor]];
[[self window] makeKeyAndVisible];

return YES;
}
```

27.7.1   Durchlauf auf dem iOS-Simulator

Nachdem Sie die Präsentationen eingerichtet haben, kann die Anwendung kompiliert werden, damit Sie sehen, wie alles wirkt. Suchen Sie in **Xcode** das Dropdown-Menü **Scheme** in der Nähe der **Run**-Schaltfläche. Wählen Sie **iPhone 5.X Simulator** für die aktuelle Version des iOS-Simulators.

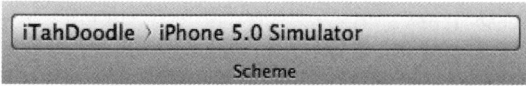

▶   *Abbildung 27.6: Schemaselektor*

Kompilieren Sie das Programm und starten Sie es. Der Compiler warnt Sie, weil Sie addTask: nicht implementiert haben. Momentan können Sie das ignorieren, da Sie addTask: schon bald implementieren.

Mit dem Simulator lassen Sie Cocoa Touch-Anwendungen auf dem Desktop laufen. Auf diese schnelle und einfache Weise sehen Sie, wie das Programm aussieht und agiert, wenn es auf einem iOS-Gerät läuft.

Sie sehen die Präsentationen, die Sie in den application:didFinishLaunchingWithOptions: eingerichtet und angelegt haben, aber momentan können die noch nichts machen. Tatsächlich wird durch Tippen auf die Schaltfläche **Insert** die Anwendung abstürzen, weil die Aktionsmethode addTask: dieser Schaltfläche noch gar nicht implementiert ist (das ist einer der Gründe, warum der Compiler Sie gewarnt hat).

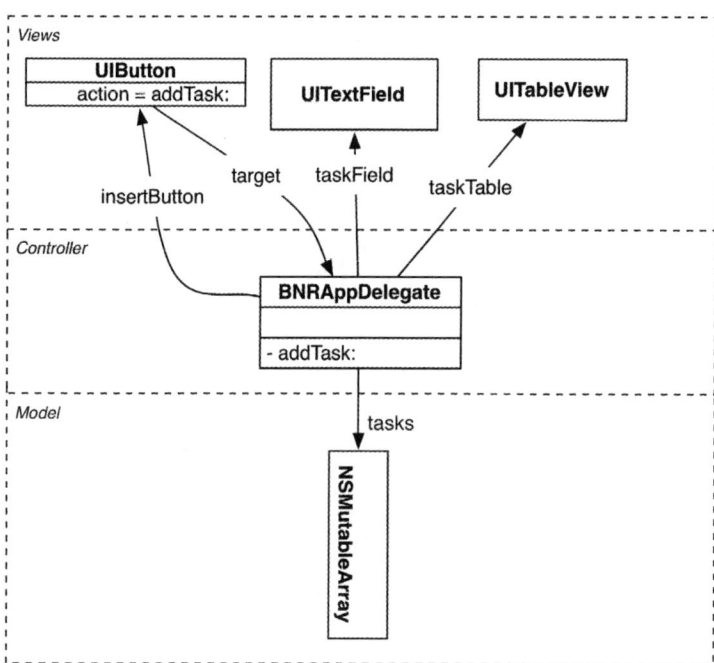

▶   *Abbildung 27.7: Objektdiagramm für* **iTahDoodle**

27.8 Die Tabellenansicht verschalten

Sie haben eine Tabellenansicht auf dem Bildschirm, doch die hat gar keine Ahnung, was sie darstellen soll. Als Präsentationsobjekt enthält die Tabellenansicht gar keine eigentlichen Daten. Sie braucht ein Objekt, das als ihre Datenquelle agiert. In **iTahDoodle** wird die Datenquelle Ihrer Tabellenansicht die Instanz von BNRAppDelegate sein.

In BNRAppDelegate.m aktualisieren Sie application:didFinishLaunchingWithOptions:, damit eine Nachricht an die Tabellenansicht gesendet wird, um die BNRAppDelegate-Instanz zu ihrer Datenquelle zu machen.

```
...
// Erstellt und konfiguriert die Tabellenansicht
taskTable = [[UITableView alloc] initWithFrame:tableFrame
                                    style:UITableViewStylePlain];
[taskTable setSeparatorStyle:UITableViewCellSeparatorStyleNone];

// Macht dieses Objekt zur dataSource der Tabellenansicht
[taskTable setDataSource:self];

// Erstellt und konfiguriert das Textfeld, in das neue Tasks eingetippt werden
taskField = [[UITextField alloc] initWithFrame:fieldFrame];
...
```

Damit die Datenquelle der Tabellenansicht ihre Arbeit erledigen kann, muss sie Methoden in das UITableViewDataSource-Protokoll implementieren. Zuerst aktualisieren Sie BNRAppDelegate.h, um zu deklarieren, dass BNRAppDelegate konform mit diesem Protokoll ist:

```
@interface BNRAppDelegate : UIResponder
<UIApplicationDelegate, UITableViewDataSource>
{
    UITableView *taskTable;
    UITextField *taskField;
    UIButton *insertButton;

    NSMutableArray *tasks;
}
- (void)addTask:(id)sender;
```

Das UITableViewDataSource-Protokoll erfordert zwei Methoden, die BNRAppDelegate jetzt implementieren muss. Als Minimum muss die Datenquelle der Tabellenansicht darauf vorbereitet werden, der Tabellenansicht zu sagen, wie viele Zeilen sich in einem bestimmten Abschnitt der Tabelle befinden und was für Zellen in der Zeile jeweils sein sollen.

Implementieren Sie die Callbacks entsprechend:

```
#pragma mark - Table View management

- (NSInteger)tableView:(UITableView *)tableView
 numberOfRowsInSection:(NSInteger)section
{
    // Weil diese Tabellenansicht nur einen Abschnitt hat,
    // ist die Zahl der Zeilen darin gleich der Anzahl
    // der Elemente in unserem Task-Array
    return [tasks count];
}

- (UITableViewCell *)tableView:(UITableView *)tableView
        cellForRowAtIndexPath:(NSIndexPath *)indexPath
{
    // Um die Performance zu verbessern, konfigurieren wir Zellen im
    // Speicher neu, die aus dem Bildschirm gescrollt sind, und geben sie
    // mit neuen Inhalten zurück, anstatt immer neue Zellen zu erstellen.
    // Zuerst wird geprüft, ob eine Zelle zur Wiederverwendung da ist
    UITableViewCell *c = [taskTable dequeueReusableCellWithIdentifier:@"Cell"];

    if (!c) {
        // ... und allozieren nur dann eine neue, wenn keine verfügbar ist
        c = [[UITableViewCell alloc] initWithStyle:UITableViewCellStyleDefault
                            reuseIdentifier:@"Cell"];
    }

    // Dann (re)konfigurieren wir die Zelle basierend auf dem Modellobjekt,
    // in diesem Fall unser Array todoItems
    NSString *item = [tasks objectAtIndex:[indexPath row]];
    [[c textLabel] setText:item];

    // und geben die korrekt konfigurierte Zelle zur Tabellenansicht zurück
    return c;
}
```

Um die Anwendung zu testen, fügen Sie oben in `application:didFinishLaunchingWithOptions:` ein paar Daten ins Array.

```
- (BOOL)application:(UIApplication *)application
 didFinishLaunchingWithOptions:(NSDictionary *)launchOptions
{
    // Versucht, einen vorhandenen To-do-Datensatz von einem auf
    // Festplatte gespeicherten Array zu laden
```

```
NSArray *plist = [NSArray arrayWithContentsOfFile:docPath()];
if (plist) {
    // Ist ein Datensatz verfügbar, wird er in unsere Instanzvariable kopiert
    tasks = [plist mutableCopy];
} else {
    // Anderenfalls für den Anfang einfach einen leeren Datensatz erstellen
    tasks = [[NSMutableArray alloc] init];
}


// Ist tasks leer?
if ([tasks count] == 0) {
    // Legt ein paar Strings hinein
    [tasks addObject:@"Walk the dogs"];
    [tasks addObject:@"Feed the hogs"];
    [tasks addObject:@"Chop the logs"];
}


// Erstellt und konfiguriert die UIWindow-Instanz
CGRect windowFrame = [[UIScreen mainScreen] bounds];
UIWindow *theWindow = [[UIWindow alloc] initWithFrame:windowFrame];
[self setWindow:theWindow];


    ...
}
```

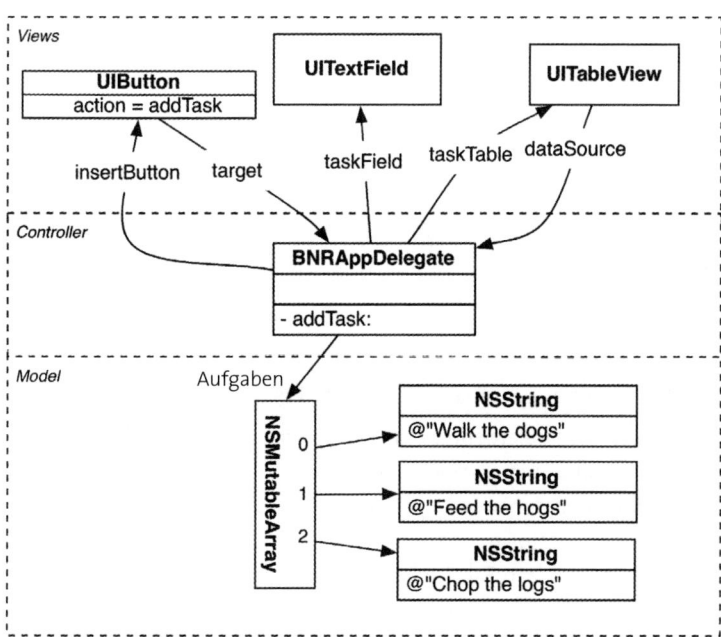

▶ *Abbildung 27.8: Vollständiges Objektdiagramm für* iTahDoodle

Kompilieren Sie das Programm und starten Sie es. Die Tabellenansicht sollte Ihre Testdaten ausgeben. Doch Sie können immer noch keine neuen Aufgaben einfügen. Also noch mal auf ins Gefecht!

27.9 Neue Aufgaben einfügen

Als Sie in `application:didFinishLaunchingWithOptions:` die UIButton-Instanz erstellten, gaben Sie ihr ein Ziel-Aktion-Paar:

```
[insertButton addTarget:self
                action:@selector(addTask:)
      forControlEvents:UIControlEventTouchUpInside];
```

Das Ziel ist `self`, und die Aktion ist `addTask:`. Also schickt die **Insert**-Schaltfläche dem BNRAppDelegate die `addTask:`-Nachricht. Somit müssen wir die `addTask:`-Methode in BNRAppDelegate.m implementieren.

```
- (void)addTask:(id)sender
{
    // Holt das To-do-Element
    NSString *t = [taskField text];

    // Hier beenden, falls taskField leer
    if ([t isEqualToString:@""]) {
        return;
    }

    // Fügt es ins Arbeits-Array ein
    [tasks addObject:t];
    // Tabelle aktualisieren, damit das neue Element erscheint
    [taskTable reloadData];
    // Und Textfeld leeren
    [taskField setText:@""];
    // Tastatur verschwinden lassen
    [taskField resignFirstResponder];
}
```

Was hat es mit diesem `resignFirstResponder` auf sich? Hier ist die Kurzversion:

Manche Präsentationsobjekte sind auch Steuerelemente: Präsentationen, mit denen der Benutzer interagieren kann. Schaltflächen, Schieberegler und Textfelder sind Beispiele dafür. Wenn sie sich auf dem Bildschirm befinden, kann eines von ihnen der *erste Responder* sein. Wenn man diesen Status hat, bedeutet das, dieses Steuerelement kriegt das erste Zugriffsrecht auf die Bearbeitung von Texteingaben mit der Tastatur oder Schüttelbewegungen (z. B. „Mit Schütteln rückgängig machen").

Wenn der Benutzer auf ein Steuerelement tippt, das den Status als erster Responder akzeptieren kann, bekommt es die Nachricht becomeFirstResponder. Das Steuerelement behält diesen Status und empfängt Tastatureingaben oder Schüttelbewegungen, bis ein anderes zum ersten Responder wird oder das aktuelle Steuerelement die Nachricht resignFirstResponder gesendet bekommt.

Wenn ein Texteingabesteuerelement (wie ein Textfeld) zum ersten Responder wird, erscheint die Tastatur auf dem Bildschirm. Solange der aktuelle erste Responder ein Steuerelement ist, das Texteingaben akzeptiert, bleibt die Tastatur auf dem Bildschirm. Am Ende von addTask: sagen wir dem Textfeld, es solle seinen Status aufgeben, und dadurch verschwindet die Tastatur wieder.

Kompilieren Sie das Programm und starten Sie es. Nun können Sie Aufgaben hinzufügen!

27.9.1 Daten von Aufgaben speichern

Es gibt noch ein letztes Feature, das Sie in ɪTᴀʜDᴏᴏᴅʟᴇ einfügen. Wenn ein Benutzer die App schließt, möchte er natürlich seine To-do-Liste auch zur späteren Nutzung aufbewahren.

Wenn eine Cocoa Touch-Anwendung beendet oder in den Hintergrund geschickt wird, sendet sie ihrem Delegate eine Nachricht aus dem UIApplicationDelegate-Protokoll, damit der Delegate sich darum kümmert und gnädig auf diese Ereignisse reagiert. Setzen Sie die Stubs dieser beiden Delegate-Callbacks für Anwendungen in BNRAppDelegate.m ein, um die To-do-Liste zu speichern:

```
- (void)applicationDidEnterBackground:(UIApplication *)application
{
    // Diese Methode wird nur in iOS 4.0+ aufgerufen

    // Speichert unser Aufgaben-Array auf Festplatte
    [tasks writeToFile:docPath() atomically:YES];
}

- (void)applicationWillTerminate:(UIApplication *)application
{
    // Diese Methode wird nur in iOS-Versionen vor 4.0 aufgerufen

    // Speichert unser Aufgaben-Array auf Festplatte
    [tasks writeToFile:docPath() atomically:YES];
}
```

Nun kompilieren Sie die vollständige Anwendung und starten Sie sie. Mit dieser Übung sollten Sie einen Vorgeschmack auf die iOS-Entwicklung bekommen. Doch da gibt es noch viel, viel mehr zu tun und zu lernen.

27.10 Wenn Sie noch mehr wissen wollen: Was ist mit main()?

Als Sie begannen, C und Objective-C zu lernen, erfuhren Sie, dass der Einstiegspunkt in Ihren Programmcode die Funktion main() ist. Das gilt genauso für die Entwicklung mit Cocoa bzw. Cocoa Touch, obwohl es extrem selten vorkommt, dass diese Funktion in Cocoa- und Cocoa Touch-Anwendungen bearbeitet wird. Öffnen Sie main.m, dann sehen Sie, warum das so ist:

```
return UIApplicationMain(argc, argv, nil, NSStringFromClass([BNRAppDelegate class]));
```

Nun, das war gewissermaßen antiklimaktisch: Da findet sich bloß eine einfache Codezeile.

Die Funktion UIApplicationMain() erstellt die nötigen Objekte, damit Ihre Anwendung laufen kann. Zuerst erstellt sie eine Instanz der Klasse UIApplication. Dann folgt eine Instanz jener Klasse, die durch das vierte und letzte Argument angegeben wird, und richtet sie als Delegate der Anwendung ein, damit sie ihre Delegate-Nachrichten senden kann, wenn z. B. der Speicher knapp wird, die Anwendung beendet oder in den Hintergrund geschickt wird oder wenn sie mit dem Start fertig ist.

Und daraus folgt die Spur von main() zu application:didFinishLaunchingWithOptions: und Ihrem eigenen Code.

Ihre erste Cocoa-Anwendung

28

In diesem Kapitel erstellen Sie die Cocoa-Desktop-Anwendung **TahDoodle.** Wie **iTahDoodle** ist **Tah-Doodle** eine einfache To-do-Liste, die ihre Daten als Eigenschaftenliste speichert, doch einige Unterschiede gibt es schon. In der iOS-Anwendung haben Sie mit Instanzen von UITableView, UITextField und UIButton gearbeitet. In dieser Desktop-Anwendung hingegen platzieren Sie die Aufgabenliste in einen NSTableView, wo sie direkt bearbeitet werden kann. Sie schaffen auch einen NSButton, der eine neue Zeile in der Tabellenansicht ergänzt, wo Sie dann die neue Aufgabe einfügen können.

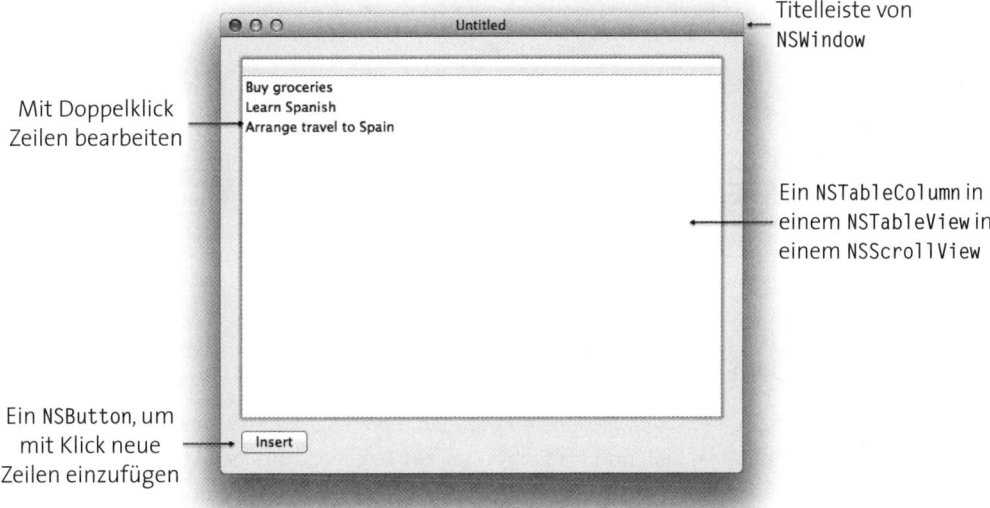

Mit Doppelklick Zeilen bearbeiten

Titelleiste von NSWindow

Ein NSTableColumn in einem NSTableView in einem NSScrollView

Ein NSButton, um mit Klick neue Zeilen einzufügen

▶ Abbildung 28.1: Vollständige Anwendung **TahDoodle**

Außerdem haben Sie im letzten Kapitel die Benutzeroberfläche programmatisch erstellt. In diesem Kapitel werden Sie ein **Xcode**-Tool namens **Interface Builder** nutzen, um die Elemente der Benutzeroberfläche zu erstellen, zu konfigurieren und zu verbinden.

In **Xcode** wählen Sie **File → New → New Project**. Im Abschnitt **Mac OS X** klicken Sie auf **Application**. In den nun erscheinenden Vorlagen wählen Sie **Cocoa Application** und nennen das Projekt **TahDoodle**. **TahDoodle** ist *dokumentenbasiert*, was bedeutet, dass der Benutzer mehrere To-do-Listen gleichzeitig geöffnet haben kann. **Document Extension** bezieht sich auf die Dateiendung, unter der die Dokumente (also die To-do-Liste) auf der Festplatte gespeichert werden. Hier tragen Sie als Dateiendung für die Datendateien td1 ein. **TahDoodle** wird nicht mit Core Data arbeiten und braucht keine Unit-Tests.

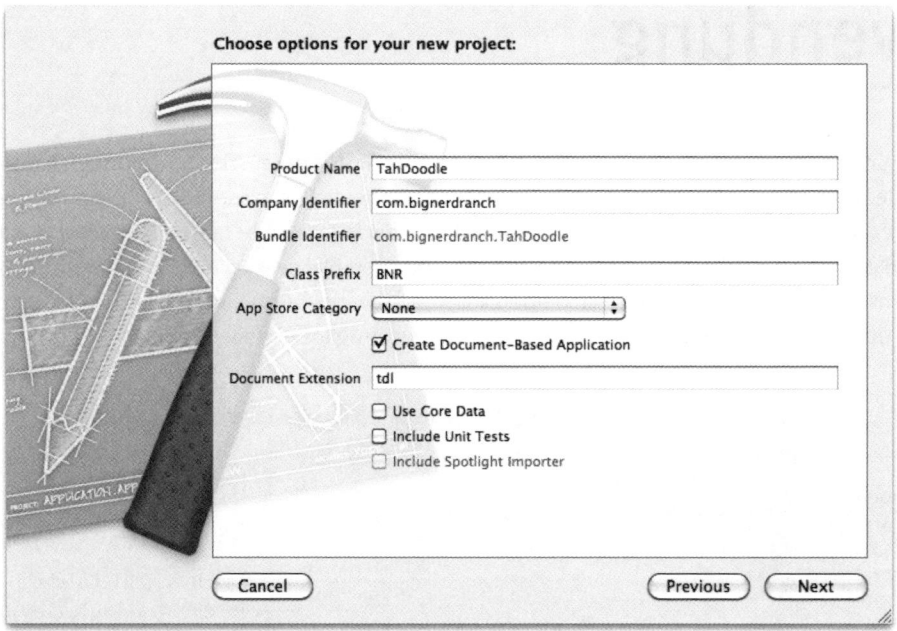

▶ *Abbildung 28.2: Eine neue Cocoa-Anwendung erstellen*

28.1 BNRDOCUMENT.H BEARBEITEN

Öffnen Sie BNRDocument.h und fügen Sie eine Methode und zwei Instanzvariablen ein: todoItems wird ein veränderliches String-Array sein und itemTableView ein Zeiger auf das Objekt NSTableView, das die Strings in todoItems darstellt. Außerdem deklarieren Sie, dass BNRDocument konform mit dem Protokoll NSTableViewDataSource ist.

```
#import <Cocoa/Cocoa.h>

@interface BNRDocument : NSDocument <NSTableViewDataSource>
{
    NSMutableArray *todoItems;
    IBOutlet NSTableView *itemTableView;
}
- (IBAction)createNewItem:(id)sender;

@end
```

Beachten Sie, dass es für die **INSERT**-Schaltfläche keine Instanzvariable gibt (Sie erfahren später, warum das so ist). Allerdings gibt es für die Schaltfläche eine Aktion: die Methode `createNewItem:`.

Im vorigen Kapitel war `BNRAppDelegate` das Ziel der Schaltflächenaktion, also die Instanz der Delegate-Klasse der Anwendung. Eine dokumentenbasierte Anwendung hat kein Anwendungs-Delegate-Objekt, sondern ist stattdessen um eine Unterklasse von NSDocument herum aufgebaut. Für **TahDoodle** ist diese Klasse `BNRDocument`.

In einer dokumentenbasierten Anwendung kann der Benutzer mehrere Instanzen von Dokumentobjekten gleichzeitig geöffnet haben. Während **TahDoodle** läuft, gibt es so womöglich mehrere Instanzen von BNRDocument (also verschiedene To-do-Listen). Jede Instanz hat ihre eigene Tabellenansicht, Schaltfläche sowie ein eigenes Aufgaben-Array und Fenster. Jede Instanz wird unabhängig von den anderen auf Nachrichten reagieren, und jede Instanz wird Ziel der eigenen Schaltflächen sein.

Bei den von Ihnen eingegebenen Deklarationen kommen auch zwei neue Begriffe vor: `IBOutlet` und `IBAction`. Darüber erfährt **Xcode**: „Dies ist ein Zeiger (`IBOutlet`) oder eine Aktion-Methode (`IBAction`), dass der Entwickler **Interface Builder** für die Verbindungen nutzt, anstatt es programmatisch zu lösen."

28.2 Ein Blick auf den Interface Builder

Suchen Sie im Projektnavigator die Datei `BNRDocument.xib` und wählen Sie sie aus. Wenn Sie eine Datei im Projektnavigator selektieren, die auf `.xib` endet (also ein *XML Interface Builder*-Dokument ist), erscheint **Interface Builder** im Editorbereich und zeigt ein Layoutraster.

Momentan gibt es im Layoutraster nur ein Präsentationsobjekt: ein Fensterobjekt. Das ist eine Instanz von NSWindow, in die Sie bald schon andere Präsentationsobjekte einfügen werden.

Nun klicken Sie oben rechts im **Xcode**-Fenster auf die Schaltfläche **View**, um die Utilities aufzurufen. Oben in **Utilities** klicken Sie auf die Schaltfläche 🗋 und bekommen damit den Inspektor.

Der Inspektor ist in mehrere andere Inspektoren untergliedert. In diesem Kapitel werden Sie mit den Inspektoren für Attribute, Größe und Verbindungen arbeiten.

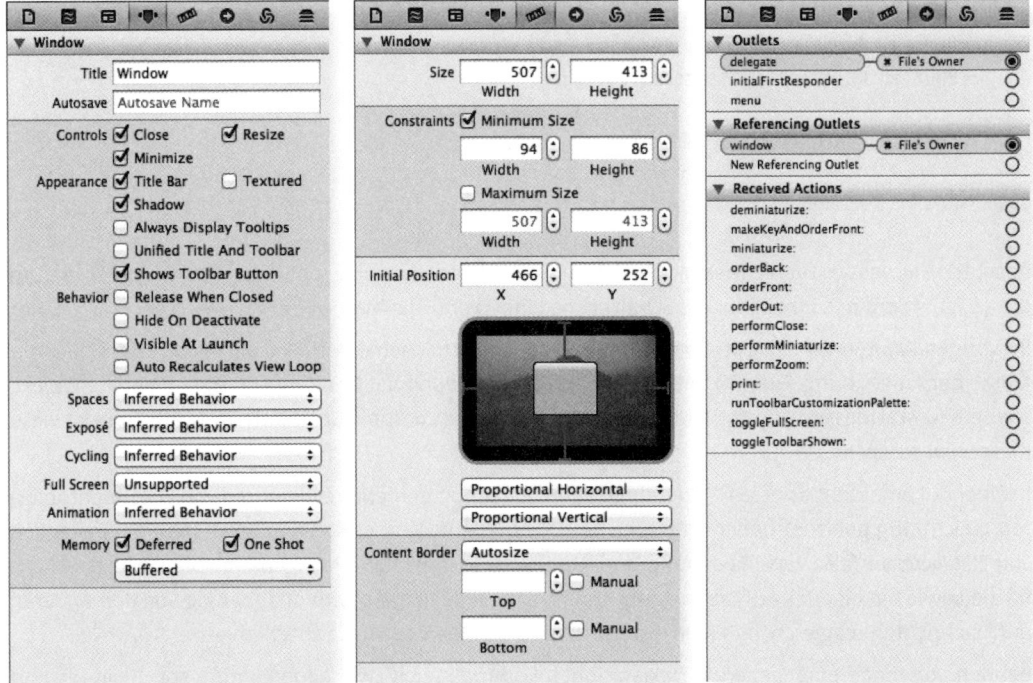

▶ *Abbildung 28.3: Die Inspektoren für Attribute, Größe und Verbindungen*

Am unteren Rand des **Utilities**-Bereiches befindet sich unterhalb des Inspektors die *Bibliothek*, die ebenfalls in mehrere Reiter aufgeteilt ist. Mit Klick auf die Schaltfläche 🔲 rufen Sie die *Objektbibliothek* auf. Diese Bibliothek präsentiert eine Liste der verschiedenen Objekttypen, die **Interface Builder** kennt, und hier bekommen Sie auch die Interface-Elemente, die Sie auf das Fensterobjekt ziehen können.

Unten in der Bibliothek ist ein Suchfeld. Tippen Sie **table** ein, um die Liste der Objekte zu filtern. Das erste Element **Table View** repräsentiert eine Instanz der Klasse `NSTableView`. Mit einem Klick darauf sehen Sie deren Details.

28.3 BNRDocument.xib bearbeiten

Ziehen Sie eine Instanz von `NSTableView` aus der Objektbibliothek auf das Fensterobjekt. Ändern Sie die Größe der Tabelle, damit sie den Großteil des Fensters ausfüllt, aber lassen Sie unten noch etwas Platz für eine Schaltfläche.

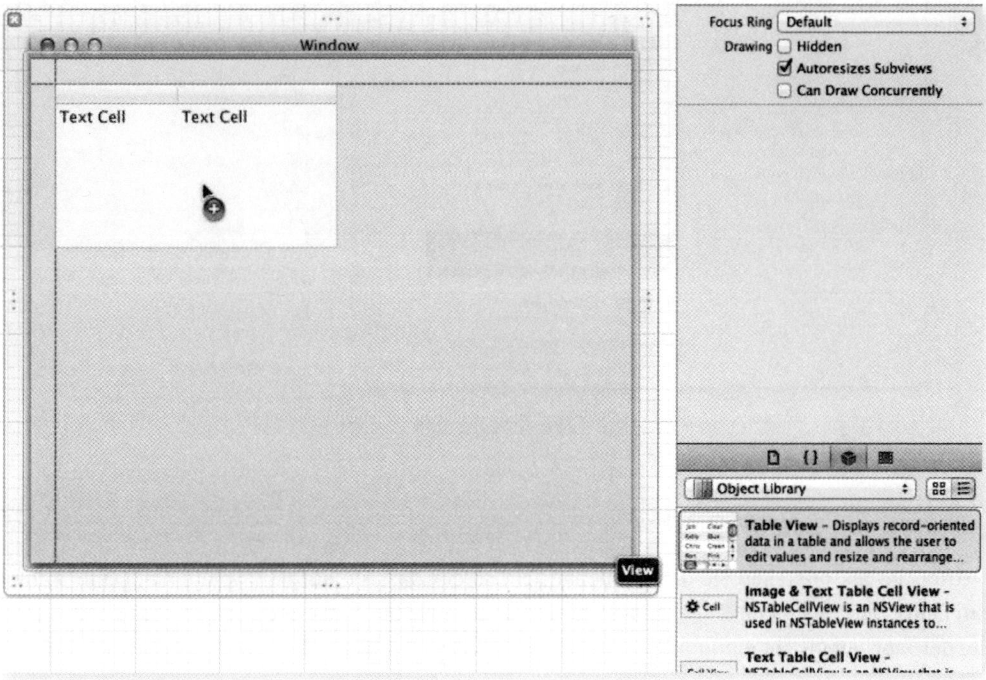

▶ *Abbildung 28.4: Ein* `NSTableView` *einfügen*

Beachten Sie, dass die Kanten des Objekts an einer Orientierungshilfe einrasten, sobald sie an den Rand des Fensters oder eines anderen Objekts kommen. Diese Orientierungshilfen richten Präsentationsobjekte den *Human Interface Guidelines* (HIG) von Apple zufolge aus. Diese Regeln sollte jeder Entwickler befolgen, wenn er Benutzerschnittstellen für den Mac gestaltet. Auch für iPhone und iPad gibt es HIGs. Sie finden alle HIGs in der *Developer Documentation*.

Nun werden Sie einige Attribute der Tabellenansicht im *Attributinspektor* einrichten. Normalerweise klicken Sie auf ein Objekt im Layoutraster, und der Inspektor ändert den Kontext, damit Sie die Attribute dieses Objekts sehen. Es ist etwas kniffliger, die Attribute einer Instanz von `NSTableView` zu bekommen. Das Tabellenansichtsobjekt, das Sie auf das Fenster gezogen haben, ist eigentlich eine Sammlung verschachtelter Objekte: ein `NSScrollView`, ein `NSTableView` und eine oder mehrere `NSTableColumn`-Instanzen. Um an ein bestimmtes Objekt in dieser Sammlung zu kommen, halten Sie die Tasten [⇧] und [ctrl] gedrückt, während Sie auf die Tabellenansicht klicken. Sie sehen eine Liste der Objekte unter dem Cursor, und von dort können Sie das Objekt wählen, das Sie interessiert. Wählen Sie `NSTableView`.

▶ *Abbildung 28.5: Eine Ansicht auswählen*

Im Attributinspektor stellen Sie die Tabellenansicht so ein, dass sie nur eine Spalte hat. Dann wählen Sie im Editor den Header der Tabellenansicht und ändern die alleinstehende Spalte, dass sie die ganze Breite der Tabellenansicht einnimmt.

▶ *Abbildung 28.6: Ändern der Spaltengröße*

Sie haben Ihre Präsentationen von der Größe her schön angelegt, doch was passiert, wenn der Benutzer in Ihrer Anwendung die Fenstergröße ändert? Sie können einstellen, dass sich die Tabellenansicht mit der Fenstergröße verändert. Eigentlich erstellen Sie die *Scrollansicht*, die die Größenänderung der Tabellenansicht mit dem Fenster enthält. Klicken Sie, während Sie die Tasten ⌃ctrl und ⇧ gedrückt halten, auf die Tabellenansicht und wählen Sie aus der Liste NSScrollView. Oben im Inspektorbereich klicken Sie auf die Schaltfläche ▰▰ und bekommen den *Größeninspektor*. Dann suchen Sie den Abschnitt namens **AUTOSIZING**.

Dieser Abschnitt enthält die Maske für die automatische Größenanpassung, und mit diesem Steuerelement konfigurieren Sie, wie das ausgewählte Präsentationsobjekt reagiert, wenn seine *Superview*, also die übergeordnete Ansicht, verändert wird. Ansichten existieren in einer Hierarchie ähnlich wie

Klassen. Also können Ansichten auch Superviews und Subviews haben. Der NSScrollView-Superview ist die Instanz von NSWindow.

Die Autosizing-Maske enthält vier Streben (*struts*), die wie Doppel-T-Träger aussehen, und zwei Federn (*springs*), die als zweispitzige Pfeile dargestellt werden. Wenn eine der Federn aktiviert wird, kann sich das gewählte Präsentationsobjekt in die angezeigte Richtung ausdehnen, wenn dessen übergeordnete Ansicht erweitert wird. Durch Aktivierung einer Strebe wird das gewählte Präsentationsobjekt mit der angegebenen Kante der übergeordneten Ansicht verankert. Schön, dass Sie aus der praktischen Animation direkt neben der Autosizing-Maske entnehmen können, wie sich eine Kombination aus Federn und Streben auf das gewählte Präsentationsobjekt auswirkt.

Aktivieren Sie in der Autosizing-Maske alle vier Streben und beide Federn. So werden alle vier Seiten der Scrollansicht mit den jeweiligen Rändern des Fensters verankert, und die Scrollansicht (mit der Tabellenansicht darin) kann horizontal und vertikal expandieren, wenn das Fenster seine Größe ändert.

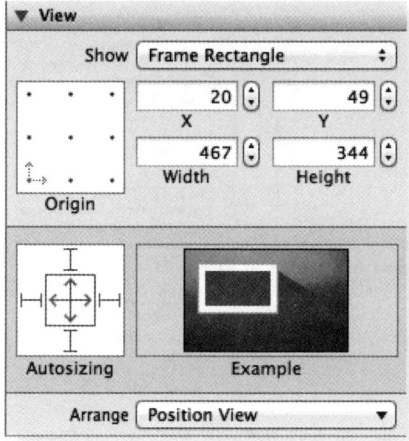

▶ *Abbildung 28.7: Angaben in der Autosizing-Maske*

Nun kommen wir von der Tabellenansicht zu den Schaltflächen. Wechseln Sie wieder in die Objektbibliothek. Suchen Sie eine Instanz von NSButton und ziehen Sie sie auf das Fensterobjekt. Sie können einen beliebigen Stil für die Schaltflächen aus der Bibliothek wählen; *Rounded Rect Button* ist ein Klassiker. Nachdem Sie die Schaltfläche aufs Fenster gezogen haben, können Sie dessen Bezeichnung ändern, indem Sie auf den Text der Schaltfläche doppelklicken und den neuen Namen eintippen. Nennen Sie die Schaltfläche **INSERT**.

Schließlich nutzen Sie im Größeninspektor die Autosizing-Maske, damit die Schaltfläche unten links im Fenster bleibt und seine aktuelle Größe beibehält.

▶ *Abbildung 28.8: Autosizing-Maske für eine **INSERT**-Schaltfläche*

Sie haben nun also die beiden Präsentationsobjekte erstellt, die Sie für **TahDoodle** brauchen: ein NSTableView und ein NSButton. Außerdem haben Sie beide Objekte auch konfiguriert. Sie haben die Spaltenzahl in der Tabellenansicht und die Bezeichnung der Schaltfläche gewählt. Dann haben Sie auch darauf geachtet, dass sich die Objekte bei Änderung der Fenstergröße anpassen und entsprechend positionieren.

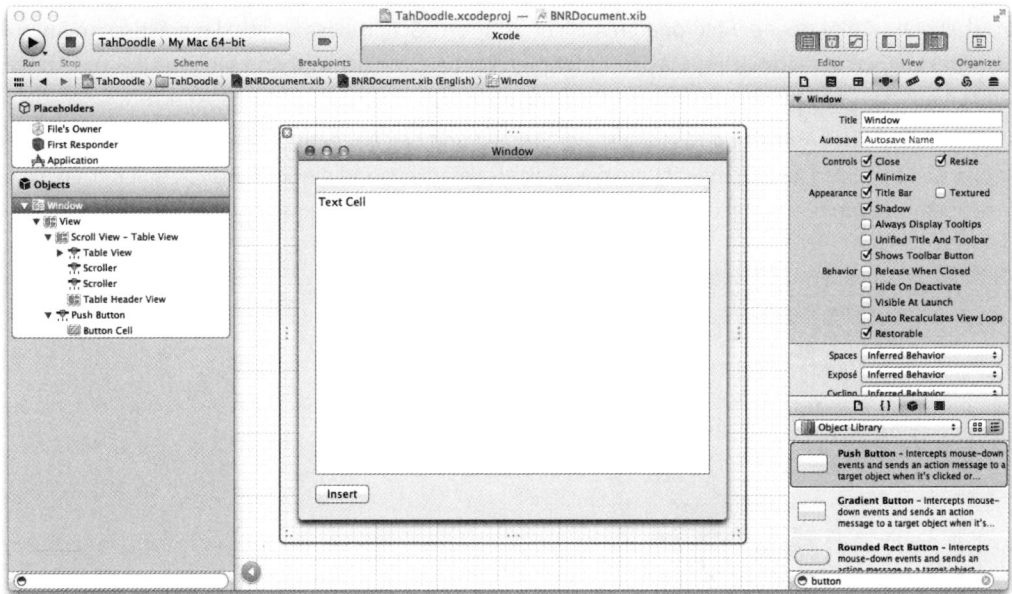

▶ *Abbildung 28.9:* BNRDocument.xib *mit konfigurierter Präsentation*

Mit dem Doppelklick auf NSButton und dem Eintippen der Bezeichnung haben Sie im Prinzip das Gleiche gemacht wie im vorigen Kapitel, als Sie diese Codezeile eingefügt haben:

```
[insertButton setTitle:@"Insert"
              forState:UIControlStateNormal];
```

Wann arbeiten Sie also mit dem **Interface Builder** und wann richten Sie Präsentationen programmatisch ein? Unter bestimmten Umständen funktioniert beides. Wir hätten die Benutzerschnittstelle von **iTahDoodle** auch mit einem XIB bauen können. Generell lässt sich sagen, dass es immer sinnvoller ist, mit dem **Interface Builder** zu arbeiten, je komplexer die Benutzerschnittstelle wird.

(Wo Sie nun schon mehr von **Xcode** gesehen haben, schauen Sie sich auch die Karte an, die Sie sich als PDF auf der Website zum Buch unter *http://www.awl.de/3151* herunterladen können. Darauf finden Sie Tastaturkürzel, um in **Xcode** zu navigieren. Davon gibt es eine ganze Menge! Wenn Sie weiter mit **Xcode** arbeiten, nutzen Sie diese Karte, um Abkürzungen zu finden, mit denen Sie Zeit und Klicks einsparen.)

28.4 VERBINDUNGEN HERSTELLEN

Im **INTERFACE BUILDER** können Sie nicht nur Präsentationen erstellen und konfigurieren, sondern diese Präsentationsobjekte auch mit dem Anwendungscode verbinden oder „verschalten". Insbesondere können Sie Ziel-Aktion-Paare einrichten und Zeiger zuweisen.

Im Layoutraster links findet sich eine Liste mit „Platzhaltern" und Objekten. Dies ist die Dokumentgliederung (*document outline*). Wenn Sie nur Icons ohne Text sehen, klicken Sie auf ⬤, um die erweiterte Liste zu bekommen.

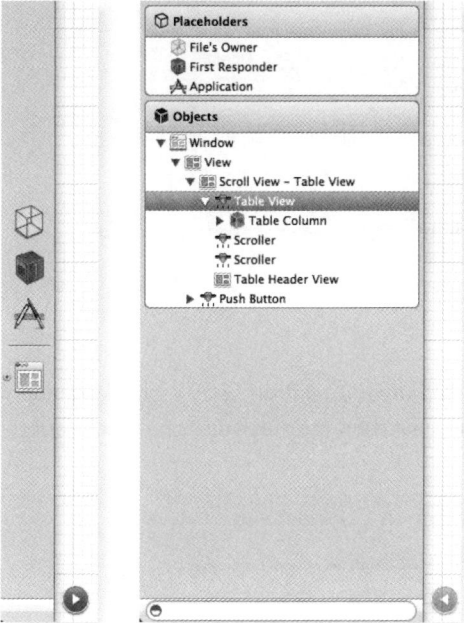

▶ *Abbildung 28.10: Minimierte und erweiterte Dokumentgliederung*

Suchen Sie **FILE'S OWNER** in der Dokumentgliederung im Abschnitt **PLACEHOLDERS**. Ein solcher „Platzhalter" steht für ein bestimmtes Objekt, das erst zur Laufzeit bestimmt werden kann. **FILE'S OWNER** steht für das Objekt, das später dieses XIB als seine Benutzerschnittstelle laden wird. In Ihrem Fall repräsentiert **FILE'S OWNER** eine Instanz von BNRDocument.

Nun wählen Sie im Editor die **INSERT**-Schaltfläche und ziehen sie mit gedrückter ⌃ctrl⌄-Taste auf den **FILE'S OWNER**.

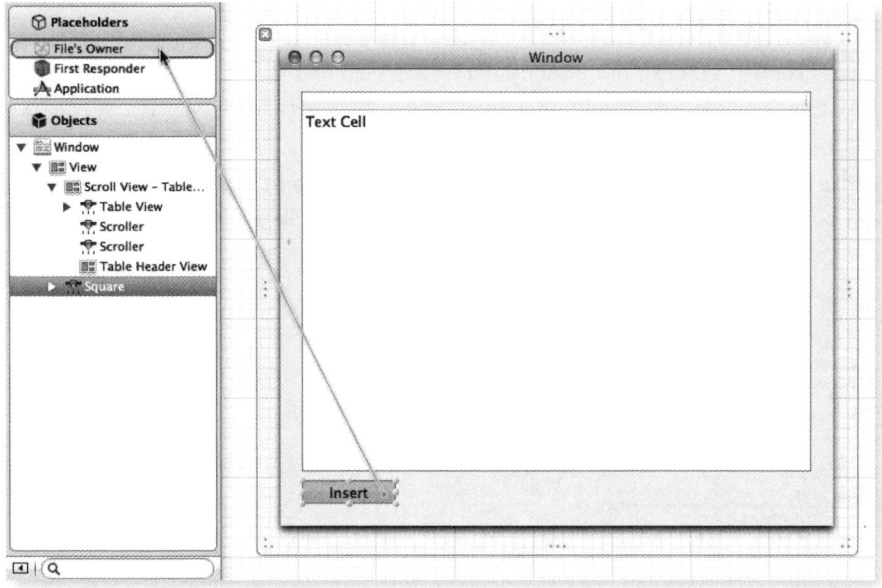

▶   *Abbildung 28.11: Verbindungen herstellen*

Wenn Sie die Maustaste loslassen, erscheint ein kleines Pop-up und zeigt die verfügbaren Verbindungen, die Sie herstellen können. Wählen Sie createNewItem: als Aktion, die durch die Schaltfläche ausgelöst werden soll.

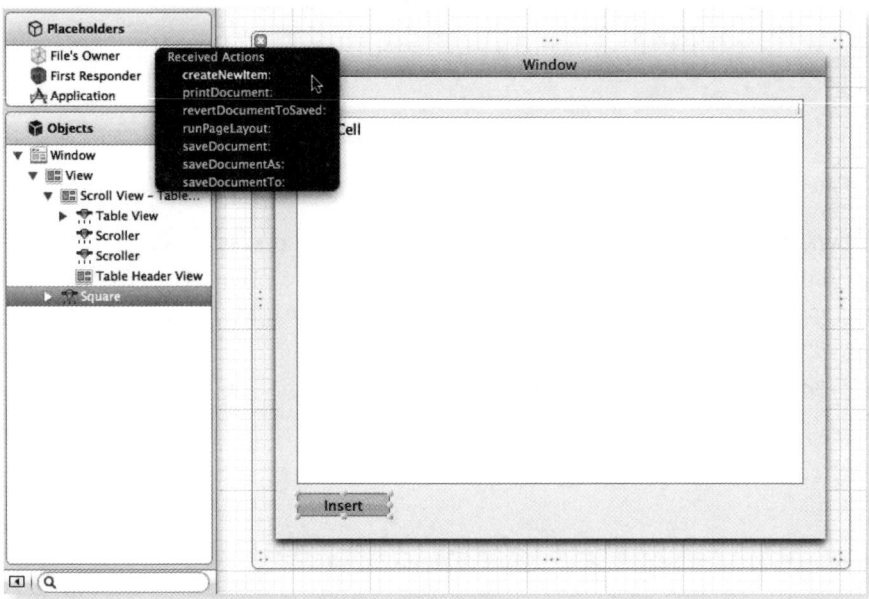

▶   *Abbildung 28.12: Eine Aktion wählen*

Damit haben Sie das Ziel-Aktion-Paar konfiguriert. Das entspricht dem folgenden Code in **iTahDoodle**:

```
[insertButton addTarget:self
              action:@selector(addTask:)
       forControlEvents:UIControlEventTouchUpInside];
```

Als Nächstes verbinden Sie das itemTableView-Outlet von BNRDocument. Ziehen Sie mit gedrückter ctrl -Taste vom **File's Owner** (vertritt das BNRDocument) auf NSTableView und lassen Sie los. Wählen Sie die einzige Option, die für dieses Outlet erscheint: itemTableView.

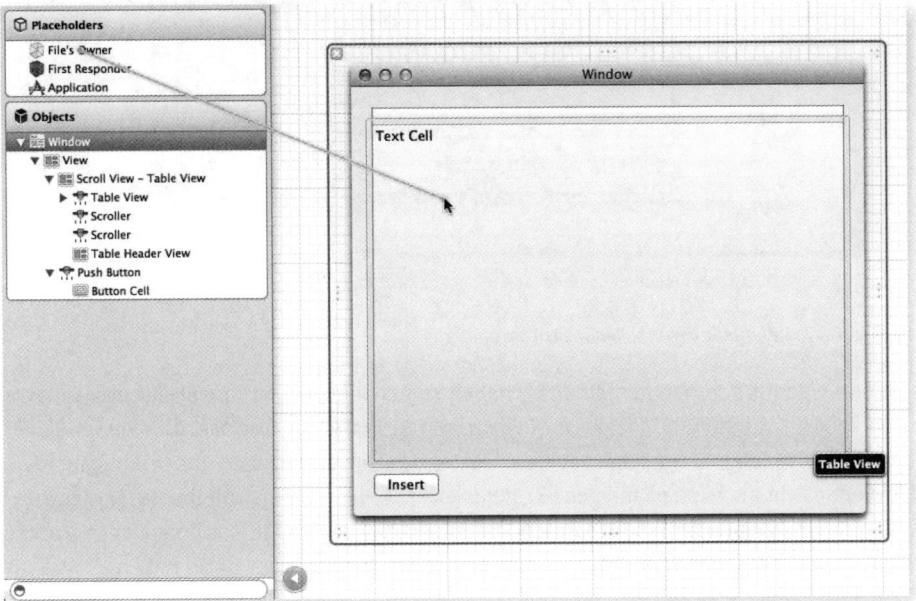

▶ *Abbildung 28.13: Weitere Verbindungen herstellen*

Klicken Sie zum Schluss mit gedrückten ctrl - und ⇧ -Tasten auf die Tabellenansicht und wählen Sie aus der Liste NSTableView. Dann ziehen Sie mit gedrückter ctrl -Taste von der Tabellenansicht zum **File's Owner** und wählen aus dem Pop-up die Verbindung dataSource.

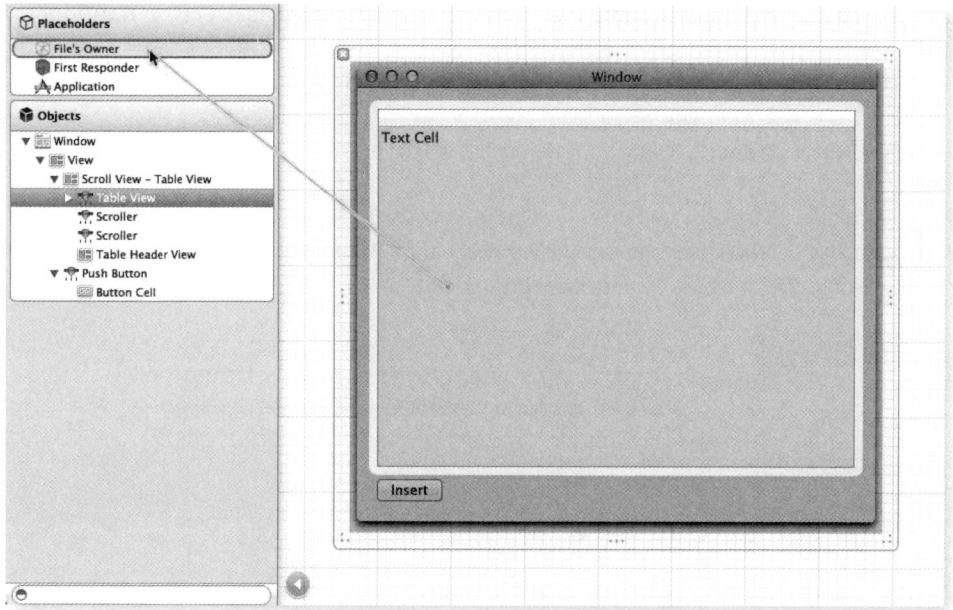

▶ Abbildung 28.14: Die Datenquelle der Tabellenansicht verbinden

Was haben Sie nun eigentlich genau gemacht? Sie haben Zeiger zugewiesen. Ihre BNRDocument-Klasse deklariert einen Zeiger auf einen NSTableView. Sie instruierten **INTERFACE BUILDER**, dass dieser Zeiger auf die spezielle NSTableView-Instanz zeigen soll, die Sie auf das Fenster gezogen haben. Entsprechend besitzt die Tabellenansicht auch ein paar eigene Zeiger wie dataSource. Sie instruierten **INTERFACE BUILDER**, dass der dataSource-Zeiger der Tabellenansicht auf Ihr BNRDocument zeigt. Das entspricht dem, wie Sie die Datenquelle der Tabellenansicht programmatisch in **ITAHDOODLE** eingerichtet haben:

```
[taskTable setDataSource:self];
```

Als Sie die Schlüsselwörter IBOutlet und IBAction eingegeben haben, haben Sie diese Outlets und Aktionen für den **INTERFACE BUILDER** gekennzeichnet und ihm mitgeteilt: „Wenn ich eine Verbindung zu einem Zeiger im IB aufnehmen will, dann pass auf und pack dieses Element in die Liste der verfügbaren Verbindungen!" Wenn Sie den Code schreiben, scannt der **INTERFACE BUILDER** nach IBOutlet- und IBAction-Schlüsselwörtern, damit er weiß, welche Verbindungen Sie vornehmen wollen.

Hier sind die eigentlichen Definitionen:

```
#define IBAction void
#define IBOutlet
```

Von dem, was wir über #define gelernt haben, wissen wir, dass IBAction durch void ersetzt wird, bevor der Compiler es sieht, und dass IBOutlet völlig verschwindet. Somit werden bei der Kompilierung alle IBOutlet-Schlüsselwörter ganz entfernt (und nur die Outlets bleiben zurück). IBAction-Schlüsselwörter werden durch void ersetzt, weil man bei Aktionen, die von Steuerelementen der Benutzerschnittstelle aufgerufen werden, keinen Rückgabewert erwartet.

Beachten Sie, dass Sie keine XIB-basierten Elemente der Benutzerschnittstelle allozieren, wie Sie das beim programmatischen Erstellen der Benutzerschnittstelle machen. Sie werden automatisch alloziert, wenn das XIB zur Laufzeit geladen wird.

Machen Sie sich außerdem klar, dass es keinen Zeiger auf die Schaltfläche gibt. Das liegt daran, dass ein Objekt nur Instanzvariablen für Objekte braucht, an die es Nachrichten senden muss. Die Schaltfläche muss Nachrichten an die BNRDocument-Instanz senden können, und darum haben wir deren Aktion verbunden. Das BNRDocument muss hingegen keine Nachrichten an die Schaltfläche senden und braucht somit auch keinen Zeiger darauf.

28.5 Ein Wiedersehen mit MVC

Nachdem Sie die Benutzerschnittstelle angelegt haben, schauen wir uns das Objektdiagramm für dieses Projekt an:

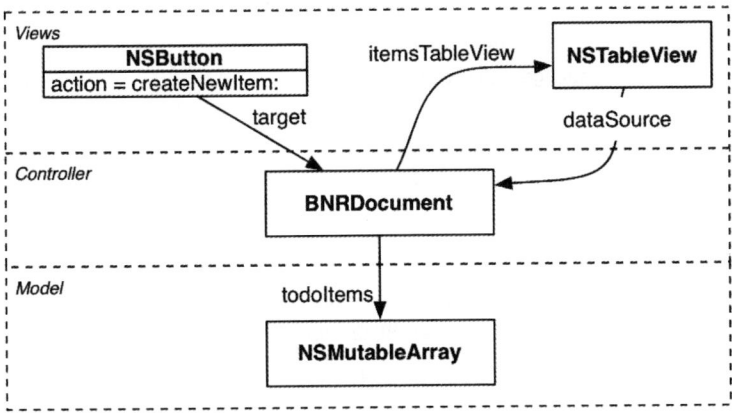

▶ *Abbildung 28.15: Objektdiagramm für* TAHDOODLE

Die Oberklasse NSDocument, von der Ihre BNRDocument-Klasse erbt, ist ganz spannend. Auf den ersten Blick scheint sie ein Modellobjekt zu sein. Doch wenn Sie die Klassenreferenz für NSDocument nachschlagen, werden Sie feststellen, dass sie viel mehr von einem Controller an sich hat als von etwas anderem. NSDocument koordiniert verschiedene, mit der Festplatte zusammenhängende Aktivitäten und nimmt direkt zu den Präsentationen Kontakt auf, die für die Ausgabe von Benutzereingaben zuständig sind. Wenn Sie die NSDocument-Unterklasse BNRDocument erstellen, fügen Sie Zeiger in die realen Modellobjekte ein (ein NSMutableArray mit NSString-Objekten).

28.6 BNRDOCUMENT.M BEARBEITEN

Nachdem Sie nun die Benutzerschnittstelle Ihrer Anwendung erstellt, konfiguriert und verbunden haben, sollten wir mit dem Codeschreiben fortfahren. Klicken Sie im Projektnavigator auf BNRDocument.m, um es im Editor erneut zu öffnen, und implementieren Sie createNewItem:.

```
#import "BNRDocument.h"

@implementation BNRDocument

#pragma mark - NSDocument Overrides

- (NSString *)windowNibName
{
    return @"BNRDocument";
}

#pragma mark - Actions

- (IBAction)createNewItem:(id)sender
{
    // Falls es noch kein Array gibt, erstellen Sie einfach
    // eines, in dem unsere neue Aufgabe gespeichert wird
    if (!todoItems) {
        todoItems = [NSMutableArray array];
    }

    [todoItems addObject:@"New Item"];

    // -reloadData aktualisiert die Tabellenansicht und fordert von
    // dataSource (das in diesem Fall zufällig dieses BNRDocument ist)
    // neue Daten zur Darstellung an
    [itemTableView reloadData];

    // -updateChangeCount: teilt der Anwendung mit, ob im Dokument
    // ungespeicherte Änderungen vorhanden sind oder nicht.
    // NSChangeDone kennzeichnet das Dokument als ungespeichert.
    [self updateChangeCount:NSChangeDone];
}
```

Nun implementieren Sie die erforderlichen Methoden für die Datenquelle der Tabellenansicht (wie von NSTableViewDataSource definiert):

```
#pragma mark Data Source Methods

- (NSInteger)numberOfRowsInTableView:(NSTableView *)tv
{
    // Diese Tabellenansicht soll die todoItems darstellen,
    // und somit ist die Zahl der Einträge in der Tabellenansicht
    // gleich der Zahl der Objekte im Array
    return [todoItems count];
}


- (id)tableView:(NSTableView *)tableView
    objectValueForTableColumn:(NSTableColumn *)tableColumn
                        row:(NSInteger)row
{
    // Gibt das Element aus todoItems zurück, das mit der Zelle
    // korrespondiert, die die Tabellenansicht darstellen will
    return [todoItems objectAtIndex:row];
}


- (void)tableView:(NSTableView *)tableView
        setObjectValue:(id)object
        forTableColumn:(NSTableColumn *)tableColumn
                row:(NSInteger)row
{
    // Ändert der Benutzer ein To-do-Element in der Tabellenansicht,
    // wird das todoItems-Array aktualisiert
    [todoItems replaceObjectAtIndex:row withObject:object];
    // Dann wird das Dokument gekennzeichnet, es habe
    // ungespeicherte Änderungen
    [self updateChangeCount:NSChangeDone];
}
```

Kompilieren Sie das Programm und starten Sie es. **TahDoodle** erscheint auf dem Bildschirm, und Sie können To-do-Elemente einfügen und ändern. Doch es fehlt noch ein sehr wichtiges Feature, und zwar die Möglichkeit, eine To-do-Liste zu speichern und wieder zu öffnen. Dafür müssen Sie die folgenden Methoden überschreiben, die von NSDocument geerbt wurden, der Oberklasse von BNRDocument:

```
- (NSData *)dataOfType:(NSString *)typeName
                  error:(NSError **)outError
{
    // Diese Methode wird beim Speichern unseres Dokuments aufgerufen
    // Wir sollen dafür sorgen, dass der Aufrufer ein NSData-Objekt bekommt,
    // das unsere Daten umhüllt, um sie auf Festplatte schreiben zu können
    // Falls es kein Array gibt, schreiben wir fürs Erste ein leeres Array
    if (!todoItems) {
        todoItems = [NSMutableArray array];
    }

    // Packt unser todoItems-Array in ein NSData-Objekt
    NSData *data = [NSPropertyListSerialization
                    dataWithPropertyList:todoItems
                              format:NSPropertyListXMLFormat_v1_0
                             options:NSPropertyListMutableContainers
                               error:outError];

    // Gibt das neu gepackte NSData-Objekt zurück
    return data;
}

- (BOOL)readFromData:(NSData *)data
              ofType:(NSString *)typeName
               error:(NSError **)outError
{
    // Diese Methode wird aufgerufen, wenn ein Dokument geladen wird
    // Wir bekommen ein NSData-Objekt und sollen daraus unsere Daten ziehen

    // Extrahiert die todoItems
    todoItems = [NSPropertyListSerialization propertyListWithData:data
                                                     options:0
                                                      format:NULL
                                                       error:outError];

    // Gibt abhängig vom obigen Aufruf Erfolg oder Misslingen zurück
    return (todoItems != nil);
}
```

Beachten Sie, dass Sie nun zum ersten Mal eine Methode implementieren, die einen NSError** auf-nimmt. In diesem Fall geben wir einfach nur den von propertyListWithData:options:format:error: generierten NSError zurück, doch Sie könnten (abhängig von der Art des Fehlers) genauso gut einen neuen NSError erstellen und zurückgeben.

Kompilieren Sie das Programm und starten Sie es erneut. Nun können Sie Aufgabenlisten speichern und laden.

28.7 AUFGABEN

Fügen Sie eine Schaltfläche ein, mit der Sie ausgewählte Elemente löschen können (**DELETE SELECTED ITEM**).

Schlagen Sie in der *Developer Documentation* die Klassenreferenz für NSError nach und erstellen Sie neue NSError-Instanzen, die zurückgegeben werden, falls das Speichern und Laden misslingt (wie am Ende des Kapitels angesprochen).

Teil V

Objective-C für Fortgeschrittene

Sie haben nun genug Objective-C gelernt, um mit der iOS- oder Cocoa-Programmierung zu beginnen. Aber überstürzen Sie nichts. Diese nächsten Kapitel enthalten eingängige Erläuterungen von Techniken und Konzepten, die Ihnen im ersten Jahr als Objective-C-Programmierer nützlich sein werden.

29
init

In der Klasse NSObject gibt es eine Methode namens init. Nachdem ein Objekt alloziert wurde, senden Sie die Nachricht init an die neue Instanz, damit sie ihre Instanzvariable mit nutzbaren Werten initialisieren kann. Also wird mit alloc für ein Objekt Platz geschaffen, und init macht das Objekt funktionstüchtig. So verwendet man init:

```
NSMutableArray *things = [[NSMutableArray alloc] init];
```

Beachten Sie, dass init eine Instanzmethode ist, die die Adresse des initialisierten Objekts zurückgibt. Sie ist die *Initialisierungsmethode* oder der *Initialisierer* für NSObject. In diesem Kapitel geht es darum, wie man solche *Initialisierer* schreibt.

29.1 INIT-METHODEN SCHREIBEN

Erstellen Sie ein neues Projekt: ein **FOUNDATION COMMAND LINE TOOL** namens **APPLIANCES**. In diesem Programm erstellen Sie zwei Klassen: Appliance und OwnedAppliance (eine Unterklasse von Appliance). Eine Instanz von Appliance wird einen productName und ein voltage besitzen. Eine Instanz von Owned Appliance wird ebenfalls einen Set mit den Namen seiner Eigentümer haben.

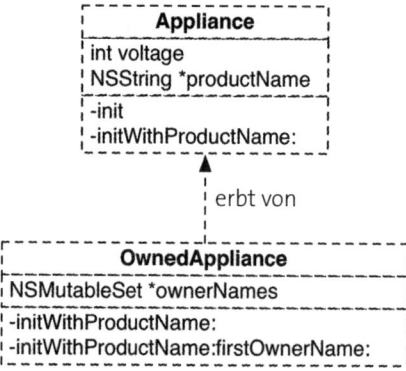

▶ *Abbildung 29.1:* Appliance *und seine Unterklasse* OwnedAppliance

Erstellen Sie eine neue Datei: eine NSObject-Unterklasse namens `Appliance`. In `Appliance.h` erstellen Sie Instanzvariablen und Eigenschaftsdeklarationen für `productName` und `voltage`:

```
#import <Foundation/Foundation.h>

@interface Appliance : NSObject {
    NSString *productName;
    int voltage;
}
@property (copy) NSString *productName;
@property int voltage;

@end
```

Mit dem Eigenschaftsattribut `copy` beschäftigen wir uns in Kapitel 30.

In `Appliance.m` synthetisieren Sie die Eigenschaften, um die Zugriffsmethoden für die Instanzvariablen zu erstellen:

```
#import "Appliance.h"

@implementation Appliance

@synthesize productName, voltage;

...
```

Sie sollten eine Instanz von `Appliance` wie diese erstellen:

```
Appliance *a = [[Appliance alloc] init];
```

Beachten Sie, dass `Appliance` die in `NSObject` definierte init-Methode ausführt, weil es keine init-Methode implementiert. Wenn das passiert, werden alle für `Appliance` spezifischen Instanzvariablen auf null gesetzt. Somit wird der `productName` einer neuen Instanz von `Appliance` dann `nil` sein, und `voltage` wird null sein.

29.2 Eine einfache init-Methode

In manchen Fällen kann null als Anfangswert für Ihre Instanzvariablen prima funktionieren. In anderen Situationen brauchen Sie jedoch Instanzen Ihrer Klasse, deren Instanzvariablen bereits von Anfang an mit einem anderen Wert als null initialisiert sind.

Nehmen wir an, dass jede Instanz von Appliance ihr Leben mit der Voltzahl 120 beginnen soll. In Appliance.m überschreiben Sie die init-Methode, indem Sie eine neue Implementierung von init einfügen.

```
- (id)init
{
    // Ruft die init-Methode von NSObject auf
    self = [super init];

    // Stattet Voltzahl mit Startwert aus
    voltage = 120;

    // Gibt einen Zeiger aufs neue Objekt zurück
    return self;
}
```

Wenn Sie nun eine neue Instanz von Appliance erstellen, wird sie standardmäßig 120 Volt haben. (Beachten Sie, dass sich dadurch nichts an den Zugriffsmethoden ändert. Nachdem die Instanz initialisiert wurde, kann sie mit setVoltage: so geändert werden wie vorher.)

Sie haben bemerkt, dass Sie die init-Methode der Oberklasse aufgerufen haben, die die darin deklarierten Instanzvariablen initialisiert und einen Zeiger auf das initialisierte Objekt zurückgibt. Meist funktioniert dies fehlerfrei. Allerdings haben einige Klassen auch abweichende init-Methoden. Dies sind die beiden möglichen Formen:

> Die init-Methode findet eine clevere Optimierung heraus, zu der sie fähig ist, dealloziert das ursprüngliche Objekt, alloziert ein anderes Objekt und gibt dies zurück.

> Die init-Methode schlägt fehl, dealloziert das Objekt und gibt nil zurück.

Um mit dem ersten Fall umzugehen, setzt Apple voraus, dass Sie self auf das Objekt zeigen lassen, das von der init-Methode der Oberklasse zurückgegeben wird. Das haben Sie in der ersten Zeile Ihrer init-Methode gemacht.

Für den zweiten Fall empfiehlt Apple zu prüfen, ob der Initialisierer der Oberklasse nicht nil, sondern ein gültiges Objekt zurückgibt. Immerhin ist es wenig sinnvoll, Einrichtungsarbeiten an einem Objekt vorzunehmen, das nicht existiert. Ändern Sie Ihre init-Methode, um der Empfehlung von Apple nachzukommen:

```
- (id)init
{
    // Ruft init-Methode von NSObject auf
    self = [super init];

    // Gibt sie etwas anderes als nil zurück?
    if (self) {
```

```
        // Stattet Voltzahl mit Startwert aus
        voltage = 120;
    }
    return self;
}
```

Ehrlich gesagt sind solche Überprüfungen nur in ein paar sehr speziellen Fällen notwendig. Somit lassen viele Objective-C-Programmierer die zusätzlichen Prüfungen weg. In diesem Buch machen wir diese Checks aber immer, weil das der von Apple empfohlene Weg ist, init-Methoden zu implementieren.

29.3 Die Arbeit mit Zugriffsmethoden

Bisher haben Sie nun eine hervorragende init-Methode für Appliance, aber ich möchte Ihnen eine Variante zeigen, auf die Sie im Code von anderen Leuten treffen könnten. Ich arbeite üblicherweise mit einer schlichten Zuweisung in einer init-Methode, doch viele Programmierer nehmen die Zugriffsmethode. Ändern Sie die init-Methode, damit sie Folgendes macht:

```
- (id)init
{
    // Ruft init-Methode von NSObject auf
    self = [super init];

    // Gibt sie etwas anderes als nil zurück?
    if (self) {

        // Stattet Voltzahl mit Startwert aus
        [self setVoltage:120];
    }
    return self;
}
```

Meist gibt es keinen Grund, das eine dem anderen vorzuziehen, bietet aber einen hervorragenden Anlass für Auseinandersetzungen. Das läuft dann so ab: Der Typ, der die Zuweisung bevorzugt, sagt: „Du kannst in einer init-Methode keine Zugriffsmethode nehmen! Die Zugriffsmethode geht davon aus, dass das Objekt einsatzbereit ist, aber es ist erst so weit, *nachdem* die init-Methode vollständig ist." Dann antwortet der andere, der die Zugriffsmethode favorisiert: „Ach, ruhig bleiben. In der realen Welt ist das praktisch nie ein Problem. Meine Zugriffsmethode muss für mich vielleicht grad noch was anderes erledigen. Ich verwende die Zugriffsmethode immer, wenn ich diese Variable setze." In Wirklichkeit funktionieren in der übergroßen Mehrheit aller Fälle beide Ansätze.

29.4 INIT-METHODEN, DIE ARGUMENTE AKZEPTIEREN

Manchmal kann ein Objekt ohne ein paar Infos von der Methode, die es aufruft, nicht korrekt initialisiert werden. Stellen Sie sich beispielsweise vor, dass eine Anwendung ohne Namen nicht funktioniert (nil zählt hierbei nicht). In diesem Fall müssen Sie in der Lage sein, dem Initialisierer einen Namen geben zu können, den er nutzen kann.

Mit init können Sie das nicht machen, weil init – ein für alle Mal! – keine Argumente hat. Also müssen Sie stattdessen einen neuen Initialisierer erstellen. Wenn dann eine andere Methode eine Instanz von Appliance erstellt, sähe die wie folgt aus:

```
Appliance *a = [[Appliance alloc] initWithProductName:@"Toaster"];
```

Der neue Initialisierer für Appliance ist initWithProductName:, und er akzeptiert als Argument einen NSString. Deklarieren Sie diese neue Methode in Appliance.h:

```
#import <Foundation/Foundation.h>

@interface Appliance : NSObject {
    NSString *productName;
    int voltage;
}
@property (copy) NSString *productName;
@property int voltage;
- (id)initWithProductName:(NSString *)pn;

@end
```

Suchen Sie in Appliance.m die Implementierung von init. Ändern Sie den Namen der Methode auf initWithProductName: und setzen Sie productName anhand des übergebenen Werts.

```
- (id)initWithProductName:(NSString *)pn
{
    // Ruft init-Methode von NSObject auf
    self = [super init];

    // Gibt sie etwas anderes als nil zurück?
    if (self) {

        // Setzt den Produktnamen
        [self setProductName:pn];

        // Stattet Voltzahl mit Startwert aus
        [self setVoltage:120];
    }
    return self;
}
```

Bevor Sie fortfahren, kompilieren Sie das Projekt, um sicher zu sein, dass die Syntax korrekt ist.

Nun können Sie eine Instanz von Appliance mit dem jeweiligen Namen erstellen. Wenn Sie allerdings einem anderen Programmierer Appliance.h und Appliance.m geben, erkennt er vielleicht nicht, dass er initWithProductName: aufrufen muss. Was wäre, wenn er eine Instanz von Appliance auf dem üblichsten Wege erstellt?

```
Appliance *a = [[Appliance alloc] init];
```

Als Aktion gar nicht mal unvernünftig. Weil sie eine Unterklasse von NSObject ist, erwartet man von einer Appliance-Instanz, dass sie all das kann, was eine NSObject-Instanz auch kann. Und NSObject-Instanzen reagieren auf init-Nachrichten. Doch hier sorgt das für Probleme, weil die obige Codezeile eine Instanz von Appliance erstellt, die als Produktname nil und als voltage null enthält. Und wir haben weiter vorne festgelegt, dass jede Appliance-Instanz eine Voltzahl von 120 sowie einen wirklichen Namen braucht, um korrekt zu funktionieren. Wie können Sie das verhindern?

Die Lösung ist einfach. In Appliance.m fügen Sie eine init-Methode ein, um initWithProductName: mit einem Standardwert für den Namen aufzurufen.

```
- (id)init
{
    return [self initWithProductName:@"Unknown"];
}
```

Beachten Sie, dass dieses neue überschriebene init nicht sonderlich viel arbeitet: Es ruft nur die Methode initWithProductName: auf, die dann die eigentliche Arbeit erledigt.

Um unsere beiden Initialisierer zu testen, brauchen Sie eine description-Methode. Implementieren Sie description in Appliance.m:

```
- (NSString *)description
{
    return [NSString stringWithFormat:@"<%@: %d volts>", productName, voltage];
}
```

Nun lassen Sie in main.m die Klasse ein wenig trainieren:

```
#import <Foundation/Foundation.h>
#import "Appliance.h"

int main (int argc, const char * argv[])
{

    @autoreleasepool {

        Appliance *a = [[Appliance alloc] init];
        NSLog(@"a is %@", a);
```

```
        [a setProductName:@"Washing Machine"];
        [a setVoltage:240];
        NSLog(@"a is %@", a);


    }
    return 0;
}
```

Kompilieren Sie das Programm und starten Sie es.

Gehen wir bei der Untersuchung der Initialisierer noch ein wenig weiter. Erstellen Sie eine neue Datei: eine Unterklasse von Appliance namens OwnedAppliance.

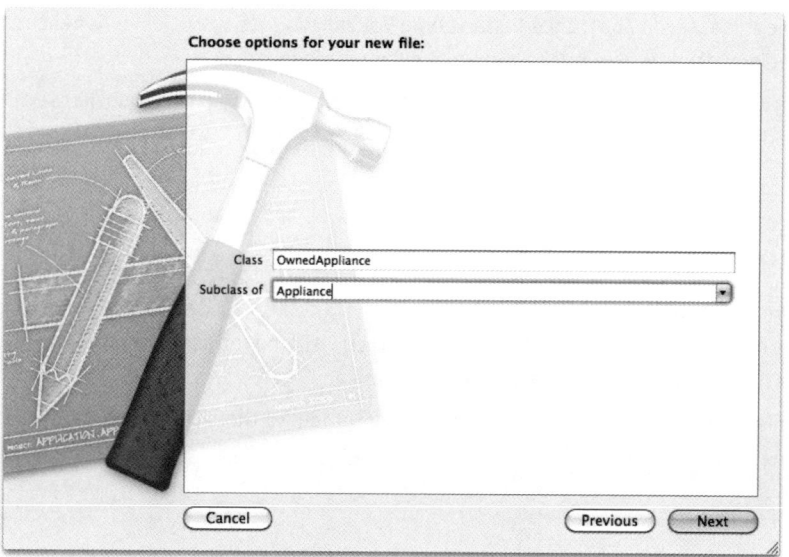

▶ *Abbildung 29.2: Eine Unterklasse von* Appliance *erstellen*

Fügen Sie in OwnedAppliance.h einen veränderlichen Set mit Eigentümernamen und drei Methoden ein.

```
#import "Appliance.h"

@interface OwnedAppliance : Appliance {
    NSMutableSet *ownerNames;
}
- (id)initWithProductName:(NSString *)pn
        firstOwnerName:(NSString *)n;
- (void)addOwnerNamesObject:(NSString *)n;
- (void)removeOwnerNamesObject:(NSString *)n;

@end
```

Beachten Sie, dass eine der von Ihnen deklarierten Methoden ein Initialisierer ist, der zwei Argumente akzeptiert.

Implementieren Sie die Methoden in OwnedAppliance.m:

```
#import "OwnedAppliance.h"

@implementation OwnedAppliance

- (id)initWithProductName:(NSString *)pn
        firstOwnerName:(NSString *)n
{
    // Ruft Initialisierer der Oberklasse auf
    self = [super initWithProductName:pn];

    if (self) {
        // Erstellt Set, das die Namen der Eigentümer aufnimmt
        ownerNames = [[NSMutableSet alloc] init];

        // Ist der erste Eigentümername nicht nil?
        if (n) {
            [ownerNames addObject:n];
        }
    }
    // Gibt einen Zeiger aufs neue Objekt zurück
    return self;
}

- (void)addOwnerNamesObject:(NSString *)n
{
    [ownerNames addObject:n];
}

- (void)removeOwnerNamesObject:(NSString *)n
{
    [ownerNames removeObject:n];
}

@end
```

Beachten Sie, dass diese Klasse voltage oder productName nicht initialisiert. Das initWithProductName: in Appliance kümmert sich darum. Wenn Sie eine Unterklasse erstellen, brauchen Sie normalerweise nur die Instanzvariablen zu initialisieren, die *Sie* eingeführt haben. Die Oberklasse hingegen kümmert sich um die Instanzvariablen, die sie eingeführt hat.

Nun stehen Sie allerdings vor der gleichen Situation wie bei `Appliance` und seinem Initialisierer `init` der Oberklasse. Momentan könnte einer Ihrer Kollegen mit dieser Codezeile einen schlimmen Bug produzieren:

```
OwnedAppliance *a = [[OwnedAppliance alloc] initWithProductName:@"Toaster"];
```

Dieser Code sorgt dafür, dass die Methode `initWithProductName:` in `Appliance` startet. Diese Methode weiß nichts über den `ownerNames`-Set, und das bedeutet, dass `ownerNames` für diese `OwnedAppliance`-Instanz nicht korrekt initialisiert wird.

Das wird genauso behoben wie vorhin. Fügen Sie in `OwnedAppliance.m` eine Implementierung von `initWithProductName:`, dem Initialisierer der Oberklasse, ein, die `initWithProductName:firstOwnerName:` aufruft und für `firstOwnerName` einen Standardwert übergibt.

```
- (id)initWithProductName:(NSString *)pn
{
    return [self initWithProductName:pn firstOwnerName:nil];
}
```

Kleine Quizfrage: Müssen Sie `init` auch in `OwnedAppliance` implementieren? Nein. An diesem Punkt funktioniert der folgende Code prima:

```
OwnedAppliance *a = [[OwnedAppliance alloc] init];
```

Warum? Da es in `OwnedAppliance` keine Implementierung von `init` gibt, wird diese Zeile die in `Appliance` implementierte `init`-Methode auslösen, die dann `[self initWithProductName:@"Unknown"]` aufruft. `self` ist eine Instanz von `OwnedAppliance` und ruft somit `initWithProductName:` in `OwnedAppliance` auf und das wiederum `[self initWithProductName:pn firstOwnerName:nil]`.

Damit landen Sie dann in einer Kette von Initialisierern, die andere Initialisierer aufrufen.

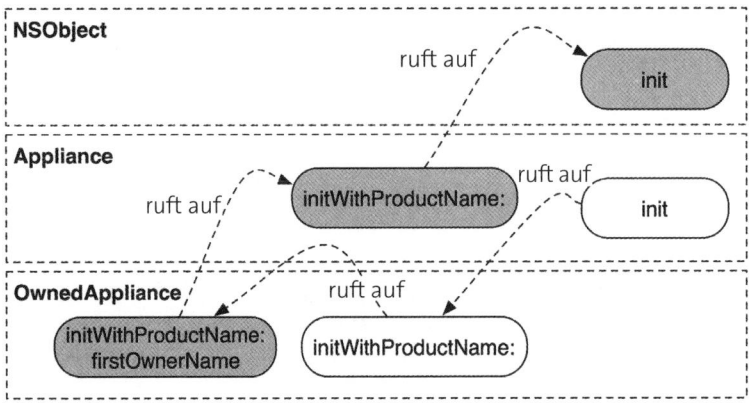

▶ *Abbildung 29.3: Initialisiererkette*

Beachten Sie, dass in Abbildung 29.3 für jede Klasse ein grau hinterlegter Initialisierer gezeigt wird. Dieser Initialisierer ist der *vorgesehene Initialisierer* für diese Klasse. init ist der vorgesehene Initialisierer für NSObject, initWithProductName: ist der vorgesehene Initialisierer für Appliance, und initWithProductName:firstOwnerName: nun der vorgesehene Initialisierer für OwnedAppliance. Es gibt nur eine vorgesehene Initialisierermethode pro Klasse. Wenn die Klasse andere Initialisierer hat, muss die Implementierung dieser Initialisierer dann (direkt oder indirekt) den vorgesehenen Initialisierer aufrufen. Somit agiert der vorgesehene Initialisierer wie ein Trichterpunkt.

Wenn Sie eine Klasse erstellen, deren vorgesehener Initialisierer anders heißt als der seiner Oberklasse (wie Sie das in Appliance und OwnedAppliance gemacht haben), sind Sie verantwortlich dafür, das in der Header-Datei zu dokumentieren. Fügen Sie den entsprechenden Kommentar in Appliance.h ein:

```
#import <Foundation/Foundation.h>

@interface Appliance : NSObject {
    NSString *productName;
    int voltage;
}
@property (copy) NSString *productName;
@property int voltage;

// Der vorgesehene Initialisierer
- (id)initWithProductName:(NSString *)pn;

@end
```

und in OwnedAppliance.h:

```
#import "Appliance.h"

@interface OwnedAppliance : Appliance {
    NSMutableSet *ownerNames;
}
// Der vorgesehene Initialisierer
- (id)initWithProductName:(NSString *)pn
        firstOwnerName:(NSString *)n;
- (void)addOwnerNamesObject:(NSString *)n;
- (void)removeOwnerNamesObject:(NSString *)n;

@end
```

Somit treffen wir auf Regeln, die alle korrekten Objective-C-Programmierer befolgen, wenn sie Initialisierer schreiben:

> Wenn eine Klasse mehrere Initialisierer hat, sollte nur einer die eigentliche Arbeit machen. Diese Methode bezeichnet man als den vorgesehenen Initialisierer. Alle anderen Initialisierer sollten ihn direkt oder indirekt aufrufen.

> Der vorgesehene Initialisierer ruft den der Oberklasse auf, bevor er seine Instanzvariablen initialisiert.

> Wenn der vorgesehene Initialisierer Ihrer Klasse anders heißt als der aus deren Oberklasse, müssen Sie den vorgesehenen Initialisierer überschreiben, damit er den neuen vorgesehenen Initialisierer aufruft.

> Wenn Sie mehrere Initialisierer haben, müssen Sie im Header klar dokumentieren, welcher der vorgesehene ist.

29.5 TÖDLICHE INIT-METHODEN

Doch ab und an können Sie den vorgesehenen Initialisierer der Oberklasse nicht sicher überschreiben. Nehmen wir an, Sie erstellen eine Unterklasse von NSObject namens WallSafe, und dessen vorgesehener Initialisierer ist initWithSecretCode:. Doch es ist für Ihre Anwendung nicht sicher genug, einen Standardwert für secretCode zu haben. Das bedeutet, dass das von uns verwendete Muster (init überschreiben, um den vorgesehenen Initialisierer der neuen Klasse mit Standardwert zu überschreiben) nicht akzeptabel ist.

Was bleibt Ihnen also übrig? Eine Instanz von WallSafe wird immer noch auf eine init-Nachricht reagieren. Jemand könnte ganz einfach Folgendes machen:

```
WallSafe *ws = [[WallSafe alloc] init];
```

Am besten überschreibt man den vorgesehenen Initialisierer der Oberklasse auf eine Weise, die die Entwickler darüber informiert, dass sie einen Fehler begangen haben, und ihnen sagt, wie der zu beheben ist:

```
- (id)init
{
    @throw [NSException exceptionWithName:@"WallSafeInitialization"
                                  reason:@"Use initWithSecretCode:, not init"
                                userInfo:nil];
}
```

Eigenschaften

Im vorigen Kapitel haben Sie eine Klasse namens Appliance erstellt, die zwei Eigenschaften besaß: productName und voltage. Gehen wir noch einmal durch, wie diese Eigenschaften funktionieren.

In Appliance.h haben Sie zwei Instanzvariablen deklariert, die die Daten aufnehmen sollen:

```
{
    NSString *productName;
    int voltage;
}
```

Außerdem haben Sie für sie auch Zugriffsmethoden deklariert. Sie hätten diese auch so deklarieren können:

```
- (void)setProductName:(NSString *)s;
- (NSString *)productName;
- (void)setVoltage:(int)x;
- (int)voltage;
```

Doch stattdessen haben Sie das @property-Konstrukt genommen:

```
@property (copy) NSString *productName;
@property int voltage;
```

In Appliance.m hätten Sie die Zugriffsmethoden auch explizit so implementieren können:

```
- (void)setProductName:(NSString *)s
{
    productName = [s copy];
}

- (NSString *)productName
{
```

```
        return productName;
}

- (void)setVoltage:(int)x
{
    voltage = x;
}

- (int)voltage
{
    return voltage;
}
```

Doch stattdessen haben Sie das `@synthesize`-Konstrukt genommen, um sie zu implementieren:

```
@synthesize productName, voltage;
```

Wissenswertes für Compiler in Objective-C: Wenn Sie für iOS oder ein 64-Bit-Programm für Mac OS X kompilieren, brauchen Sie die Instanzvariablen nicht zu deklarieren. Die `@property`/`@synthesize`-Aufrufe reichen aus, um für die Daten Platz zu schaffen.

Öffnen Sie **Appliances** und kommentieren Sie die Instanzvariablen in `Appliance.h` aus:

```
{
    // NSString *productName;
    // int voltage;
}
```

Kompilieren Sie das Programm erneut und starten Sie es.

In diesem Buch deklarieren wir die Instanzvariablen immer. Es ist eine schöne Form der Dokumentation und macht Ihren Code in 32-Bit-Programmen für Mac OS X einsetzbar.

Entfernen Sie die Kommentarzeichen vor den Instanzvariablen wieder.

30.1 Attribute von Eigenschaften

Schauen wir uns nun die verschiedenen Attribute genauer an, mit denen Sie steuern, wie die Zugriffsmethoden für eine Eigenschaft erstellt werden.

30.1.1 Veränderlichkeit

Eine Eigenschaft kann als readwrite oder readonly deklariert werden. Der Standard ist readwrite, was bedeutet, dass sowohl eine Set- als auch eine Get-Methode erstellt wird. Wenn keine Set-Methode erstellt werden soll, kennzeichnen Sie die Eigenschaft als readonly:

```
@property (readonly) int voltage;
```

30.1.2 Spezifikatoren für die Lebensdauer

Eine Eigenschaft kann auch mit unsafe_unretained, strong, weak oder copy deklariert werden. Diese Option legt fest, wie die Set-Methode die Speicherverwaltung abwickelt.

unsafe_unretained ist der Standard und das Einfachste: Damit wird nur der übergebene Wert der Eigenschaft zugewiesen. Führen Sie sich deren Deklaration und Definition vor Augen:

```
@property (unsafe_unretained) int averageScore;
// "@property int averageScore" würde hier auch funktionieren
...
@synthesize averageScore;
```

Das führte zu einer Set-Methode, die weitgehend diesem hier entspricht:

```
- (void)setAverageScore:(int)d
{
    averageScore = d;
}
```

In Appliance ist voltage eine unsichere Eigenschaft, die nicht beibehalten wird. Sie werden unsafe_unretained immer für Eigenschaften nehmen, in denen anderes enthalten ist als Objekte.

Wie Sie in Kapitel 20 erfahren haben, gewährleistet strong, dass eine starke Referenz mit dem übergebenen Objekt bewahrt wird. Außerdem gibt es den Besitztum am alten Objekt auf (das sich dann selbst alloziert, falls es keine anderen Besitzer hat). Für Eigenschaften, in denen Objekte enthalten sind, nehmen Sie gewöhnlich strong.

weak impliziert keinen Besitz des Objekts, auf das gezeigt wird. Es wird eine Set-Methode synthetisieren, die die Eigenschaft für das übergebene Objekt setzt. Wenn dieses Objekt dealloziert wird, wird die Eigenschaft auf nil gesetzt. (Beachten Sie, dass Sie einen sogenannten „hängenden" oder „wilden" Zeiger bekommen, wenn der Zeiger unsafe_unretained ist und das Objekt, auf das er zeigt, dealloziert wird. Sendet man einem hängenden Zeiger eine Nachricht, stürzt das Programm normalerweise ab.)

copy bildet eine starke Referenz zu einer Kopie des übergebenen Objekts. Doch da gibt es eine Kleinigkeit, die die meisten Leute missverstehen ...

copy

Die Option copy macht eine Kopie eines Objekts und ändert dann den Zeiger, der sich auf diese Kopie beziehen soll. Nehmen wir an, wir haben eine Eigenschaftsdeklaration und Definition wie folgt:

```
@property (copy) NSString *lastName;
@synthesize lastName;
```

Die generierte Set-Methode sähe dann etwa so aus:

```
- (void)setLastName:(NSString *)d
{
    lastName = [d copy];
}
```

Der Einsatz des copy-Attributs kommt am häufigsten mit Objekttypen vor, die veränderliche Unterklassen haben. Zum Beispiel hat NSString eine Unterklasse namens NSMutableString. Sie können sich vorstellen, dass Ihre setLastName:-Methode einen veränderlichen String erhalten könnte:

```
// Erstellt einen veränderlichen String
NSMutableString *x = [[NSMutableString alloc] initWithString:@"Ono"];

// Übergibt ihn an setLastName:
[myObj setLastName:x];

// 'copy' unterbindet, dass lastName geändert wird
[x appendString:@" Lennon"];
```

Was passiert, wenn das übergebene Objekt *nicht* veränderlich ist? Es scheint Verschwendung zu sein, Kopien eines unveränderlichen Objekts zu machen. Die copy-Methode ruft einfach copyWithZone: auf und übergibt nil als Argument. In NSString wird z. B. die copyWithZone:-Methode überschrieben, damit sie wie folgt aussieht:

```
- (id)copyWithZone:(NSZone *)z
{
    return self;
}
```

Das heißt, sie stellt überhaupt keine Kopie her. (Beachten Sie, dass NSZone und allgemein die Einteilung des Speichers in Zonen in der Cocoa-Programmierung beinahe veraltete und verkümmerte Features sind und wir sie deswegen hier nicht weiter erläutern. Allerdings ist copyWithZone: immer noch im Einsatz und noch nicht ganz in der Versenkung verschwunden.)

Für Objekte in veränderlichen und unveränderlichen Versionen gibt die copy-Methode eine unveränderliche Kopie zurück. Zum Beispiel hat NSMutableString eine copy-Methode, die eine Instanz von NSString zurückgibt. Wenn Sie wollen, dass die Kopie ein veränderliches Objekt wird, nehmen Sie die Methode mutableCopy.

Es gibt keinen Spezifikator für die Eigenschaft Lebenszeit namens mutableCopy. Wenn Sie wollen, dass die Set-Methode die Eigenschaft zu einer veränderlichen Kopie eines Objekts macht, müssen Sie diese selbst implementieren, damit es die mutableCopy-Methode für das eingehende Objekt aufruft. Zum Beispiel könnten Sie in OwnedAppliance eine setOwnerNames:-Methode erstellen:

```
- (void)setOwnerNames:(NSSet *)newNames
{
    ownerNames = [newNames mutableCopy];
}
```

Mehr über das Kopieren

Die meisten Klassen von Objective-C haben gar keine copyWithZone:-Methode. Objective-C-Programmierer stellen weniger Kopien her, als Sie vielleicht glauben.

Eigenartigerweise werden die Methoden copy und mutableCopy in NSObject wie folgt definiert:

```
- (id)copy
{
    return [self copyWithZone:NULL];
}

- (id)mutableCopy
{
    return [self mutableCopyWithZone:NULL];
}
```

Wenn Sie also Code wie diesen hier haben

```
Appliance *b = [[Appliance alloc] init];
Appliance *c = [b copy];
```

dann bekommen Sie einen solchen Fehler:

```
-[Appliance copyWithZone:]: unrecognized selector sent to instance 0x100110130
```

30.1.3 Ein Rat zu atomic kontra nonatomic

Dieses Buch ist als Einführung in die Programmierung gedacht, und die Option `atomic/nonatomic` bezieht sich auf das relativ anspruchsvolle Thema Multithreading. Das müssen Sie dazu wissen: Mit der Option `nonatomic` läuft Ihre Set-Methode ein kleines bisschen schneller. Wenn Sie sich die Header für das UIKit von Apple anschauen, ist jede Eigenschaft als `nonatomic` gekennzeichnet. Sie sollten Ihre Eigenschaften auch `nonatomic` machen.

(Diesen Rat gebe ich allen. Doch in fast jeder Gruppe gibt es bestimmt einen, der gerade genug weiß, um zu nerven. Der sagt dann: „Aber wenn ich meine App *multithreaded* mache, brauche ich den Schutz, den ich von `atomic`-Set-Methoden kriege." Und *ich* sollte eigentlich sagen: „Ich glaube nicht, dass Sie in nächster Zeit *multithreaded* Code schreiben werden. Und wenn Sie das machen, gehe ich nicht davon aus, dass `atomic`-Set-Methoden dabei hilfreich sind." Was ich dann aber wirklich sage: „Okay, dann sollten Sie Ihre Set-Methoden `atomic` lassen." Denn man kann einem, der noch nicht bereit ist zu hören, keinen Rat geben.)

In `Appliance.h` machen Sie Ihre Zugriffsmethoden `nonatomic`:

```
@property (copy, nonatomic) NSString *productName;
@property (nonatomic) int voltage;
```

Leider ist aktuell der Standard für Eigenschaften `atomic`, also müssen Sie diese Änderung vornehmen.

30.2 Schlüssel-Wert-Codierung

Mit Schlüssel-Wert-Codierung bezeichnet man die Möglichkeit, eine Eigenschaft anhand ihres Namens zu lesen und festzulegen. Die Methoden zur Schlüssel-Wert-Codierung sind in `NSObject` definiert, und somit hat jedes Objekt diese Fähigkeit.

Öffnen Sie `main.m` und suchen Sie nach der Zeile:

```
[a setProductName:@"Washing Machine"];
```

Schreiben Sie diese Zeile um, damit sie mit Schlüssel-Wert-Codierung arbeitet:

```
[a setValue:@"Washing Machine" forKey:@"productName"];
```

In diesem Fall wird die Methode `setValue:forKey:` (wie sie in `NSObject` definiert ist) nach einer Set-Methode namens `setProductName:` suchen. Wenn das Objekt keine `setProductName:`-Methode hat, wird sie auf die Instanzvariable direkt zugreifen.

Sie können den Wert einer Variablen auch anhand der Schlüssel-Wert-Codierung lesen. Fügen Sie in `main.m` eine Zeile hinzu, die den Produktnamen ausgibt:

```
int main (int argc, const char * argv[])
{
    @autorelease {

        Appliance *a = [[Appliance alloc] init];
        NSLog(@"a is %@", a);
        [a setValue:@"Washing Machine" forKey:@"productName"];
        [a setVoltage:240];
        NSLog(@"a is %@", a);

        NSLog(@"the product name is %@", [a valueForKey:@"productName"]);

    }
    return 0;
}
```

In diesem Fall wird die Methode Value:forKey: (so wie sie in NSObject definiert ist) nach einer Zu-griffsmethode namens productName suchen. Falls es diese nicht gibt, wird direkt auf die Instanzvariable zugegriffen.

Wenn Sie sich beim Namen der Eigenschaft vertippen, bekommen Sie keine Warnung vom Compiler, sondern einen Laufzeitfehler. Machen Sie diesen Fehler mal absichtlich in main.m:

```
NSLog(@"the product name is %@", [a valueForKey:@"productNammmme"]);
```

Nach Build und Start des Programms sollten Sie folgenden Fehler sehen:

```
*** Terminating app due to uncaught exception 'NSUnknownKeyException',
reason: '[<Appliance 0x100108dd0> valueForUndefinedKey:]:
this class is not key value coding-compliant for the key productNammmme.'
```

Beheben Sie das wieder, bevor Sie weitermachen.

Warum ist die Schlüssel-Wert-Codierung interessant? Jedes Mal, wenn ein Standardframework Daten in Ihre Objekte schiebt, wird es mit setValue:forKey: arbeiten. Jedes Mal, wenn ein Standardframe-work Daten aus Ihren Objekten lesen will, wird es valueForKey: verwenden. Core Data ist beispielsweise ein Framework, mit dem man ganz einfach Objekte in einer SQLite-Datenbank ablegen und dann wie-der auslesen kann. Es manipuliert Ihre eigenen Objekte, die Daten enthalten, mittels Schlüssel-Wert-Codierung.

Um zu beweisen, dass Ihre Variablen durch Schlüssel-Wert-Codierung manipuliert werden, auch wenn Sie keine Zugriffsmethoden haben, kommentieren Sie in `Appliance.h` die @property-Deklaration für productName aus:

```
#import <Foundation/Foundation.h>

@interface Appliance : NSObject {
    NSString *productName;
    int voltage;
}
// @property (copy) NSString *productName;
@property (nonatomic) int voltage;

// Der vorgesehene Initialisierer
- (id)initWithProductName:(NSString *)pn;

@end
```

Entfernen Sie alle Vorkommen der Methoden setProductName: und productName aus `Appliance.m`:

```
@implementation Appliance

@synthesize voltage;

- (id)initWithProductName:(NSString *)pn
{
    self = [super init];
    if (self) {
        productName = [pn copy];
        [self setVoltage:120];
    }
    return self;
}

- (id)init
{
    return [self initWithProductName:@"Unknown"];
}

- (NSString *)description
{
    return [NSString stringWithFormat:@"<%@: %d volts>", productName, voltage];
}

@end
```

Kompilieren Sie das Programm und starten Sie es. Beachten Sie, dass die Variable, obwohl Sie keine Zugriffsmethoden für productName haben, immer noch durch andere Methoden festgelegt und gelesen werden kann. Dies ist eine offensichtliche Verletzung des Konzepts der *Objektkapselung*: Die Methoden eines Objekts sind öffentlich, aber die Instanzvariablen sind heikel und sollten privat bleiben. Wäre die Schlüssel-Wert-Codierung nicht so erstaunlich nützlich, würde keiner sie tolerieren.

30.2.1 Typen, die keine Objekte sind

Die Methoden zur Schlüssel-Wert-Codierung sind so designt, dass sie mit Objekten arbeiten, aber manche Eigenschaften enthalten Typen, die keine Objekte sind, z. B. ein int oder ein float. voltage ist beispielsweise ein int. Wie legen Sie voltage anhand der Schlüssel-Wert-Codierung fest? Dafür nehmen Sie eine NSNumber.

In main.m ändern Sie die Zeile für die voltage-Angabe von

```
[a setVoltage:240];
```

zu:

```
[a setValue:[NSNumber numberWithInt:240] forKey:@"voltage"];
```

Ergänzen Sie in Appliance.m eine explizite Zugriffsmethode, damit Sie sehen, wie es aufgerufen wird:

```
- (void)setVoltage:(int)x
{
    NSLog(@"setting voltage to %d", x);
    voltage = x;
}
```

Kompilieren Sie das Programm und starten Sie es.

Wenn Sie entsprechend den valueForKey:@"voltage" abfragen, bekommen Sie eine NSNumber zurück, die den Wert von voltage enthält.

31 Kategorien

Mit Kategorien kann ein Programmierer Methoden in eine vorhandene Klasse einfügen. Von Apple haben wir beispielsweise die Klasse NSString bekommen. Den Quellcode dieser Klasse bekommen wir nicht, aber mit Kategorien haben wir die Möglichkeit, in NSString neue Methoden einzufügen.

Erstellen Sie ein neues **FOUNDATION COMMAND LINE TOOL** namens **VOWELCOUNTER**. Dann erstellen Sie eine neue **OBJECTIVE-C CATEGORY**-Datei. Geben Sie der Kategorie den Namen **VOWELCOUNTING** und machen Sie sie in **NSSTRING** zu einer Kategorie.

Nun öffnen Sie NSString+VowelCounting.h und deklarieren Sie eine Methode, die Sie in die Klasse NSString einfügen wollen:

```
#import <Foundation/Foundation.h>

@interface NSString (VowelCounting)
- (int)vowelCount;

@end
```

Jetzt implementieren Sie die Methode in NSString+VowelCount.m:

```
#import "NSString+VowelCounting.h"

@implementation NSString (VowelCounting)

- (int)vowelCount
{
    NSCharacterSet *charSet =
            [NSCharacterSet characterSetWithCharactersInString:@"aeiouyAEIOUY"];

    NSUInteger count = [self length];
    int sum = 0;
    for (int i = 0; i < count; i++) {
        unichar c = [self characterAtIndex:i];
```

```
        if ([charSet characterIsMember:c]) {
            sum++;
        }
    }
    return sum;
}

@end
```

Nun verwenden Sie die neue Methode in `main.m`:

```
#import <Foundation/Foundation.h>
#import "NSString+VowelCounting.h"

int main (int argc, const char * argv[])
{
    @autorelease {

        NSString *string = @"Hello, World!";
        NSLog(@"%@ has %d vowels", string, [string vowelCount]);

    }
    return 0;
}
```

Kompilieren Sie das Programm und starten Sie es. Raffiniert, nicht wahr? Man merkt, dass Kategorien sehr praktisch sind.

Wichtig wäre hier noch anzumerken, dass nur dieses Programm die Kategorie hat. Wenn Sie wollen, dass die Methode auch anderen Programmen zur Verfügung steht, müssen Sie die Datei in Ihr Projekt einfügen und die Kategorie beim Kompilieren des Programms aufnehmen.

32 Blöcke

In Kapitel 24 haben Sie die Callback-Mechanismen Delegierung und Benachrichtigung kennengelernt. Durch Callbacks können andere Objekte als Reaktion auf Ereignisse Methoden in Ihrem Objekt aufrufen. Zwar funktioniert das perfekt, aber ein solches Vorgehen zerschießt Ihnen den Code. Programmteile, die zur besseren Nachvollziehbarkeit nahe beieinander sein sollten, sind weit verstreut.

In Ihrem Programm **CALLBACKS** aus Kapitel 24 haben Sie Code eingefügt, um Ihr Objekt für eine Benachrichtigung zu registrieren, wenn die Zeitzone des Benutzers sich ändert, und um zoneChange: so einzustellen, dass es bei Empfang dieser Benachrichtigung ausgelöst wird. Aber nun lese ich Ihren Code und bin neugierig darauf, was diese zoneChange:-Methode macht, wenn sie ausgelöst wird. Also suche ich nach der Implementierung dieser Methode. Im **CALLBACKS**-Beispiel sind der Code, der das Objekt für die Benachrichtigung registriert, und die Implementierung der getriggerten Methode direkt nebeneinander. Aber Sie können sich ausmalen, dass diese beiden Codeabschnitte in einer größeren und komplexeren Anwendung wahrscheinlich Hunderte von Zeilen voneinander entfernt sind.

Mac OS X 10.6 und iOS 4 haben ein neues Feature namens *Blöcke* (*blocks*) eingeführt. Ein Objective-C-Block ist bloß ein Code wie eine C-Funktion, kann aber wie Daten weitergegeben werden. Gleich werden wir sehen, wie das den relevanten Code zusammenhalten kann.

Blöcke und die Blocksyntax sind definitiv ein sehr anspruchsvolles Thema in Objective-C, und anfangs kann alles recht verwirrend sein. Doch die APIs von Apple arbeiten immer mehr mit Blöcken. In diesem Kapitel werden wir einige einfache Beispiele durcharbeiten, damit Sie darauf vorbereitet sind, wenn Ihnen Blöcke in freier Wildbahn begegnen.

Falls Sie sich in einer anderen Programmiersprache auskennen, sind Ihnen Blöcke vielleicht als *anonyme Funktionen*, *Funktionsabschlüsse* (*Closures*) oder *Lambdas* bekannt. Wenn Ihnen Funktionszeiger vertraut sind, dann werden Ihnen auch Blöcke nicht fremd sein, doch Sie werden bald sehen, dass die korrekte Verwendung von Blöcken einen eleganteren Code ermöglicht als jenen, den man mit Funktionszeigern schreiben kann.

32.1 Blöcke definieren

Dies ist ein Block:

```
^{
    NSLog(@"I'm a log statement within a block!");
}
```

Das hier sieht wie eine Funktion aus, doch statt eines Funktionsnamens finden wir einen Zirkumflex (^). Der Zirkumflex (auch Caret-Zeichen) identifiziert diesen Codeabschnitt als Block. Genauso wie eine Funktion akzeptiert ein Block Argumente:

```
^(double dividend, double divisor) {
    double quotient = dividend / divisor;
    return quotient;
}
```

Dieser Block akzeptiert zwei `double`s als Argumente. Ein Block kann auch einen Rückgabewert haben, doch dazu später mehr.

Haben diese Blöcke Namen? Noch nicht. Diese Blöcke sind Werte, so wie die Zahl 5 ein Wert ist. Um auf einen Block anhand seines Namens zuzugreifen, müssen wir ihm eine *Blockvariable* zuweisen.

32.2 Die Arbeit mit Blöcken

Um zu sehen, wie das funktioniert, nehmen wir uns gleich mal etwas Code vor. In dieser Übung werden Sie anhand eines Blocks alle Vokale aus allen Strings in einem Array entfernen.

Erstellen Sie ein neues **Foundation Command Line Tool** namens **VowelMovement**. In diesem Programm iterieren Sie mit einem Block durch ein Array aus Strings und transformieren sie. Zuerst werden Sie drei Arrays erstellen: einen, um die ursprünglichen Strings zu speichern, einen für die Strings ohne Vokale und einen dritten, um die Zeichen zu speichern, die aus den Strings entnommen werden sollen. In `main.m` ersetzen Sie den Code innerhalb der geschweiften Klammern von `@autoreleasepool`:

```
int main (int argc, const char * argv[])
{
    @autoreleasepool {

        // Erstellt das Array mit Strings, denen Vokale entnommen
        // werden sollen, und einen Container für neue
        NSArray *oldStrings = [NSArray arrayWithObjects:
                @"Sauerkraut", @"Raygun", @"Big Nerd Ranch", @"Mississippi", nil];
        NSLog(@"old strings: %@", oldStrings);
        NSMutableArray *newStrings = [NSMutableArray array];
```

```
        // Erstellt eine Liste von Zeichen, die wir aus dem String entfernen
        NSArray *vowels = [NSArray arrayWithObjects:
                            @"a", @"e", @"i", @"o", @"u", nil];

    }
    return 0;
}
```

Bisher noch nichts Neues: Da werden nur Arrays eingerichtet. Kompilieren Sie das Programm und starten Sie es. Für den Augenblick können Sie die Warnungen über nicht genutzte Variablen ignorieren.

32.2.1 Eine Blockvariable deklarieren

Nun kommt der Code für den Block. Obwohl Blöcke wie Funktionen aussehen, können sie in Variablen gespeichert werden. Wie andere Variablen werden Blockvariablen deklariert und bekommen Werte zugewiesen. Fügen Sie den folgenden Code in main.m ein, um die Blockvariable zu deklarieren.

```
int main (int argc, const char * argv[])
{
    @autoreleasepool {
        // Erstellt das Array mit Strings, denen Vokale entnommen werden
        // sollen, und einen Container für neue
        NSArray *oldStrings = [NSArray arrayWithObjects:
                @"Sauerkraut", @"Raygun", @"Big Nerd Ranch", @"Mississippi", nil];
        NSLog(@"old strings: %@", oldStrings);
        NSMutableArray *newStrings = [NSMutableArray array];

        // Erstellt eine Liste von Zeichen, die wir aus dem String entfernen
        NSArray *vowels = [NSArray arrayWithObjects:
                            @"a", @"e", @"i", @"o", @"u", nil];

        // Deklariert die Blockvariable
        void (^devowelizer)(id, NSUInteger, BOOL *);

    }
    return 0;
}
```

Nehmen wir diese Deklaration nun auseinander, um zu sehen, was geschieht.

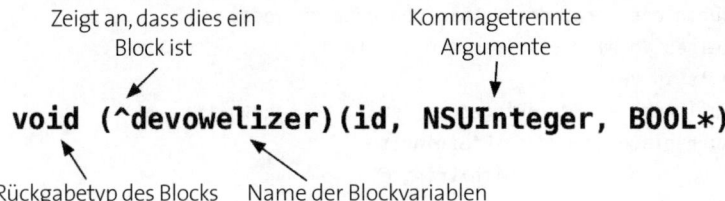

Abbildung 32.1: Deklaration einer Blockvariablen

Wenn Sie eine primitive Variable deklarieren, geben Sie zuerst den Typ an und dann den Namen, z. B. `int i`. Bei einer Blockvariablen steht der Name allerdings in der Mitte der Deklaration direkt nach dem Zirkumflex. Der Typ der Blockvariablen hängt davon ab, wie der Block konstruiert ist. In diesem Fall kann man den Typ von `devowelizer` beschreiben als „Block, der ein Objekt, ein Integer und einen `BOOL`-Zeiger annimmt und nichts zurückgibt".

32.2.2 Einen Block zuweisen

Nun weisen wir unserer neuen Variablen einen Wert zu. Bei einer Blockvariablen besteht der Wert immer aus einem Satz Instruktionen, die in geschweiften Klammern stehen. In `main.m` ergänzen Sie folgende Zuweisung:

```
int main (int argc, const char * argv[])
{
    @autoreleasepool {
        // Erstellt das Array mit Strings, denen Vokale entnommen werden
        // sollen, und einen Container für neue
        NSArray *oldStrings = [NSArray arrayWithObjects:
                @"Sauerkraut", @"Raygun", @"Big Nerd Ranch", @"Mississippi", nil];
        NSLog(@"old strings: %@", oldStrings);
        NSMutableArray *newStrings = [NSMutableArray array];

        // Erstellt eine Liste von Zeichen, die wir aus dem String entfernen
        NSArray *vowels = [NSArray arrayWithObjects:
                        @"a", @"e", @"i", @"o", @"u", nil];

        // Deklariert die Blockvariable
        void (^devowelizer)(id, NSUInteger, BOOL *);

        // Weist der Variablen einen Block zu
        devowelizer = ^(id string, NSUInteger i, BOOL *stop) {

            NSMutableString *newString = [NSMutableString stringWithString:string];
```

```
            // Iteriert durch das Array der Vokale und ersetzt jedes
            // Vorkommen eines Vokals mit einem leeren String
            for (NSString *s in vowels) {
                NSRange fullRange = NSMakeRange(0, [newString length]);
                [newString replaceOccurrencesOfString:s
                                           withString:@""
                                              options:NSCaseInsensitiveSearch
                                                range:fullRange];
            }

            [newStrings addObject:newString];

        }; // Ende der Blockzuweisung

    }
    return 0;
}
```

Kompilieren Sie das Programm erneut, um Ihre Eingaben zu überprüfen. Die Warnungen über unbenutzte Variablen sollten verschwinden.

Nun haben Sie einen Block (einen Satz Instruktionen) zusammengesetzt und diesen der Blockvariablen devowelizer zugewiesen. Beachten Sie, dass die Blockzuweisung mit einem Semikolon beendet wird, wie man das bei jeder Variablenzuweisung macht.

Wie bei anderen Variablen auch können Sie die Deklaration und Zuweisung von devowelizer zusammen ausführen:

```
void (^devowelizer)(id, NSUInteger, BOOL *) = ^(id string, NSUInteger i, BOOL *stop) {

    NSMutableString *newString = [NSMutableString stringWithString:string];

    // Iteriert durch das Array der Vokale und ersetzt jedes
    // Vorkommen eines Vokals mit einem leeren String
    for (NSString *s in vowels) {
        NSRange fullRange = NSMakeRange(0, [newString length]);
        [newString replaceOccurrencesOfString:s
                                   withString:@""
                                      options:NSCaseInsensitiveSearch
                                        range:fullRange];
    }

    [newStrings addObject:newString];
};
```

So wie vorher deklarieren wir hier eine Blockvariable, die drei Argumente annimmt, nichts zurückgibt und devowelizer heißt. Dann stellen wir den eigentlichen Block zusammen und speichern ihn in
devowelizer.

32.2.3 Einen Block übergeben

Weil devowelizer eine Variable ist, kann sie als Argument übergeben werden. NSArray hat eine Methode
namens enumerateObjectsUsingBlock:. Diese Methode erwartet als einziges Argument einen Block. Sie
führt diesen Block einmal für jedes Objekt im Array aus.

Ergänzen Sie in main.m den folgenden Code, um enumerateObjectsUsingBlock: mit devowelizer aufzurufen und dann die Strings mit den entfernten Vokalen auszugeben.

```
int main (int argc, const char * argv[])
{
    @autoreleasepool {
        // Erstellt das Array mit Strings, denen Vokale entnommen werden sollen,
        // und einen Container für neue
        NSArray *oldStrings = [NSArray arrayWithObjects:
                @"Sauerkraut", @"Raygun", @"Big Nerd Ranch", @"Mississippi", nil];
        NSLog(@"old strings: %@", oldStrings);
        NSMutableArray *newStrings = [NSMutableArray array];

        // Erstellt eine Liste von Zeichen, die wir aus dem String entfernen
        NSArray *vowels = [NSArray arrayWithObjects:
                            @"a", @"e", @"i", @"o", @"u", nil];

        // Deklariert die Blockvariable
        void (^devowelizer)(id, NSUInteger, BOOL *);

        // Weist der Variablen einen Block zu
        devowelizer = ^(id string, NSUInteger i, BOOL *stop) {

            NSMutableString *newString = [NSMutableString stringWithString:string];

            // Iteriert durch das Array der Vokale und ersetzt jedes
            // Vorkommen eines Vokals mit einem leeren String
            for (NSString *s in vowels) {
                NSRange fullRange = NSMakeRange(0, [newString length]);
                [newString replaceOccurrencesOfString:s
                                           withString:@""
                                              options:NSCaseInsensitiveSearch
                                                range:fullRange];
            }
```

```
        [newStrings addObject:newString];

    }; // Ende der Blockzuweisung

    // Iteriert mit dem Block durchs Array
    [oldStrings enumerateObjectsUsingBlock:devowelizer];
    NSLog(@"new strings: %@", newStrings);


  }
  return 0;
}
```

Kompilieren Sie das Programm und starten Sie es. Sie sehen zwei Arrays, die auf der Konsole ausgegeben werden. Das zweite Array sollte dem ersten entsprechen – ohne all die nervigen Vokale.

```
2011-09-03 10:27:02.617 VowelMovement[787:707] old strings: (
    Sauerkraut,
    Raygun,
    "Big Nerd Ranch",
    Mississippi
)
2011-09-03 10:27:02.618 VowelMovement[787:707] new strings: (
    Srkrt,
    Rygn,
    "Bg Nrd Rnch",
    Msssspp
)
```

Ganz wichtig ist, dass enumerateObjectsUsingBlock: nicht jeden beliebigen Block als Argument akzeptiert. Diese Methode erfordert „einen Block, der ein Objekt, ein Integer und einen BOOL-Zeiger annimmt und nichts zurückgibt". Darum haben wir den Block, der devowelizer zugewiesen wurde, auch genauso konstruiert. Seine drei Argumente sind speziell so gestaltet, ein Array zu durchlaufen.

Das erste Argument ist ein Zeiger auf das aktuelle Objekt. Beachten Sie, dass dieser Zeiger vom Typ id ist, damit er stets funktioniert, egal welche Art Objekte im Array enthalten sind. Das zweite Argument ist ein NSUInteger, und zwar der Index des aktuellen Objekts. Das dritte Objekt ist ein Zeiger auf einen BOOL, der standardmäßig NO lautet. Wir können den zu YES ändern, wenn das Array nach der aktuellen Iteration beendet werden soll.

Fügen Sie am Anfang der Blockzuweisung eine Überprüfung ein:

```
devowelizer = ^(id string, NSUInteger i, BOOL *stop){

    NSRange yRange = [string rangeOfString:@"y"
                                   options:NSCaseInsensitiveSearch];

    // Wurde ein y gefunden?
    if (yRange.location != NSNotFound) {
        *stop = YES; // Unterbindet weitere Iterationen
        return;      // Stoppt diese Iteration
    }

    NSMutableString *newString = [NSMutableString stringWithString:string];

    // Iteriert durch das Array der Vokale und ersetzt jedes
    // Vorkommen eines Vokals mit einem leeren String
    for (NSString *s in vowels) {
        NSRange fullRange = NSMakeRange(0, [newString length]);
        [newString replaceOccurrencesOfString:s
                                   withString:@""
                                      options:NSCaseInsensitiveSearch
                                        range:fullRange];
    }

    [newStrings addObject:newString];

}; // Ende der Blockzuweisung
```

Hier wird geprüft, ob der String für die aktuelle Iteration ein großes oder kleines ‚y'-Zeichen enthält. Falls ja, wird der Zeiger auf YES gesetzt (was den Block daran hindert, weitere Iterationen auszuführen) und die aktuelle Iteration angehalten.

Kompilieren Sie das Programm und starten Sie es. Wieder werden zwei Arrays im Debugger-Output ausgegeben, doch dieses Mal wurde die Array-Enumeration während der zweiten Iteration abgebrochen, als der Block auf ein Wort mit dem Buchstaben ‚y' traf. Sie bekommen nur Srkrt.

Nach diesen kleinen Übungen wollen wir uns wieder damit beschäftigen, wie man anhand von Blöcken das Problem der weit verstreuten Codeteile in Programmen lösen kann. Wenn Sie einen Callback nutzen wie z. B. in Kapitel 24, als Sie diese Codezeilen hatten:

```
[[NSNotificationCenter defaultCenter]
                    addObserver:logger
                       selector:@selector(zoneChange:)
                           name:NSSystemTimeZoneDidChangeNotification
                         object:nil];
```

identifizieren Sie eine Methode (normalerweise anhand von @selector()) und implementieren diese Methode dann in der Datei an anderer Stelle:

```
- (void)zoneChange:(NSNotification *)note
{
    NSLog(@"The system time zone has changed!");
}
```

Sie können die NSNotificationCenter-Methode addObserverForName:object:queue:usingBlock: einsetzen und stattdessen einen Block übergeben. Bei dieser Methode geben Sie dem NSNotificationCenter die Instruktionen direkt, also brauchen Sie den Code für den Callback nicht irgendwo anders hinzuschreiben. Jeder, der Ihren Code liest, sieht die Instruktionen und die ans NSNotificationCenter gesendete Nachricht im gleichen Codeabschnitt (am Ende dieses Kapitels kommt noch die Aufgabe auf Sie zu, genau diese Änderung an Ihrem **CALLBACKS**-Programm vorzunehmen).

32.3 TYPEDEF

Die Syntax von Blöcken kann verwirrend sein, aber Sie können es sich leichter machen, indem Sie das Schlüsselwort typedef verwenden, das Sie in Kapitel 10 kennengelernt haben. Denken Sie daran, dass typedefs oben in die Datei oder in einen Header gehören und außerhalb von Methodenimplementierungen stehen. In main.m ergänzen Sie die folgende Codezeile:

```
#import <Foundation/Foundation.h>

typedef void (^ArrayEnumerationBlock)(id, NSUInteger, BOOL *);

int main (int argc, const char * argv[])
{
```

Sie merken, dass dies identisch aussieht wie die Deklaration einer Blockvariablen. Doch hier definieren wir keine Variable, sondern einen Typ, also stellen wir den entsprechenden Typnamen neben den Zirkumflex. Somit können wir die Deklaration ähnlicher Blöcke vereinfachen. Anstatt devowelizer wie folgt zu deklarieren

```
void (^devowelizer)(id, NSUInteger, BOOL *);
```

können Sie diese Zeile mit der folgenden Deklaration ersetzen:

```
ArrayEnumerationBlock devowelizer;
```

Somit wird die Deklaration Ihrer Blockvariablen ein wenig vertrauter. Beachten Sie, dass der Blocktyp selbst nur die Argumente und Rückgabetypen des Blocks definiert; er hat keine Auswirkungen auf den Satz Instruktionen innerhalb eines Blocks dieses Typs.

32.4 Rückgabewerte

Wenn ein Block schließlich einen Wert zurückgibt, können Sie dessen Blockvariable wie eine Funktion aufrufen.

```
double (^divBlock)(double,double) = ^(double k, double j) {
    return k/j;
}
```

In diesem Code haben Sie divBlock als Blockvariable deklariert, die einen double zurückgibt und zwei doubles als Argumente erwartet. Dann haben Sie ihm einen Wert zugewiesen, der die Instruktion enthält, das Ergebnis der Division beider Argumente zurückzugeben.

Sie können diesen Block wie folgt einsetzen:

```
double quotient = divBlock(42.0, 12.5);
```

32.5 Speicherverwaltung

Wie primitive Variablen werden Blöcke auf dem Stack erstellt und gespeichert. Das heißt, der Block wird zusammen mit dem Stack-Frame zerstört, wenn die Funktion oder Methode, die den Block erschuf, zurückkehrt. Manchmal muss Ihr Block aber länger leben. Er könnte beispielsweise die Instanzvariable eines Objekts werden. In einem solchen Fall müssen Sie Ihren Block vom Stack auf den Heap kopieren.

Dafür senden Sie ihm die Nachricht copy:

```
ArrayEnumerationBlock iVarDevowelizer = [devowelizer copy];
```

Nun existiert eine Kopie Ihres Blocks auf dem Heap. Dabei handelt es sich nun um einen *heapbasierten Block* statt eines *stackbasierten Blocks*, und die neue Blockvariable ist ein Zeiger zum Block.

Von Methoden, die Blöcke als Argumente annehmen (z. B. enumerateObjectsUsingBlock: von NSArray oder addObserverForName:object:queue:usingBlock: von NSNotificationCenter), erwartet man, dass sie ihnen übergebene Blöcke kopieren, um sie im Zugriff zu halten. Dafür erstellen sie Zeiger – und starke Referenzen – auf diese Blöcke.

Nun haben wir gesehen, wie Blöcke deklariert werden, Werte zugewiesen bekommen und weitergegeben werden – wie Variablen. Wir haben auch festgestellt, dass sie wie Funktionen aussehen. Nun werden wir einem Block eine Nachricht schicken, als wäre er ein Objekt.

Ein heapbasierter Block, der sich wie ein Objekt verhält, wirft Fragen zur Speicherverwaltung auf:

Was passiert mit Variablen, die zusammen mit dem Block verwendet werden?

Ein Block nutzt typischerweise andere Variablen (sowohl primitive als auch Zeiger auf Objekte) innerhalb seines Codes, die außerhalb davon erstellt wurden. Um sicherzustellen, dass diese *externen Variablen* für den Block so lange verfügbar sind, wie er sie braucht, werden die Variablen vom Block *gefangen*, wenn die Kopie erstellt wird.

Für primitive Variablen bedeutet das, die Werte werden kopiert und als lokale Variablen innerhalb des Blocks gespeichert. Für Zeiger wird der Block selbst eine starke Referenz zu jedem Objekt bewahren, auf das er verweist. Das bedeutet, dass alle Objekte, auf die der Block verweist, zumindest so lange garantiert weiterleben wie der Block selbst. (Falls Sie sich gefragt haben, worin der Unterschied zwischen Blöcken und Funktionszeigern besteht: Hier ist er. Lassen Sie das mal einen Funktionszeiger machen!)

Als Beispiel schauen Sie sich das Programm **VowelMovement** an. Der devowelizer-Block erwähnt zwei Objekte, die außerhalb des Blocks erstellt wurden: newStrings (ein Array zum Speichern der modifizierten Versionen von Strings) und string (der aktuelle String, der zur Modifizierung kopiert werden soll). devowelizer bewahrt zu diesen Objekten eine starke Referenz, wodurch sie so lange weiterleben, wie der Block selbst existiert.

Können diese starken Referenzen zu Retain Cycles bzw. Zirkelbezügen führen?

Ganz bestimmt. Das wird auf gleiche Weise behoben: Eine der Referenzen muss eine schwache Referenz werden. Dafür deklarieren Sie außerhalb des Blocks einen __weak-Zeiger und referenzieren dann diesen Zeiger stattdessen innerhalb des Blocks.

Kann ich die Variable ändern, die der Block kopiert hat?

Standardmäßig sind die in einem Block gefangenen Variablen innerhalb des Blocks konstant, und Sie können deren Werte nicht ändern. Objektzeigervariablen sind beispielsweise für den Geltungsbereich des Blocks konstant (Sie können dem Objekt zwar Nachrichten senden, die dessen Inhalt ändern, aber den Zeiger selbst können Sie nicht modifizieren).

Manchmal wollen Sie allerdings auch eine externe Variable innerhalb eines Blocks modifizieren. Dafür müssen Sie die externe Variable anhand des Schlüsselworts __block deklarieren. Im folgenden Code setzen Sie z. B. die externe Variable counter herauf.

```
__block int counter = 0;
void (^counterBlock)() = ^{ counter++; };
...
counterBlock(); // Setzt Zähler auf 1 hoch
counterBlock(); // Setzt Zähler auf 2 hoch
```

Ohne das Schlüsselwort __block bekämen Sie in der Blockdefinition einen Kompilierungsfehler, der darauf verweist, dass der Wert von counter nicht verändert werden kann.

32.6 DIE BLOCKBASIERTE ZUKUNFT

Blöcke sind nicht einfach zu verstehen und zu verwenden. Allerdings sind sie in weitgehend ereignisgesteuerten Anwendungen, wie sie in der Mac- und iOS-Programmierung üblich sind, extrem praktisch und leistungsfähig. Die APIs von Apple arbeiten immer mehr mit Blöcken. Die Frameworks ALAssetLibrary und GameKit setzen beispielsweise viele blockbasierte Methoden ein. Es ist eine gute Idee, mit den blockbasierten Methoden von Apple zu arbeiten, wo es möglich ist, um sich damit vertraut zu machen.

32.7 AUFGABEN

32.7.1 Anonymer Block

Das Beispiel in diesem Kapitel stellt die Blockdeklaration, die Zuweisung und die Nutzung zur besseren Lesbarkeit in drei verschiedene Codezeilen.

Wenn Sie einer Methode ein Integer übergeben müssen, z. B. numberWithInt: von NSNumber, können Sie int anonym übergeben:

```
// Option 1: Alles komplett untergliedern
int i;
i = 5;
NSNumber *num = [NSNumber numberWithInt:i];

// Option 2: Die Variablendeklaration überspringen
NSNumber *num = [NSNumber numberWithInt:5];
```

Weil Blöcke Variablen sind, können Sie das mit ihnen genauso machen. Tatsächlich wird so fast immer mit Blöcken gearbeitet. Sie werden nur selten eine Blockvariable deklarieren, damit Sie den Block in Methoden übergeben können; normalerweise nutzen Sie sie anonym.

Modifizieren Sie die Übung in diesem Kapitel, um den Block anonym als Argument an enumerate ObjectsUsingBlock: zu übergeben. Das heißt: Behalten Sie den Block und werfen Sie die Blockvariable hinaus.

32.7.2 NSNotificationCenter

In Kapitel 24 haben Sie die addObserver:selector:name:object:-Methode des NSNotificationCenter verwendet, um sich für den Empfang von Callbacks über Ihre Methode zoneChange zu registrieren. Aktualisieren Sie diese Übung, um stattdessen die Methode zu verwenden. Deren Einzelheiten schlagen Sie in der *Developer Documentation* nach.

Diese Methode nimmt als Argument einen Block und führt ihn dann aus, anstatt Ihr Objekt zurückzurufen, wenn die angegebene Benachrichtigung gepostet wird. Das bedeutet, dass Ihre Methode zoneChange: nie aufgerufen wird. Der Code in dieser Methode wird stattdessen im Block sein.

Der übergebene Block sollte nur ein Argument annehmen (ein NSNotification *) und nichts zurückgeben, so wie es die zoneChange:-Methode macht.

Für queue: können Sie nil als Argument übergeben; dieses Argument wird für die Nebenläufigkeit (*concurrency*) verwendet, aber dieses Thema behandeln wir in diesem Buch nicht.

Teil VI

C für Fortgeschrittene

Um ein kompetenter Objective-C-Programmierer zu werden, müssen Sie auch als C-Programmierer bewandert sein. Es gibt noch ein paar Dinge, die Sie über C wirklich wissen sollten. Bei diesen Themen handelt es sich nicht um Konzepte, die täglich eingesetzt werden. Aber gelegentlich treffen Sie darauf, und darum möchte ich sie Ihnen hier vorstellen.

33 Bitweise Operationen

Im ersten Teil dieses Buches habe ich den Speicher eines Computers als riesige Wand mit Schaltern beschrieben (Milliarden davon), die man ein- oder ausschalten kann. Jeder Schalter repräsentiert ein Bit, und mit 1 meinen wir normalerweise „ein" und mit 0 „aus".

Doch Sie adressieren niemals ein einziges Bit. Stattdessen arbeiten Sie mit Bitblöcken in Bytegröße. Wenn Sie sich ein Byte als vorzeichenloses 8-Bit-Integer vorstellen, dann repräsentiert jedes Bit eine weitere Zweierpotenz:

128	64	32	16	8	4	2	1
0	0	1	1	1	1	0	0

32 + 16 + 8 + 4 = 60

▶ *Abbildung 33.1: Ein Byte, das die Dezimalzahl 60 repräsentiert*

Weil Menschen zehn Finger haben, rechnen sie als Begleiteffekt gerne mit Dezimalzahlen. Computer hingegen finden Zweierpotenzen toll. Programmierer nutzen oft ein auf Basis 16 beruhendes Zahlensystem ($16 = 2^4$), das man *hexadezimal* nennt (oder auch einfach „hex"). Das gilt gerade auch dann, wenn wir es mit einzelnen Bits eines Integers zu tun haben.

Wir verwenden die Buchstaben a, b, c, d, e und f für die zusätzlichen Stellen. Somit wird in Hex wie folgt gezählt: 0, 1, 2, 3, 4, 5, 6, 7, 8, 9, a, b, c, d, e, f, 10, 11 ...

Um zu verdeutlichen, dass wir hexadezimale Zahlen schreiben, bekommt die Zahl das Präfix 0x. So wird die gleiche Zahl und das gleiche Byte in Hex ausgedrückt:

0x80	0x40	0x20	0x10	0x8	0x4	0x2	0x1
0	0	1	1	1	1	0	0

0x20 + 0x10 + 0x8 + 0x4 = 0x3c

▶ *Abbildung 33.2: Ein Byte, das die Hexzahl 0x3c repräsentiert*

Beachten Sie, dass ein Byte immer als eine zweistellige Hexzahl (wie 3c) beschrieben werden kann. Somit kann man sich anhand von hexadezimalen Zahlen gut binäre Daten anschauen. Ein cooler Program-
miererspruch dazu wäre: „Ich habe das Dateiformat per Reverse Engineering aufgeschlüsselt, indem
ich die Dokumentdateien in einem Hexeditor studiert habe." Wollen Sie mal eine Datei als Liste von
hexcodierten Bytes sehen? Führen Sie im **Terminal** einen hexdump mit der Datei aus:

```
$ hexdump myfile.txt
0000000 3c 3f 78 6d 6c 20 76 65 72 73 69 6f 6e 3d 22 31
0000010 2e 30 22 3f 3e 0a 3c 62 6f 6f 6b 20 78 6d 6c 6e
0000020 73 3d 22 68 74 74 70 3a 2f 2f 64 6f 63 62 6f 6f
0000030 6b 2e 6f 72 67 2f 6e 73 2f 64 6f 63 62 6f 6f 6b
0000040 22
0000041
```

Die erste Spalte ist der Offset (in Hex) vom Dateianfang des Bytes, das in der zweiten Spalte aufgelistet
wird. Jede zweistellige Zahl repräsentiert ein Byte.

33.1 Bitweises OR

Wenn Sie zwei Bytes haben, können Sie diese mit einem bitweisen OR verbinden und ein drittes Byte
erzeugen. Ein Bit im dritten Byte wird 1 sein, wenn mindestens eines der korrespondierenden Bits in den
ersten beiden Bytes 1 ist.

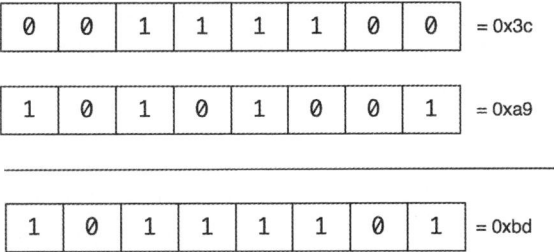

▶ *Abbildung 33.3: Zwei Bytes, die mit einem bitweisen OR zusammenkommen*

Das wird mit dem Operator | umgesetzt. Um diese Manipulation von Bits mal auszuprobieren, erstellen
Sie ein neues Projekt: ein **C Command Line Tool** (nicht **Foundation**) namens **bitwize**.

Bearbeiten Sie main.c:

```
#include <stdio.h>

int main (int argc, const char * argv[])
{
    unsigned char a = 0x3c;
```

```
unsigned char b = 0xa9;
unsigned char c = a | b;

    printf("Hex: %x | %x = %x\n", a, b, c);
    printf("Decimal: %d | %d = %d\n", a, b, c);

    return 0;
}
```

Wenn Sie dieses Programm starten, sehen Sie, dass die beiden Bytes mit einem bitweisen OR zusammenkommen.

```
Hex: 3c | a9 = bd
Decimal: 60 | 169 = 189
```

Wofür ist das gut? In Objective-C legen wir bestimmte Einstellungen oft anhand von Integern fest. Ein Integer ist immer eine Folge von Bits, und jedes Bit repräsentiert dann einen Aspekt der Einstellungen, der ein- oder ausgeschaltet werden kann. Wir erstellen dieses Integer (auch als *Bitmaske* bezeichnet), indem wir aus einem Satz von Konstanten wählen. Diese Konstanten sind auch Integer, und jede Konstante sorgt für einen Aspekt der Einstellung, indem nur eines ihrer Bits eingeschaltet wird. Sie können mit einem bitweisen OR die Konstanten gemeinsam angeben, die die jeweils gewünschten Aspekte repräsentieren. Das Ergebnis ist exakt die von Ihnen beabsichtigte Einstellung.

Schauen wir uns ein Beispiel an. iOS enthält eine Klasse namens NSDataDetector. Instanzen des NSDataDetectors durchlaufen Texte und suchen nach bekannten Mustern wie Datums- und Zeitangaben oder URLs. Die Muster, nach denen eine Instanz sucht, werden von dem Ergebnis des bitweisen OR aus einem Satz von Integerkonstanten bestimmt.

NSDataDetector.h definiert diese Konstanten: NSTextCheckingTypeDate, NSTextCheckingType Address, NSTextCheckingTypeLink, NSTextCheckingTypePhoneNumber und NSTextCheckingTypeTransit Information. Wenn Sie eine NSDataDetector-Instanz erstellen, teilen Sie ihr mit, wonach Sie suchen. Wenn die Instanz beispielsweise nach Telefonnummern und Terminen suchen soll, machen Sie Folgendes:

```
NSError *e;
NSDataDetector *d = [NSDataDetector dataDetectorWithTypes:
                        NSTextCheckingTypePhoneNumber|NSTextCheckingTypeDate
                                            error:&e];
```

Beachten Sie den bitweisen OR-Operator. Dieses Muster werden Sie in der Cocoa- und iOS-Programmierung oft finden, und nun wissen Sie auch, was hinter den Kulissen abläuft.

33.2 BITWEISES AND

Sie können zwei Bytes auch mit einem bitweisen AND verbinden, um ein drittes Byte zu erzeugen. In diesem Fall ist ein Bit auf dem dritten Byte 1, wenn die entsprechenden Bits in den ersten beiden Bytes *beide* 1 sind.

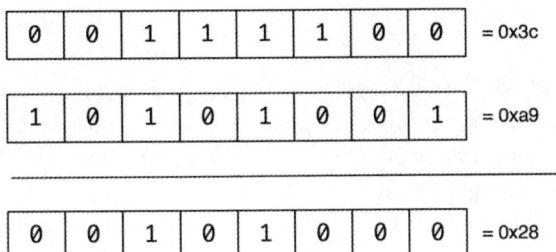

▶   *Abbildung 33.4: Zwei Bytes, die mit einem bitweisen AND zusammenkommen*

Das wird mit dem Operator & umgesetzt. Fügen Sie in `main.c` die folgenden Zeilen ein:

```c
#include <stdio.h>

int main (int argc, const char * argv[])
{
    unsigned char a = 0x3c;
    unsigned char b = 0xa9;
    unsigned char c = a | b;

    printf("Hex: %x | %x = %x\n", a, b, c);
    printf("Decimal: %d | %d = %d\n", a, b, c);

    unsigned char d = a & b;

    printf("Hex: %x & %x = %x\n", a, b, d);
    printf("Decimal: %d & %d = %d\n", a, b, d);

    return 0;
}
```

Wenn Sie dieses Programm starten, sehen Sie, dass die beiden Bytes mit einem bitweisen AND zusammenkommen:

```
Hex: 3c & a9 = 28
Decimal: 60 & 169 = 40
```

In Objective-C nutzen wir das bitweise AND, um zu prüfen, ob ein bestimmtes Bit oder auch *Flag* einge-schaltet ist. Wenn Sie beispielsweise eine Instanz von NSDataDetector bekommen, könnten Sie prüfen, ob sie in der Lage ist, wie folgt nach Telefonnummern zu suchen:

```
if ([currentDetector checkingTypes] & NSTextCheckingTypePhoneNumber) {
    NSLog(@"This one is looking for phone numbers");
}
```

Die Methode checkingTypes gibt ein Integer zurück, das das Ergebnis eines bitweisen OR aller Flags ist, die diese Instanz von NSDataDetector eingeschaltet hat. Sie führen dieses Integer über ein bitweises AND mit einer bestimmten NSTextCheckingType-Konstante zusammen und prüfen das Ergebnis. Wenn sich das Bit, das in NSTextCheckingTypePhoneNumber eingeschaltet ist, nicht in der Einstellung des Data-Detectors befindet, werden als Ergebnis dieses bitweisen AND nur Nullen ausgegeben. Anderenfalls bekommen Sie ein Ergebnis, das nicht null ist, und Sie wissen, dass dieser DataDetector tatsächlich nach Telefonnummern sucht.

Beachten Sie, dass es uns egal ist, welchem Wert diese Integer numerisch entsprechen, wenn wir Bits auf diese Weise nutzen. Wir nutzen die Bitplatzierung innerhalb des Integers, um etwas anderes zu repräsentieren als eine bestimmte Zweierpotenz.

33.3 ANDERE BITWEISE OPERATOREN

Der Vollständigkeit halber werden hier die anderen bitweisen Operatoren vorgestellt. In Objective-C kommen sie weniger häufig zum Einsatz, aber es ist gut, sie zu kennen.

33.3.1 Exklusives OR

Mit einem exklusiven OR (XOR) können Sie aus zwei Bytes ein drittes erzeugen. Ein Bit im dritten Byte ist 1, wenn genau eines der korrespondierenden Bits in den Input-Bytes 1 ist.

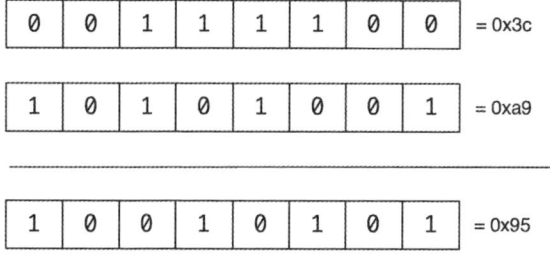

| 0 | 0 | 1 | 1 | 1 | 1 | 0 | 0 | = 0x3c |

| 1 | 0 | 1 | 0 | 1 | 0 | 0 | 1 | = 0xa9 |

| 1 | 0 | 0 | 1 | 0 | 1 | 0 | 1 | = 0x95 |

▶ *Abbildung 33.5: Zwei Bytes, die mit einem bitweisen XOR zusammenkommen*

Das wird mit dem Operator ^ umgesetzt. Fügen Sie in main.c Folgendes ein:

```
unsigned char e = a ^ b;

printf("Hex: %x ^ %x = %x\n", a, b, e);
printf("Decimal: %d ^ %d = %d\n", a, b, e);

return 0;
}
```

Wenn Sie es starten, sollte Folgendes ausgegeben werden:

```
Hex: 3c ^ a9 = 95
Decimal: 60 ^ 169 = 149
```

Dieser Operator ist für Einsteiger manchmal etwas verwirrend. Bei den meisten Tabellenprogrammen steht der Operator ^ für die Potenzierung: 2 ^ 3 bedeutet 2^3. In C nehmen wir die Funktion pow( ) für die Potenzierung:

```
double r = pow(2.0, 3.0); // Berechnet 2 hoch 3
```

33.3.2 Komplement

Wenn Sie ein Byte haben, ist das Komplement das Byte, das das genaue Gegenteil ist: Jede 0 wird zu 1, und jede 1 wird zu 0.

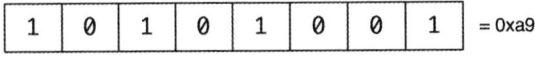

| 1 | 0 | 1 | 0 | 1 | 0 | 0 | 1 | = 0xa9 |

| 0 | 1 | 0 | 1 | 0 | 1 | 1 | 0 | = 0x56 |

▸   *Abbildung 33.6: Das Komplement*

Das wird mit dem Operator ~ ausgeführt. Fügen Sie in main.c die folgenden Zeilen ein:

```
unsigned char f = ~b;
printf("Hex: The complement of %x is %x\n", b, f);
printf("Decimal: The complement of %d is %d\n", b, f);

return 0;
}
```

Das sollte folgende Ausgabe ergeben:

```
Hex: The complement of a9 is 56
Decimal: The complement of 169 is 86
```

33.3.3 Verschiebung nach links

Bei einer Bitverschiebung nehmen Sie jedes einzelne Bit und schieben es nach links zum höchstwertigen Bit. Die Bits, die auf der linken Seite der Zahl stehen, werden weggelassen und die so entstandenen Löcher rechts mit Nullen aufgefüllt.

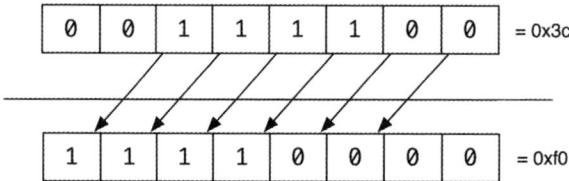

▶ *Abbildung 33.7: Bitweise Verschiebung um 2 nach links*

Die Verschiebung nach links wird mit dem Operator ≪ vorgenommen. Fügen Sie eine Verschiebung um zwei Stellen in main.c ein:

```
unsigned char g = a << 2;
printf("Hex: %x shifted left two places is %x\n", a, g);
printf("Decimal: %d shifted left two places is %d\n", a, g);

return 0;
}
```

Wenn Sie es starten, sollte Folgendes ausgegeben werden:

```
Hex: 3c shifted left two places is f0
Decimal: 60 shifted left two places is 240
```

Jedes Mal, wenn Sie eine Zahl um eine Stelle nach links verschieben, verdoppeln Sie deren Wert.

33.3.4 Verschiebung nach rechts

Der Operator für die Verschiebung nach rechts sollte einen nicht überraschen. Fügen Sie diesen Code in main.c ein:

```
unsigned char h = a >> 1;
printf("Hex: %x shifted right one place is %x\n", a, h);
printf("Decimal: %d shifted right one place is %d\n", a, h);

return 0;
}
```

Nach dem Start:

```
Hex: 3c shifted right one places is 1e
Decimal: 60 shifted right two places is 30
```

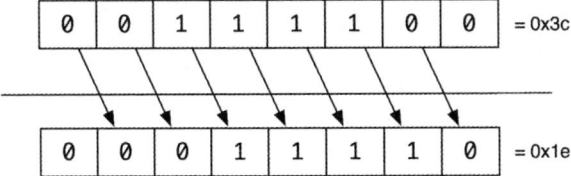

► *Abbildung 33.8: Bitweise Verschiebung um 1 nach rechts*

Jedes Mal, wenn Sie eine Zahl um eine Stelle nach rechts verschieben, halbieren Sie deren Wert (ist er ungerade, wird abgerundet).

33.4 BITMASKEN MIT ENUM DEFINIEREN

Oft wollen Sie eine Liste mit Konstanten definieren, die jeweils ein Integer repräsentieren, bei dem ein Bit eingeschaltet ist. Dann können diese Integer wie weiter vorne beschrieben mit einem bitweisen OR zusammengeführt und anhand eines bitweisen AND getestet werden.

Das erledigen Sie auf elegante Weise, indem Sie ein enum definieren, das den Operator für die Linksverschiebung nutzt, um die Werte zu definieren. So werden die Konstanten für den UIDataDetector definiert:

```
enum {
    UIDataDetectorTypePhoneNumber   = 1 << 0,
    UIDataDetectorTypeLink          = 1 << 1,
    UIDataDetectorTypeAddress       = 1 << 2,
    UIDataDetectorTypeCalendarEvent = 1 << 3,
    UIDataDetectorTypeNone          = 0,
    UIDataDetectorTypeAll           = NSUIntegerMax
};
```

33.5 Mehr Bytes

In diesem Kapitel haben wir mit `unsigned char` gearbeitet, also einem 8-Bit-Byte. Jeder vorzeichenlose Integertyp wird auf gleiche Weise funktionieren. Zum Beispiel wird `NSTextCheckingTypePhoneNumber` als `uint64_t` deklariert, eine vorzeichenlose 64-Bit-Zahl.

33.6 Aufgabe

Schreiben Sie ein Programm, mit dem eine vorzeichenlose 64-Bit-Integerzahl erstellt wird, bei der jedes zweite Bit aktiviert ist. (Es gibt tatsächlich zwei mögliche Zahlen als Ergebnis: Eine ist gerade, die andere ungerade. Nehmen Sie die ungerade Zahl.) Stellen Sie die Zahl dar.

Strings in C

Wenn Objective-C-Programmierer die Wahl haben, entscheiden sie sich immer für NSString-Objekte statt für C-Strings. Aber manchmal bleibt uns keine Wahl. Was ist der häufigste Grund, an C-Strings hängen zu bleiben? Wenn wir aus unserem Objective-C-Code heraus auf eine C-Bibliothek zugreifen. Es gibt z. B. eine Bibliothek von C-Funktionen, durch die Ihr Programm mit einem PostgreSQL-Datenbankserver sprechen kann. Die Funktionen in dieser Bibliothek arbeiten mit C-Strings und nicht mit Instanzen von NSString.

34.1 CHAR

Im vorigen Abschnitt haben wir darüber gesprochen, wie ein Byte als Zahl behandelt werden kann. Wir können ein Byte auch als Zeichen behandeln. Wie bereits erwähnt, gibt es viele verschiedene String-Codierungen. Die älteste und bekannteste ist ASCII. Dieser *American Standard Code for Information Interchange* (ASCII) definiert für jedes Byte ein anderes Zeichen. ox4b ist z. B. das Zeichen ‚K'.

Erstellen Sie ein neues **C COMMAND LINE TOOL** namens **YOSTRING**. In diesem Programm werden Sie ein paar Zeichen des ASCII-Standards auflisten. Bearbeiten Sie main.c:

```
#include <stdio.h>

int main (int argc, const char * argv[])
{
    char x = 0x21; // Das Zeichen '!'

    while (x <= 0x7e) { // Das Zeichen '~'
        printf("%x is %c\n", x, x);
        x++;
    }

    return 0;
}
```

Vielleicht fragen Sie sich: „Ein Byte kann doch irgendeine von 256 Zahlen enthalten. Hier sind aber nur 94 Zeichen ausgegeben. Was ist denn mit dem Rest passiert?" Hierbei ist wichtig zu wissen, dass ASCII geschrieben wurde, um alte Teletype-Terminals zu steuern, deren Ausgabe auf Papier erfolgte statt auf einem Bildschirm. Zum Beispiel lässt die Zahl 7 in ASCII die Terminal-Glocke klingeln. Tatsächlich handelt es sich bei den ASCII-Zeichen um nicht druckbare Steuerzeichen. Nummer 32 ist das Leerzeichen. Nummer 127 ist das Löschzeichen: Es lässt das Zeichen davor verschwinden. Was ist mit den Zeichen 128 bis 255? ASCII verwendet nur 7 Bit. Es gibt kein ASCII-Zeichen für Nummer 128.

Sie können ASCII-Zeichen im Code als Literale verwenden. Setzen Sie sie in einfache Anführungszeichen. Ändern Sie Ihren Code entsprechend:

```
int main (int argc, const char * argv[])
{
    char x = '!'; // Das Zeichen '!'

    while (x <= '~') { // Das Zeichen '~'
        printf("%x is %c\n", x, x);
        x++;
    }

    return 0;
}
```

Kompilieren und starten Sie das Programm.

Die nicht druckbaren Zeichen kann man mit sogenannten *Escape-Sequenzen* ausdrücken, die mit \ beginnen. Sie haben bereits mit dem Zeilenvorschubzeichen \n gearbeitet. Die folgenden Escape-Sequenzen kommen recht häufig vor:

\n	Zeilenvorschub
\t	Horizontaler Tabulator
\'	Einfaches Anführungszeichen
\"	Doppeltes Anführungszeichen
\0	Nullzeichen (0x00)
\\	Umgekehrter Schrägstrich (Backslash)

Tabelle 34.1: Häufige Escape-Sequenzen

34.2 CHAR *

Ein C-String besteht einfach nur aus einer Folge Zeichen, die im Speicher nebeneinanderstehen. Der String endet, wenn das Zeichen 0x00 erscheint.

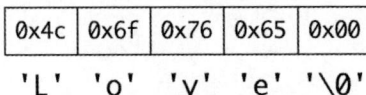

0x4c	0x6f	0x76	0x65	0x00

'L'   'o'   'v'   'e'   '\0'

▶ *Abbildung 34.1: Das Wort „Love" als C-String*

Funktionen, die C-Strings akzeptieren, erwarten die Adresse des ersten Zeichens im String. strlen() zählt beispielsweise die Zahl der Zeichen in einem String. Versuchen Sie mal, einen String zu erstellen und mit strlen() die Buchstaben zu zählen:

```c
#include <stdio.h>  // Für printf
#include <stdlib.h> // Für malloc/free
#include <string.h> // Für strlen


int main (int argc, const char * argv[])
{
    char x = '!'; // Das Zeichen '!'

    while (x <= '~') { // Das Zeichen '~'
        printf("%x is %c\n", x, x);
        x++;
    }

    // Holt einen Zeiger, der auf 5 Byte Speicher auf dem Heap zeigt
    char *start = malloc(5);

    // Legt 'L' ins erste Byte
    *start = 'L';

    // Legt 'o' ins zweite Byte
    *(start + 1) = 'o';

    // Legt 'v' ins dritte Byte
    *(start + 2) = 'v';

    // Legt 'e' ins vierte Byte
    *(start + 3) = 'e';

    // Legt null ins fünfte Byte
    *(start + 4) = '\0';

    // Gibt den String und seine Länge aus
    printf("%s has %zu characters\n", start, strlen(start));
```

```
// Gibt den dritten Buchstaben aus
printf("The third letter is %c\n", *(start + 2));

// Löscht den Speicher, damit er wiederverwendet werden kann
free(start);
start = NULL;

return 0;
}
```

Kompilieren und starten Sie das Programm.

Beachten Sie die Stellen, wo Sie einen Zeiger und eine Zahl gemeinsam eingefügt haben. start wird als char * deklariert. Ein char ist ein Byte. Also zeigt start + 1 ein Byte im Speicher weiter als start. start + 2 ist zwei Bytes weiter im Speicher als start.

start	start+1	start+2	start+3	start+4
L	o	v	e	\0

▶ *Abbildung 34.2: Die Adresse der jeweiligen Zeichen*

Das Hinzufügen zu einem Zeiger und das Dereferenzieren des Resultats ist so üblich, dass dafür eine Kurzschreibweise entwickelt wurde: start[2] entspricht *(start + 2). Ändern Sie Ihren Code entsprechend:

```
char *start = malloc(5);
start[0] = 'L';
start[1] = 'o';
start[2] = 'v';
start[3] = 'e';
start[4] = '\0';

printf("%s has %zu characters\n", start, strlen(start));
printf("The third letter is %c\n", start[2]);

free(start);
start = NULL;

return 0;
}
```

Kompilieren und starten Sie das Programm.

Erwähnt werden sollte noch, dass dies mit jedem Datentyp funktioniert. Hier kann ich beispielsweise eine Liste meiner drei Lieblingsgleitkommazahlen machen und sie ausgeben:

```
int main (int argc, const char * argv[])
{
    // Beansprucht einen Speicherbereich, der groß genug ist, um 3 Floats aufzunehmen
    float *favorites = malloc(3 * sizeof(float));

    // Pusht Werte in die Standorte in diesem Puffer
    favorites[0] = 3.14158;
    favorites[1] = 2.71828;
    favorites[2] = 1.41421;

    // Gibt jede Zahl auf der Liste aus
    for (int i = 0; i < 3; i++) {
        printf("%.4f is favorite %d\n", favorites[i], i);
    }

    // Gibt den Speicher frei, damit er wiederverwendet werden kann
    free(favorites);
    favorites = NULL;

    return 0;
}
```

Der einzige interessante Unterschied hier ist, dass `favorites` als ein `float *` typisiert ist. Ein `float` sind 4 Byte. Somit ist `favorites + 1` im Speicher 4 Bytes weiter als `favorites`.

34.3 STRING-LITERALE

Wenn Sie viel mit C-Strings arbeiten, wäre es bei der Speicherzuweisung ganz schön nervig, die Zeichen einzeln hineinzupacken. Stattdessen können Sie einen Zeiger auf einen String aus Zeichen erstellen (der dann mit dem Nullzeichen beendet wird), indem der String in Anführungszeichen gesetzt wird. Ändern Sie Ihren Code, um ein String-Literal zu verwenden:

```
int main (int argc, const char * argv[])
{
    char x = '!'; // Das Zeichen '!'

    while (x <= '~') { // Das Zeichen '~'
        printf("%x is %c\n", x, x);
        x++;
    }
```

```
char *start = "Love";
printf("%s has %zu characters\n", start, strlen(start));
printf("The third letter is %c\n", start[2]);

    return 0;
}
```

Kompilieren und starten Sie das Programm.

Beachten Sie, dass Sie für ein String-Literal keinen Speicher zuweisen und freiräumen müssen. Es handelt sich um eine Konstante, die im Speicher nur einmal erscheint. Also kümmert sich der Compiler um dessen Speichernutzung. Und weil es eben eine Konstante ist, können als Nebeneffekt schlimme Sachen passieren, wenn Sie versuchen, die Zeichen im String zu ändern. Fügen Sie folgende Zeile ein, die Ihr Programm abstürzen lässt:

```
char *start = "Love";
start[2] = 'z';
printf("%s has %zu characters\n", start, strlen(start));
```

Wenn Sie das kompilieren und ausführen, sollten Sie den Hinweis EXC_BAD_ACCESS bekommen: Sie haben versucht, in einen Speicher zu schreiben, für den Sie keine Erlaubnis haben.

Damit der Compiler Sie davor warnt, in die konstanten Bereiche des Speichers zu schreiben, können Sie über dem Modifikator const angeben, dass ein Zeiger, der auf Daten verweist, nicht geändert werden darf. Probieren Sie das aus:

```
const char *start = "Love";
start[2] = 'z';
printf("%s has %zu characters\n", start, strlen(start));
```

Nach dem Kompilieren sollten Sie vom Compiler eine Fehlermeldung bekommen.

Löschen Sie die problematische Zeile (start[2] = 'z';), bevor Sie weitermachen.

Sie können die bereits erwähnten Escape-Sequenzen in Ihren String-Literalen verwenden. Nehmen Sie mal ein paar:

```
const char *start = "A backslash after two newlines and a tab:\n\n\t\\";
printf("%s has %zu characters\n", start, strlen(start));
printf("The third letter is \'%c\'\n", start[2]);

    return 0;
}
```

Kompilieren und starten Sie das Programm.

34.4 In und aus NSString konvertieren

Wenn Sie in einem Objective-C-Programm mit C-Strings arbeiten, werden Sie wissen müssen, wie man aus einem C-String ein NSString macht. Die NSString-Klasse hat dafür eine Methode:

```
char *greeting = "Hello!";
NSString *x = [NSString stringWithCString:greeting encoding:NSUTF8StringEncoding];
```

Sie können auch einen C-String aus einem NSString bekommen. Das ist ein wenig kniffliger, weil NSString mit bestimmten Zeichen umgehen kann, mit denen gewisse Codierungen nicht fertigwerden. Daher ist es eine gute Idee, zu prüfen, ob die Konvertierung klappen kann:

```
NSString *greeting = "Hello!";
const char *x = NULL;
if ([greeting canBeConvertedToEncoding:NSUTF8StringEncoding]) {
    x = [greeting cStringUsingEncoding:NSUTF8StringEncoding];
}
```

Sie besitzen den resultierenden C-String nicht; das System gibt ihn schließlich für Sie frei. Sie können garantiert davon ausgehen, dass er mindestens so lange lebt wie der aktuelle Autorelease-Pool. Doch wenn der C-String noch ziemlich lange weiterleben soll, dann sollten Sie ihn in einen Puffer kopieren, den Sie mit malloc() erstellt haben.

34.5 Aufgabe

Schreiben Sie eine Funktion namens spaceCount(), die die Leerzeichen (ASCII 0x20) in einem C-String zählt. Testen Sie das wie folgt:

```
#include <stdio.h>

int main (int argc, const char * argv[])
{

    const char *sentence = "He was not in the cab at the time.";
    printf("\"%s\" has %d spaces\n", sentence, spaceCount(sentence));

    return 0;
}
```

Denken Sie daran: Wenn Sie auf '\0' treffen, haben Sie das Ende des Strings erreicht!

35

C-Arrays

Im vorigen Kapitel haben wir mit C-Strings gearbeitet, und C-Strings sind nichts anderes als eine Liste von Zeichen, die im Speicher nebeneinanderstehen. C-Arrays sind Listen mit anderen Datentypen, die ebenfalls nebeneinander in den Speicher gepackt werden. So wie bei Strings bearbeiten Sie die Liste, indem Sie sich an die Adresse des ersten Arrays halten.

Nehmen wir an, Sie wollen ein Programm schreiben, das den Durchschnitt von drei Schulnoten berechnet. Erstellen Sie ein neues **C COMMAND LINE TOOL**-Projekt namens **GRADEINTHESHADE**.

Bearbeiten Sie main.c:

```
#include <stdio.h>
#include <stdlib.h> // malloc(), free()

float averageFloats(float *data, int dataCount)
{
    float sum = 0.0;
    for (int i = 0; i < dataCount; i++) {
        sum = sum + data[i];
    }
    return sum / dataCount;
}

int main (int argc, const char * argv[])
{

    // Erstellt ein Array mit floats
    float *gradeBook = malloc(3 * sizeof(float));
    gradeBook[0] = 60.2;
    gradeBook[1] = 94.5;
    gradeBook[2] = 81.1;

    // Berechnet den Durchschnitt
    float average = averageFloats(gradeBook, 3);
```

```
// Gibt den Array frei
free(gradeBook);
gradeBook = NULL;

printf("Average = %.2f\n", average);

return 0;
}
```

Kompilieren und starten Sie das Programm.

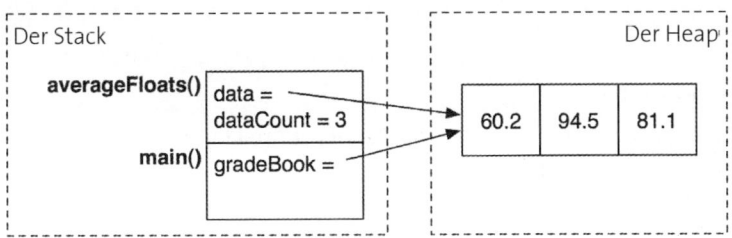

▶ *Abbildung 35.1: Zeiger auf dem Stack zu einem Puffer mit Floats*

malloc() alloziert einen Puffer auf dem Heap. Also müssen Sie darauf achten, dass Sie ihn freigeben, wenn Sie fertig sind. Wäre es nicht toll, wenn Sie diesen Puffer als Teil des Frames (auf dem Stack) deklarieren könnten, sodass er automatisch dealloziert wird, wenn die Funktion fertig ausgeführt wurde? Das können Sie. Ändern Sie main.c:

```
import <stdio.h>

float averageFloats(float *data, int dataCount)
{
    float sum = 0.0;
    for (int i = 0; i < dataCount; i++) {
        sum = sum + data[i];
    }
    return sum / dataCount;
}

int main (int argc, const char * argv[])
{

    // Deklariert das Array als Teil des Frames
    float gradeBook[3];

    gradeBook[0] = 60.2;
    gradeBook[1] = 94.5;
```

```
    gradeBook[2] = 81.1;

    // Berechnet den Durchschnitt
    float average = averageFloats(gradeBook, 3);

    // Array braucht nicht freigegeben zu werden!
    // Aufräumen passiert automatisch, wenn die Funktion zurückkehrt

    printf("Average = %.2f\n", average);

    return 0;
}
```

Kompilieren und starten Sie das Programm.

Durch den String-Literal wurde es ganz einfach, ein Array mit Zeichen zu füllen. Es gibt auch Array-Literale. Nehmen Sie eins, um gradeBook zu initialisieren:

```
int main (int argc, const char *argv[])
{
    float gradeBook[] = {60.2, 94.5, 81.1};

    float average = averageFloats(gradeBook, 3);

    printf("Average = %.2f", average);

    return 0;
}
```

Kompilieren Sie das Programm und starten Sie es.

Sie sehen, dass Sie die Länge 3 von gradeBook nicht extra angeben mussten. Der Compiler stellt dies übers Array-Literal selbst fest. Sie können diesen Typ an vielen Stellen nutzen, wo Sie sonst * genommen hätten. Ändern Sie beispielsweise dazu mal die Deklaration von averageFloats():

```
float averageFloats(float data[], int dataCount)
{
    float sum = 0.0;
    for (int i = 0; i < dataCount; i++) {
        sum = sum + data[i];
    }
    return sum / dataCount;
}
```

Kompilieren Sie das Programm und starten Sie es.

Befehlszeilen-argumente

36

Sie kennen die Argumente für `main()`, um deren Erläuterung ich sorgfältig herumlaviert habe?

```
int main (int argc, const char * argv[])
{
...
```

Nun sind Sie bereit, sie kennenzulernen. `argv` ist ein Array von C-Strings. `argc` sagt Ihnen, wie viele Strings sich im Array befinden. Was repräsentieren diese Strings? Befehlszeilenargumente!

Die Befehlszeilentools, die Sie erstellt haben, können vom **Terminal** gestartet werden. Die **Terminal**-App ist nur eine hübsche Verpackung für die sogenannte *Shell*. Es gibt mehrere verschiedene Shells mit einprägsamen Namen wie `csh`, `sh`, `zsh` und `ksh`, aber die meisten Mac-Benutzer arbeiten mit `bash`. Wenn Sie ein Programm unter `bash` starten, können Sie nach Eintippen des Programmnamens durch Leerzeichen getrennt eine beliebige Zahl von Argumenten angeben. Diese Argumente werden in `argv` gepackt, bevor `main()` aufgerufen wird.

Ehrlich gesagt werden `argv` und `argc` von Cocoa-und iOS-Programmierern kaum eingesetzt. Doch wenn Sie jemals ein praktisches Befehlszeilentool schreiben wollen, dann müssen Sie sich mit hoher Wahrscheinlichkeit damit auskennen, wie sie verwendet werden.

Erstellen Sie in **Xcode** ein neues **C Command Line Tool**-Projekt namens **Affirmation**. **Affirmation** akzeptiert zwei Argumente: einen Personennamen und eine Zahl *n*. Wenn Sie das Programm starten, wird diese Person *n* Mal als cool bezeichnet.

```
$ Affirmation Mikey 3
Mikey is cool.
Mikey is cool.
Mikey is cool.
```

Bevor wir das machen, ändern Sie `main()`, um einfach alle Argumente in `argv` auszugeben:

```
#include <stdio.h>

int main (int argc, const char * argv[])
{
    for (int i = 0; i < argc; i++) {
        printf("arg %d = %s\n", i, argv[i]);
    }

    return 0;
}
```

Wenn Sie dies unter bash starten, können Sie einfach die Argumente in die Befehlszeile eintippen.

```
$ Affirmation Aaron 4
```

Doch um ein Programm in **Xcode** mit Argumenten zu starten, müssen Sie zuerst das Schema bearbeiten. Im Menü **Product** wählen Sie **Edit Scheme**. Wenn sich das Fenster öffnet, wählen Sie in der Tabellenansicht links **Run Affirmation**. Dann wählen Sie oben im Fenster den Reiter **Arguments**. Suchen Sie die Liste namens **Arguments Passed On Launch** und fügen Sie über die Schaltfläche **+** zwei Elemente hinzu: einen Namen und eine Zahl.

▶   *Abbildung 36.1: Argumente hinzufügen*

Klicken Sie auf **OK**, um das Fenster zu schließen.

Wenn Sie das Programm starten, bekommen Sie eine Liste der Strings in `argv`. Am meisten überrascht sind die Leute von `argv[0]`:

```
arg 0 = /Users/aaron/Library/Developer/Xcode/DerivedData/
    Affirmation-enkfqsgavfsproeggoxwbrmcowvn/Build/Products/Debug/Affirmation
arg 1 = Aaron
arg 2 = 4
```

`argv[0]` ist der Pfad zur Ausführungsdatei.

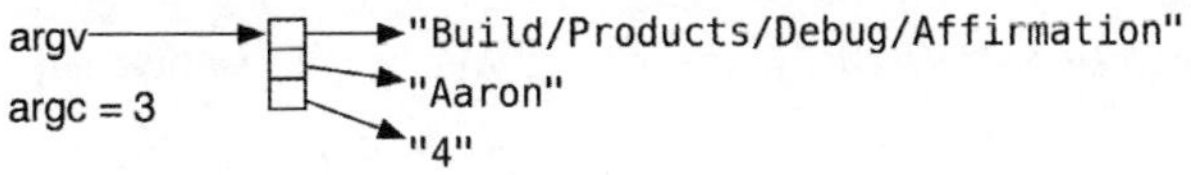

▶ *Abbildung 36.2:* argv *und* argc *in* **AFFIRMATION**

Wenn Ihr Programm Argumente akzeptiert, sollten Sie zuallererst dafür sorgen, dass die Zahl der Argumente korrekt ist. Bearbeiten Sie `main.m`:

```
#include <stdio.h>
#include <stdlib.h> // atoi()


int main (int argc, const char * argv[])
{
    if (argc != 3) {
        fprintf(stderr, "Usage: Affirmation <name> <number>\n");
        return 1;
    }

    int count = atoi(argv[2]);
  for (int j = 0; j < count; j++) {
        printf("%s is cool.\n", argv[1]);
    }

    return 0;
}
```

`atoi()` ist eine C-Standardfunktion, die einen C-String einliest und versucht, daraus einen `int` zu machen. Kompilieren Sie das Programm und starten Sie es.

37 switch-Anweisungen

Es kommt häufiger vor, dass bei einer Variablen ein Satz Werte überprüft wird. Mit if-else-Anweisungen sähe das so aus:

```
int yeastType = ...;

if (yeastType == 1) {
    makeBread();
} else if (yeastType == 2) {
    makeBeer();
} else if (yeastType == 3) {
    makeWine();
} else {
    makeFuel();
}
```

Um so etwas zu vereinfachen, gibt es in C die switch-Anweisung. Der vorige Code kann so umgeschrieben werden:

```
int yeastType = ...;

switch (yeastType) {
    case 1:
        makeBread();
        break;
    case 2:
        makeBeer();
        break;
    case 3:
        makeWine();
        break;
    default:
        makeFuel();
        break;
}
```

Beachten Sie die break-Anweisungen. Ohne den break führt das System nach Ausführung der passenden case-Klausel alle nachfolgenden case-Klauseln aus. Wenn ich z. B. Folgendes habe:

```
int yeastType = 2;

switch (yeastType) {
    case 1:
        makeBread();
    case 2:
        makeBeer();
    case 3:
        makeWine();
    default:
        makeFuel();
}
```

dann würde das Programm makeBeer(), makeWine() und makeFuel() starten. Das ist hauptsächlich deswegen so, damit Sie mit mehreren möglichen Werten den gleichen Code auslösen können:

```
int yeastType = ...;

switch (yeastType) {
    case 1:
    case 4:
        makeBread();
        break;
    case 2:
    case 5:
        makeBeer();
        break;
    case 3:
        makeWine();
        break;
    default:
        makeFuel();
        break;
}
```

Wie Sie sich denken können, ist es kein seltener Programmierfehler, den break am Ende der case-Klauseln zu vergessen. Entdeckt wird er nur, wenn sich das Programm komisch verhält.

In C sind die switch-Anweisungen für eine sehr spezielle Situation gedacht: Der case kann nur eine Integerkonstante sein. Somit werden Sie in den meisten Objective-C-Programmen kaum auf viele switch-Anweisungen treffen. Und darum habe ich das hier noch kurz vor Schluss eingeschmuggelt.

38 Nächste Schritte

Tja, das ist nun also alles, was Sie jemals wissen müssen, um hervorragende Anwendungen für iOS und Mac OS X zu schreiben?

Zumindest würde ich Ihnen das gerne wünschen. Ich weiß, Sie haben schwer gearbeitet, um es bis zu diesem Punkt hier zu schaffen.

In Wahrheit haben Sie die erste Etappe einer spannenden und lohnenswerten Reise hinter sich. Sie ist nichtsdestotrotz eine sehr lange Reise. Nun wird es Zeit für Sie, die Standardframeworks zu studieren, die Apple für Objective-C-Programmierer wie Sie bereitstellt.

Lassen Sie mich das Letztgenannte wiederholen, damit Sie es genießen können: „Objective-C-Programmierer wie Sie." Herzlichen Glückwunsch!

Wenn Sie lernen, Anwendungen für iOS zu entwickeln, empfehle ich Ihnen, dass Sie *iOS-Programmierung für iPhone und iPad: Der Big Nerd Ranch Guide* durcharbeiten, aber es gibt noch verschiedene andere Bücher über iOS, und Sie sind für all diese Bücher bereit.

Wenn Sie Anwendungen für Mac OS X entwickeln wollen, empfehle ich Ihnen mein Buch *Cocoa: Programmierung für Mac OS X*, aber auch hier gibt es verschiedene andere Bücher über Cocoa, und auch auf diese sind Sie gut vorbereitet.

Es gibt Gruppen von Entwicklern, die sich monatlich treffen, um ihr Handwerk zu besprechen. In den meisten großen Städten gibt es Treffen von iOS-Entwicklern und *CocoaHeads*-Ortsverbände. Die Vorträge und Diskussionen sind oft erstaunlich gut. Auch online finden sich Diskussionsgruppen. Nehmen Sie sich etwas Zeit, diese Ressourcen zu suchen und zu nutzen.

38.1 SCHAMLOSE SCHLEICHWERBUNG

Sie finden mich bei Twitter, wo ich News über die Big Nerd Ranch poste: *@AaronHillegass*.

Halten Sie die Augen offen, wenn Sie zukünftig an weiteren Big Nerd Ranch Guides interessiert sind. Wir bieten auch einwöchige Seminare für Entwickler an. Und wenn Sie nur ein bisschen Code brauchen, nehmen wir auch Programmieraufträge entgegen. Mehr Infos finden Sie auf unserer Website *www.bignerdranch.com*.

Sie sind es, lieber Leser und liebe Leserin, die mir ein Leben mit Schreiben, Programmieren und Unterrichten ermöglichen. Also vielen Dank dafür, dass Sie mein Buch gekauft haben.

Stichwortverzeichnis